R. Lewandowski

Die Filme von Volker Schlöndorff

Rainer Lewandowski

Die Filme von Volker Schlöndorff

1981
Olms Presse
Hildesheim · New York

Für Janika

© Georg Olms, Hildesheim 1981
Alle Rechte vorbehalten
Printed in Germany
Herstellung: Friedr. Schmücker, 4573 Löningen
ISBN 3 487 08232 2

Inhalt

Einleitung 1

Interview 11

Der junge Törleß 37

Mord und Totschlag 57

Michael Kohlhaas – Der Rebell 71

Baal 87

Der plötzliche Reichtum der armen Leute von Kombach . . 107

Die Moral der Ruth Halbfass 125

Strohfeuer 141

Übernachtung in Tirol 157

Georginas Gründe 169

Die verlorene Ehre der Katharina Blum 187

Deutschland im Herbst 207

Der Kandidat 215

Der Fangschuß 223

Die Blechtrommel 243

Die Fälschung 269

Bibliografie 288

Ich danke der Bavaria Atelier Gesellschaft MBH für das Bildmaterial für ‚Georginas Gründe’, der Rob Houwer-Filmproduktion für Bilder des Films ‚Mord und Totschlag’, der Franz-Seitz-Filmproduktion, die Fotos der Filme ‚Der junge Törleß’ und ‚Die Blechtrommel’ zur Verfügung stellte, ferner dem Filmverlag der Autoren für Bilder von ‚Deutschland im Herbst’ und ‚Der Kandidat’, sowie der Cinema International Corporation GmbH für Fotos aus ‚Die Moral der Ruth Halbfass’.
Außerdem danke ich Klaus Hahnheiser für die fotografische Unterstützung bei der Zusammenstellung des gesamten Bildmaterials und für die Mitarbeit bei der Umschlaggestaltung, sowie dem Apollo-Kino und den Raschplatz-Kinos in Hannover.
Die Plakate sind in der Farbwiedergabe nicht in allen Fällen identisch mit dem Original.

Einleitung

Volker Schlöndorff wurde am 31. März 1939 in Wiesbaden geboren. Sein Vater war Arzt. Schlöndorff besuchte zunächst das Gymnasium in seiner Heimatstadt, ging aber schon 1954, im Alter von 15 Jahren, im Schüleraustausch nach Frankreich. Dort blieb er und machte in Paris am Lycée Henri Quatre das französische Abitur. Danach nahm er ein Studium der economies politiques auf und besuchte nach dem Staatsexamen für ein Jahr das ‚Institut des Hautes Etudes Cinématographiques'. Anschließend arbeitete er fünf Jahre lang als Regieassistent bei Louis Malle, den er auf der Filmschule kennengelernt hatte, bei Alain Resnais und Jean-Pierre Melville, dem er seinen Film ‚Der Fangschuß' widmete. 1960 assistierte Schlöndorff bei Malles ‚Zazie' und Resnais' ‚Letztes Jahr in Marienbad'. Um diese Zeit drehte er seinen ersten Kurzfilm ‚Wen kümmert's', die Geschichte zweier Algerier, die sich der Front Libération National angeschlossen haben, sich auf einer Rheininsel versteckt halten, und aufgespürt werden. Einer der Freunde wird dabei erschossen. Der Film, er trug auch einmal den Titel ‚Wacht am Rhein', wurde von der FSK verboten, weil man diplomatische Konflikte mit Frankreich fürchtete, da der Film „geeignet ist, gemäß den Grundsätzen der FSK AII 1 C die Beziehung Deutschlands zu anderen Staaten zu gefährden." (Aus der Begründung der FSK).

In den Jahren 1961 bis 1965 assistierte Schlöndorff bei Melvilles ‚Eva und der Priester' (1961) und ‚Der Teufel mit der weißen Weste' (1962) und bei Malles ‚Privatleben' (1961), ‚Feu Follet' (1963) und ‚Viva Maria' (1965).

Wegen dieser Tätigkeit in Frankreich konnte Schlöndorff an den filmpolitischen Auseinandersetzungen um eine sinnvolle Förderung des Jungen Deutschen Films nicht teilnehmen. Er kam erst 1965 nach Deutschland zurück und drehte gleichzeitig mit der ersten Welle der sogenannten Jungfilmer seinen ersten Spielfilm ‚Der junge Törleß'. Der Film wurde ein großer Erfolg und begründete die Karriere von Volker Schlöndorff.

1967 drehte er seinen zweiten Kurzfilm, ‚Ein unheimlicher Moment', der ein Teil des Episodenfilms ‚Der Paukenspieler' sein sollte. Das Projekt wurde nicht realisiert, so daß Schlöndorff seinen Beitrag 1970 als Kurzfilm veröffentlichte.

Dieser Film erzählt seine Geschichte weniger mit optischen Mitteln als mit einem ausführlichen Kommentar, der durch die Bilder meist nur illustriert wird. ,Ein unheimlicher Moment' handelt von einem Jungen, der zunächst als harmloses Spiel mit dem Gewehr des Vaters schießt, während die Mutter einkaufen ist. Die Mutter kehrt zurück, entdeckt ihren schießenden Sohn, gerät in Panik, Nachbarn fühlen sich bedroht und alarmieren Polizei und Feuerwehr. Während des Einsatzes versucht die Mutter über ein Megaphon, den Jungen zu beruhigen, der hat sich aber, inzwischen verschreckt durch den großen technischen Aufwand von Polizei und Feuerwehr, in der Wohnung verbarrikadiert. Nachbarn und Passanten überbieten sich an Vermutungen und Gerüchten. Die Gewaltmittel eskalieren mehr und mehr, Tränengas wird eingesetzt, die Beamten schießen auf die Wohnungstür und dringen schließlich in die Wohnung ein. Sie finden den Jungen tot: er hat aus Angst Selbstmord begangen.

Kommentar: So geschehen in München im Mai 1964, Donnersbergerstraße 3.

1969 gründete Schlöndorff seine erste Produktionsfirma, ,Halleluja-Film', gemeinsam mit Peter Fleischmann. Seit 1973 betreibt er zusammen mit Reinhard Hauff die Firma ,Bioskop-Film'. Schlöndorff ist mit der Mitautorin und der Hauptdarstellerin vieler seiner Filme, Margarethe von Trotta, verheiratet.

Während der Dreharbeiten zu dem Film ,Der Fangschuß' lernte Schlöndorff Valeska Gert kennen. Die in den 20er Jahren berühmte Tänzerin, sie kreierte den Grotesk-Tanz, eine Mischung aus Schauspiel, Ballett und Pantomime, porträtierte er 1977 in einer Fernseh-Dokumentation, die Ausschnitte aus ,Der Fangschuß' enthält und die kleine Bühne der Valeska Gert, den ,Ziegenstall', ein Kabarett in ihrem Haus auf der Insel Sylt, vorstellt. Valeska Gert erzählt in diesem Film einige Episoden aus ihrem Leben und ihrer Karriere. Außerdem versucht Pola Kinski, ein paar der Grotesk-Tänze von Valeska Gert nachzutanzen. Das müssen jedoch hilflose Versuche von Annäherungen bleiben, setzt man im Vergleich die kleinen Vorführungen dagegen, die Valeska Gert gibt, wenn sie ihre Tänze erklärt oder wenn man die alten Filmdokumente ihres Tanzens sieht oder die Ausschnitte aus Filmen, in denen sie damals mitwirkte.

2

Neben seinen Arbeiten für Film und Fernsehen hat Schlöndorff bisher zwei Opern inszeniert, 1974 ‚Katja Kabanova' von Leos Janacek in Frankfurt und 1976 ‚Wir erreichen den Fluß' von Hans Werner Henze in Berlin.

Volker Schlöndorff ist als Filmemacher weder nur ein anspruchsvoller oder intellektualisierter Autorenfilmer, noch dreht er ausschließlich kommerzielle Unterhaltungsfilme, obwohl ein großer Teil seiner Werke dazu gerechnet werden kann. Die meisten seiner Arbeiten sind entstanden nach literarischen Vorlagen, spektakulären wie ‚Die verlorene Ehre der Katharina Blum' oder ‚Die Blechtrommel', aber auch nach unbekannten Erzählungen wie ‚Georginas Gründe' von Henry James oder nach einer alten Chronik wie ‚Der plötzliche Reichtum der armen Leute von Kombach'. Nicht immer ist aus den literarischen Stoffen ein Film geworden, der zu seinem Stoff in einem kongenialen Verhältnis steht. Die größte Enttäuschung in dieser Hinsicht ist zweifellos die ‚Kohlhaas'-Verfilmung.

Die Filme von Volker Schlöndorff sind in ihren ästhetischen Mitteln publikumsorientiert, gedreht mit dem Bewußtsein, der Erfolg eines Films bestätigt sich, kommt er ins Kino, an der Kasse. ‚Mord und Totschlag' war es schon weniger, der Film spielte die vom Verleih übernommene Verleihgarantie nicht vollständig ein. ‚Mord und Totschlag' zielte schon ein wenig auf einen internationalen Geschmack: Die Musik eines ‚Rolling Stones', Brian Jones, und dessen Freundin, Anita Pallenberg, als Hauptdarstellerin, sorgten für die nötige Publicity.

Den großen internationalen Durchbruch sollte für Schlöndorff aber erst ‚Michael Kohlhaas — der Rebell' bringen, ein internationales Finanzprojekt mit internationaler Besetzung, ‚Man on Horseback' war der Arbeitstitel. Der Film wurde jedoch ein Mißerfolg, nicht nur bei der Kritik, auch an der Kinokasse. Die von Volker Schlöndorff bis dahin geknüpften Verbindungen zum amerikanischen Filmgeschäft lösten sich wieder. Um weiter Filme drehen zu können, arbeitete Schlöndorff für das Deutsche Fernsehen. Eine Reihe von Fernsehfilmen entstand: ‚Baal', ‚Der plötzliche Reichtum der armen Leute von Kombach', ‚Die Moral der Ruth Halbfass', den ein US-Verleih jedoch noch kurz vor seiner Fernsehausstrahlung für die Kinoauswertung erwarb. Der

Film wurde aber nur ein mäßiger Erfolg. Erst vier Jahre nach ,Michael Kohlhaas' drehte Schlöndorff wieder einen Film, ,Strohfeuer', der, mit dem Fernsehen koproduziert und dort gesendet, doch noch als deutscher Beitrag für die Filmfestspiele in Venedig 1972 in die Kinos kam. ,Strohfeuer' griff ein nach wie vor aktuelles Thema auf: die Emanzipation der Frau. Stilistisch läßt sich der Film neben dem überwiegenden Spielfilmcharakter ein wenig auf Elemente des Dokumentarfilms ein, indem er z.B. die Gespräche der Büromädchen, die gemeinsam mit Elisabeth Junker, der Hauptfigur des Films, Tanzunterricht nehmen und von der großen Karriere träumen, dokumentierte oder das touristische Gebahren der sich reihum mit Elisabeth fotografierenden japanischen Messebesucher abbildet.

Der Durchbruch Schlöndorffs — auch auf dem internationalen Markt — kam aber erst weitere drei Jahre später. Nach zwei Fernsehproduktionen (,Übernachtung in Tirol', ,Georginas Gründe') drehte Schlöndorff ,Die verlorene Ehre der Katharina Blum' nach der gleichnamigen Erzählung von Heinrich Böll, ein immenser Erfolg im In- und Ausland. Sein nächster Kinofilm ,Der Fangschuß' löste die nach ,Katharina Blum' hohen Erwartungen nicht ein. Nach einem kleinen Fernsehintermezzo ,Nur zum Spaß — nur zum Spiel . Kaleidoskop Valeska Gert' setzte Schlöndorff die Arbeit an Filmen, die auf politische Wirkung zielten, auf andere Weise als mit ,Katharina Blum' fort: er arbeitete an dem Kollektivfilm ,Deutschland im Herbst' mit. Diesen Ansatz führte er im Wahljahr 1980 mit ,Der Kandidat' fort. Zwischen diesen beiden Projekten liegt der bisher größte Erfolg Schlöndorffs im deutschen wie im internationalen Filmgeschäft: die Verfilmung des Bestsellers von Günter Grass ,Die Blechtrommel', ein Film, der ihm nicht nur die ,Goldene Palme' des Filmfestivals in Cannes 1979 einbrachte, sondern im folgenden Jahr auch als bestem ausländischen Film den begehrten Oscar der amerikanischen Filmindustrie, eine Auszeichnung, die seit 1927/28, als Emil Jannings als erster Schauspieler überhaupt einen Oscar erhielt, erstmals wieder einem Deutschen verliehen wurde. Im Herbst 1980 begann Schlöndorff die Dreharbeiten zu seiner nächsten Literaturverfilmung: ,Die Fälschung' von Nicolas Born.

4

Das vorliegende Buch will einen Überblick über die Filme von Volker Schlöndorff geben, indem nach einem ausführlichen Interview die Filme dieses Regisseurs in Bild und Wort vorgestellt werden, zunächst in ihrem Inhalt, der **Filmstory**, und anschließend in ihrer Wirkung. Der **Kommentar** möchte einen kritischen Eindruck vermitteln von den besonderen thematischen Problemen der jeweiligen Filme und deren filmischer Bewältigung.

Dieser Bildband kann und will die Rezeption der Filme von Volker Schlöndorff im Kino bzw. im Fernsehen nicht ersetzen, er will vielmehr Anreiz und Hilfe dafür sein.

WEN KÜMMERT'S (1960)
Buch   Volker Schlöndorff
Regie   Volker Schlöndorff
Kamera   Herbert Rimbach
Regieassistenz   Bertrand Tavernier

Darsteller   Ashur Si Bekai
Abdel Si Bekai
Harald Fromme
Länge   11 min.

EIN UNHEIMLICHER MOMENT (1967)
Buch   Volker Schlöndorff
Regie   Volker Schlöndorff und Herbert Rimbach
Kamera   Werner Kurz
Produktion   Franz Seitz

Darsteller   Hansi Kraus
Maria Singer
Länge   13 min.

NUR ZUM SPASS – NUR ZUM SPIEL. KALEIDOSKOP VALESKA GERT
(1977)
Buch   Volker Schlöndorff
Regie   Volker Schlöndorff
Kamera   Michael Ballhaus, Horst Knechtl
Ton   Gerhard Birkholz
Schnitt   Gisela Haller
Musik   Friedrich Meyer
Herstellungsleitung   Eberhard Junkersdorf
Produktion   Bioskop-Film (im Auftrag des ZDF)

Mitwirkende   Valeska Gert
Pola Kinski
Länge   60 min.

6

WEN KÜMMERT'S

EIN UNHEIMLICHER MOMENT

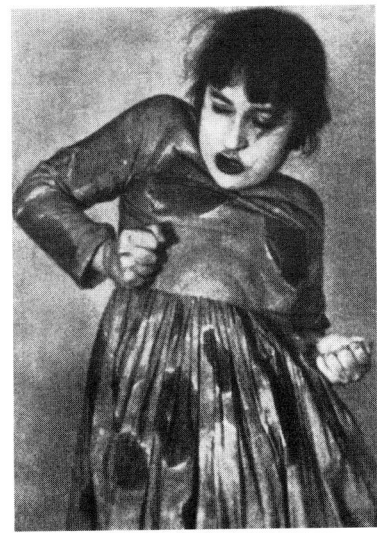

Grotesktanz: Die Kupplerin

Interview

R. L.

Herr Schlöndorff, woher rührt Ihr Interesse für den Film? Es wird kolportiert, Sie hätten sich als Kind in die Vorführkabine der Filmbewertungsstelle eingeschlichen und Sie hätten dann auch später in Frankreich in der Cinématheque täglich drei Filme gesehen.

Schlöndorff

Ja, das ist ausnahmsweise mal eine richtige Kolportage. Allerdings war ich schon ein großes Kind, als ich da in die Vorführkabine schlich. Da war ich vierzehn, fünfzehn.
Mein Vater hat in Wiesbaden-Biebrich eine Praxis, und in Wiesbaden-Biebrich ist auch die Bürokratie des deutschen Films in den fünfziger Jahren angesiedelt gewesen, FSK und FBW. Ich habe den Vorführer der FSK kennengelernt, ein Junge aus Eltville, der hieß Franz Rath und war später dann der Kameramann von ,Der junge Törleß' und vielen anderen meiner Filme, und dadurch hatte ich da Zugang. Aber, daß ich da rein wollte in die Kabine, hat schon vorausgesetzt, daß ich ein Interesse für den Film hatte. Das ist ganz einfach auch in der Notlage, der kulturellen Notlage der fünfziger Jahre — Höhepunkt der Adenauer-Ära, in Wiesbaden, einer reinen Rentnerstadt — begründet, und da ist Kino für uns ein Nahrungsmittel, ein kulturelles Nahrungsmittel gewesen. Wir sahen aber hauptsächlich, was man damals so Filmkunst nannte, d.h. französische Filme, hauptsächlich Cocteau, oder einen englischen Film, wie ,Odd men out' und überhaupt Carol Reed, also Filme, die ich inzwischen längst nicht mehr so mag, die aber doch typisch europäisch waren. Denn im Gegensatz zu den jüngeren Kollegen, die also nach dem Krieg geboren sind, gehörte ich doch zu denen, die so 1945 sich schon darüber klar waren, obwohl Kind, daß wir einen Krieg verloren hatten, und eigentlich wartete ich immer noch auf die Rache des deutschen Landsers an den Besatzungstruppen. Wir hatten zwar auch jeder unseren Ami, der uns mit Kaugummi und Schokolade versorgte, aber wir hatten doch eine sehr skeptische Einstellung diesen Besatzern gegenüber, von den Erwachsenen einfach übernommen. Die ersten amerikanischen Filme, die ich gesehen habe, ,Das Fenster zum Hof' von Hitchcock, das habe ich z.B. sehr bewundert, das war aber nicht, was ich nachahmen wollte. Es war schon dieser Kunstfilm, und ich glaube, das spürt

11

man, zu meinem großen Nachteil habe ich mich auch nie davon ganz freimachen können. Dieser Begriff vom europäischen Kunstfilm, der geistert da immer noch herum, obwohl ich mich inzwischen bewußterweise mehr an Hitchcock orientieren würde.

R. L.   Sie sind damals nach Frankreich gegangen. Und Sie sind auch damals in Frankreich geblieben. In Frankreich sind Sie in ein Internat gekommen, als Fünfzehnjähriger, wie ich gelesen habe, durch den Schüleraustausch. Aber weshalb sind Sie dort geblieben?

Schlöndorff   Ja, das war ganz bewußt. Ich habe mich auf dem Gymnasium und überhaupt in dieser Stadt Wiesbaden sehr, sehr unwohl gefühlt. Ich fahre auch bis heute nur ungern dahin zurück. Ich kann also wirklich nicht sagen, daß ich da irgendeine Wurzel hätte. Nachdem ich nun den französischen Film kennengelernt hatte, und überhaupt die Rhein-Main-Gegend ja sehr nach Frankreich orientiert ist, schon historisch mehr nach Frankreich als nach Preußen orientiert war, und auch durch meine Eltern, oder meinen Vater vielmehr, die Mutter war im Krieg gestorben, wurde die Beziehung zu Frankreich sehr gefördert. In den Ferien nahm er uns immer mit nach Frankreich. Bei den ersten Auslandsreisen habe ich immer Paris als die Hauptstadt der Welt gesehen. Als ich die Möglichkeit hatte, zum Schüleraustausch nach Frankreich zu gehen, habe ich mich natürlich sofort gemeldet. Und es gefiel mir dann auf dem Internat nicht nur gut, weil es weit von zu Hause weg war, sondern weil da auch ein ganz anderes Klima war. Ich bin dort angekommen, im April 1956, glaube ich, und es war gerade der ungarische Aufstand, und die Art und Weise, wie in Frankreich darüber diskutiert wurde, wie es einen Konflikt innerhalb der französischen Kommunistischen Partei gab, daß es überhaupt so etwas wie westeuropäische Kommunisten gibt, daß es Jesuiten mit einem differenzierten politischen Bewußtsein gab, alles das hat mich unheimlich angezogen. Ich habe auf einmal den Eindruck gehabt, daß ich von den Toten zu den Lebendigen gekommen war. Dazu kommt, daß es im Internat einen tollen Filmclub gab mit einem alten Jesuitenpater, der den leitete, und den ich bis auf den heutigen Tag ab und zu im Altersheim besuche, der uns Filme von Dreyer vorführte. Erste 16 mm-Kopien von Fritz Langs Stummfilmen habe ich dort auch gesehen, und im Kino, auch gleich bei diesem ersten Aufenthalt, ‚Nacht und Nebel' von Alain Resnais, der auch auf demselben Internat gewesen war und deshalb dort hinkam, um den Film dort vorzuführen. Natürlich wußte ich nicht, daß ich später mal Assistent von Alain Resnais werden würde. Aber dieser Film für einen fünfzehnjährigen Deutschen in Frankreich, in einer Provinz, wo der Krieg noch nicht so lange her war, 10 Jahre danach war dort noch das Erlebnis sehr lebendig, und ich für viele der erste Deutsche war, den sie nach dem Krieg sahen, war natürlich ziemlich traumatisierend. Das hat mich natürlich immer wieder in meiner Auseinandersetzung mit Frankreich dazu gebracht, den Franzosen beweisen zu wollen, daß es auch gute Deutsche gibt. Das ist bestimmt so eine ganz simple Triebfeder gewesen, daß ich dann auch da geblieben bin: Zunächst einmal negierend, ich wollte überhaupt nicht mehr Deutscher sein, wollte Franzose sein, wollte diese ganze Identität verneinen. Dann, in der nächsten Phase, nach ein paar Jahren, ganz allmählich merkte ich doch, daß es eine große Faszination für das Deutsche oder das Germanische gibt, wie sie das nennen, so daß ich dann auch angefangen habe, in mir danach zu suchen und das allmählich herauszukehren. Diese ganze Hartnäckigkeit, mit der ich von dem Moment an die Idee, es muß wieder einen deutschen Film geben, mit der Naivität des Jünglings formuliert, verfolgt habe, die kommt da her. Und sie ist eigentlich bis heute lebendig geblieben.

R. L.   Hatten Sie nach Ihrem Studium und nach dem einen Jahr an der französischen Filmschule Kontakte zum deutschen Film, zu den deutschen Filmmachern, die ja einen gewissen Umbruch in Deutschland vorbereitet hatten?

Schlöndorff   Ich habe Kontakt gehabt, sehr schnell, es muß 1958 oder so gewesen sein, mit Enno Patalas, der nämlich als Filmkritiker nach Paris kam, um über Filme zu berichten, auch Joe Hembus, der damals Produktionspressebetreuung machte, die beiden habe ich in Paris kennengelernt, und wir haben uns befreundet. Ich habe die ‚Filmkritik' abonniert, habe sogar ab und zu kleine Sachen dafür geschrieben. Aber kennengelernt habe ich z.B. Alexander Kluge und Werner Herzog erst 1964, als ich zum ersten Mal nach München kam. Und bis dahin wußte ich auch nicht, was da in Oberhausen oder sonstwo los war. Das erschien alles sehr weit, weil ich mich auch sehr auf den französischen Film eingelassen hatte.

R. L.

Dann kann man also sagen, daß Sie in Frankreich die Erfahrung mit der Nouvelle Vague vor Ort gemacht haben, auch praktisch als Regieassistent, was die anderen in Deutschland, die sich auch an der Nouvelle Vague orientiert haben im Zuge des Autorenfilms, eigentlich nur vor der Kinoleinwand machen konnten.

Schlöndorff

Ja. In der Cinémateque, als ich die zwei, drei Studienjahre da war und jeden Abend dort verbrachte, war auch immer die ganze Redaktion der ‚Cahiers du Cinema' und so weiter da. Godard zeigte dort auch seinen ersten Kurzfilm, Truffaut und Chabrol waren auch immer da. Und dann fingen die an zu arbeiten und ihre ersten Spielfilme zu machen. Ich erinnere mich noch an die Vorauspremiere von ‚Le beau Serge' in der Sorbonne, im Audimax, mit riesigen Auseinandersetzungen. Darin lebte ich. Im zweiten oder dritten Jahr der Nouvelle Vague, wie immer man den Anfang datieren will, konnte ich dann als Regievolontär, oder 4. Assistent oder wie man das nennen will, bei ‚Zazie in der Metro' mit Louis Malle anfangen. Natürlich, die Vorführungen in der Cinémateque waren unglaublich lebendig, weil es jedesmal Auseinandersetzungen, sehr starke Auseinandersetzungen über die Filme gab. Auch im Kino, z.B. über Rosselinis ‚Reise nach Italien' gab es furchtbare Saalschlachten der einzelnen Fraktionen, die da waren. Ich habe den Film übrigens damals überhaupt nicht gemocht. Und er ist jetzt einer meiner Lieblingsfilme. Deshalb bin ich sehr skeptisch, wenn ich irgendwelche Vorbilder nennen soll, denn ich habe so viele verbraucht gehabt, verworfen und wieder zurückgenommen, ich habe das nie so genau gewußt, in welche Linie ich mich mal einordnen würde. Oder auch dann die Vorführungen der Filme, die Fritz Lang, nach Deutschland zurückgekehrt, in Berlin gemacht hat. Der ‚Tiger von Eschnapur' und das, was er ‚Das (k)indische Grabmal' nannte, die er selbst in der Cinémateque vorgestellt hat. Und da habe ich ihn dann über Lotte Eisner kennengelernt und habe eigentlich bis zu seinem Tod regelmäßig mit ihm korrespondiert, so daß ich dann schon in diesem Informationsfluß – ‚Filmkritik' in München und die paar Exilleute, auch Sternberg und Fritz Lang, das waren eigentlich die beiden, die damals auch für die ‚Filmkritik', für Patalas, Anlaufpunkte waren – mit drin war und habe mich auch immer, obwohl in Frankreich arbeitend als französischer Regieassistent, immer diesem hypothetischen deutschen

Film, den es damals nicht gab, oder dem potentiellen deutschen Film, zugehörig gefühlt.

R. L.   Sie sind dann nach Deutschland gekommen, als es in Deutschland wieder die Möglichkeit gab, durch das ‚Kuratorium junger deutscher Film', später durch das Filmförderungsgesetz, als es also hier wieder möglich war, Filme zu machen. . .

Schlöndorff   . . . und vor allen Dingen durch die Drehbuchprämien vom Innenministerium. Da hat mich damals der Enno Patalas drauf aufmerksam gemacht. Von dem übrigens auch die Anregung stammt, den „Törleß" zu verfilmen. Ich habe zwar von Musil geschwärmt, buchstäblich, weil ich gerade an den ‚Schwärmern' als Regieassistent bei einer Theateraufführung in Paris arbeitete, und der Ansicht war, daß es jetzt irgendwann nach fünf, sechs Jahren Regieassistent Zeit wurde, daß ich selbst mal 'ranging. Da hat der Enno gesagt „Warum machst Du dann nicht den ‚Törleß'?" Und den habe ich von Paris aus eingereicht beim Innenministerium. Als ich diese Prämie hatte, bin ich dann hier eben zu einem Produzenten gegangen, um das zu machen. Das war ein Zusammenfallen, daß einerseits die Zeit reif war in Deutschland, denn in demselben Jahr sind ja auch, ohne daß ich davon wußte, ‚Abschied von gestern' und von Uli Schamoni ‚Es' gedreht worden. Das waren wohl die ersten Spielfilme der jungen Generation, und andererseits war ich selbst reif, nun selbst etwas zu machen, nach der Zeit in Frankreich.

R. L.   Wo sehen Sie die entscheidenden Unterschiede zwischen der französischen und der deutschen Filmindustrie?

Schlöndorff   In dem Wort Industrie. In Frankreich ist es eine Industrie, und in Deutschland ist es ein Handwerk. Das habe ich in den ersten Jahren als ein Handicap empfunden, zumal die Handwerker nicht sehr gut waren. Es war eigentlich mehr eine Bastelwerkstatt. Und in Frankreich war es eben eine Industrie, trotz Nouvelle Vague, die ja nichts weiter gemacht hat, als die Industrie zu erneuern, sie hat ja nicht die französische Filmindustrie abgeschafft, um was anderes an die Stelle zu setzen, sondern sie hat eigentlich nur die längst fällige Erneuerung der Filmindustrie gebracht, und gleich mit ihrem zweiten oder dritten Film gingen ja auch Godard, Chabrol und

Malle wieder in die Ateliers und arbeiteten da halt mit neuen und anderen und jüngeren Kräften. Aber es war doch wieder im Rahmen einer Filmindustrie, die auch sehr schnell ihr eigenes Starsystem hervorbrachte, wo diese Regisseure und Belmondo und andere eben die Stars waren. Im Grunde nur eine erneute Fortführung des alten Systems.

Was in Deutschland entstanden ist, ist eben etwas völlig anderes. Es hat eigentlich, von einer solchen Bastelei in der Wohnküche ausgehend, zu einem Handwerk geführt, wie wir es jetzt auch hier z.b. in so einem kleinen Büro, in einem Schneideraum, immer noch fortführen, und wo sich trotz der paar Namen, die herumschwirren, nicht wirklich ein Starsystem in dem Sinne, daß etwas profitträchtig wäre, entwickelt hat. Ich glaube, daß das aber auch nach wie vor die Stärke ist, daß es zu einer Filmindustrie nicht mehr gekommen ist, d.h., daß jeder Filmemacher, ob er es will oder nicht, in dem Sinne auch Autor ist, daß er als der handwerkliche Meister, der irgendwann eine Arbeit anfängt und sie irgendwann einmal beendet, sie von der allerersten bis zur allerletzten Phase durchführend, allein verantwortlich ist für das, was er macht. Es gibt nicht diese ganze Arbeits- und Verantwortungsteilung, wie das in der Industrie mit ihrem Produktions- und Verleihsystem der Fall ist.

R. L.   Das heißt also, daß Sie dem Autorenfilm positiv gegenüberstehen, aber den Begriff des Autorenfilms etwas anders in der Praxis definieren?

Schlöndorff   Ich glaube ja, das ist ein bißchen überholt. Das war mal ein Kampfbegriff gegen eben das Industriekino. Ich sehe mich zwar nicht als einen Autor, aber ich meine, daß das, was ich mache, Autorenfilm ist. Wenn man den Filmautor damit definiert, daß er den Film selbst geschrieben hat, dann reduziert man praktisch doch Film wieder auf Umsetzung von etwas Geschriebenem auf die Leinwand. Für mich besteht das Schreiben des Films aber darin, ihn zu machen. D.h. die Bilder herzustellen, Schauspieler zu führen, die Kamera zu führen, den Schnitt zu machen. Das ist für mich das ‚Schreiben' des Films. Ich würde tatsächlich heute sagen, das mit dem Autorenfilm hat nur einen Sinn, um ihn abzugrenzen gegen einen ‚Industriefilm', der auf eine anonyme, unpersönliche Art und Weise fabriziert wird.

R. L.	Sie haben einmal gesagt: In Deutschland sieht man anstatt Film Filmförderung auf der Leinwand.
Schlöndorff	Wann war denn das?
R. L.	Das war in einem Interview im Fernsehen.
Schlöndorff	Wenn's noch nicht wahr ist, fürchte ich, daß es in Zukunft wahr wird. Das ist die Gefahr, der der schwedische Film auch zum Opfer gefallen ist, daß ein allzu komplettes Filmförderungssystem, das auf zahlreichen Gremien fußt, dazu führt, daß letztlich alle Filme die gleichen Merkmale haben. Sagen wir so: wie der Hollywood-Film als solcher zu erkennen ist, ist auch der Förderungsfilm irgendwann als solcher zu erkennen. Man merkt ihm eine gewisse Selbstgefälligkeit an. Er entsteht nicht unter dem Druck der Wirklichkeit.
R. L.	Hat dieses Problem, daß er nicht unter dem Druck der Wirklichkeit entsteht, auch etwas mit dem Inhalt zu tun, mit der Rezeption, mit den Rezeptionsmöglichkeiten, die dem Publikum gegeben werden? Also entsteht da ein Film in einem gewissen luftleeren Raum, der zwar in sich bei der Produktion Konflikte hat, nicht aber die Konflikte mit der gesellschaftlichen Realität austrägt, so daß die Schwierigkeiten des Zuschauers auch darin bestehen, Probleme zu sehen, die ihn so direkt nichts angehen? Liegt darin auch ein Moment der Kinomisere, die augenblicklich besteht?
Schlöndorff	Sie haben jetzt dreimal das Wort ‚Problem' benutzt. Den Begriff ‚Problemfilm' gibt es nur im Deutschen, aber der Begriff deckt vielleicht eine Wirklichkeit ab, daß nämlich jeder Film, der auf Förderungsmechanismen und Gremien hin konzipiert wird, eine Kopfgeburt ist, wie Grass sagen würde. Gremien befassen sich gern mit Problemen. Es ist sehr schwer für ein Gremium, sich mit einem konkreten Menschen zu befassen. Und daß die Filme deshalb mehr Gemeinplätze auf die Leinwand bringen als konkretes einzelnes, wie es in der spekulativen Mentalität von so einer Produktionsmaschine eher mal passiert, liegt auf der Hand. Das darf man nicht so verstehen, daß ich förderungsmüde sei. Es ist für mich auch die Voraussetzung zur Arbeit. Ich bin nur förderungsskeptisch, genauso wie ich skeptisch wäre einem reinen Produzentenfilm gegenüber. Es wäre schade, wenn der ganze deutsche

Film eben nur auf die Förderung hin konzipiert wurde, nachdem er in den fünfziger Jahren nur auf das, was man den Markt nannte, hin konzipiert wurde. Das muß miteinander kombiniert werden und in den Wettstreit treten.

R. L.   Wenn man so will, um einen Übergang zu einem anderen Thema zu finden, haben Sie solch einen Versuch der Synthese gewagt, mit dem ‚Kohlhaas'-Projekt?

Schlöndorff   Das ist der ungesunde, der gescheiterte Versuch. Aber dann muß ich doch sagen, daß ich auch schon mit dem ‚Törleß'-Drehbuch damals zu einem ganz konventionellen Verleiher, Herrn Seitz, gegangen bin, Nora-Film, inzwischen auch dem Bankrott zum Opfer gefallen, um dort die Leute zu überzeugen, daß dieser Film eine Chance hat, und die haben schließlich auch eine Verleihgarantie hineingesteckt, die sie auch zurückbekommen haben. Das heißt, ich habe immer versucht, Filme zu machen, die das sind, was ich vom Kino erwarte, und worin ich mich ausdrücke, die aber gleichzeitig universal verständlich sind. Nicht, damit nachher die Kasse stimmt, sondern damit sich die Arbeit gelohnt hat, weil ein Film von möglichst vielen gesehen werden sollte. Das ist vielleicht eine Utopie: ein Film, der von Grönland bis nach Indonesien überall gespielt werden kann. Es geht vielleicht nicht, vielleicht haben wir diese Kommunikation nicht. Ich suche die aber immer wieder, und dabei falle ich manchmal ganz fürchterlich auf die Nase. Ein Beispiel ist der ‚Kohlhaas', der den Versuch verband, deutsche Literatur und Förderungsmittel einerseits und amerikanischen Verleih und sich daraus ergebende englische Schauspieler usw. andererseits in Einklang zu bringen. Das Ergebnis ist, daß man damit nicht auf mehreren Stühlen gleichzeitig, sondern nur zwischen allen sitzt. Ein ähnlicher Fall, würde ich sagen, ist ein Film wie ‚Die Moral der Ruth Halbfass'. Das war in einem Moment, in dem wir alle nur noch fürs Fernsehen arbeiten konnten, also Filme entstanden wie ‚Der plötzliche Reichtum der armen Leute von Kombach' oder ‚Strohfeuer', Filme, die ich sehr mag, wobei aber klar war, daß die von vornherein nur im Fernsehen gezeigt werden sollten.
Da ich aber nicht bereit war, das Kino abzuschreiben, habe ich gesagt, dann versuchen wir, so einen Pseudo-Kriminalfilm zu machen, ähnlich wie Chabrol das macht.

18

Nur war ich wohl nicht so listig wie er oder so begabt. Das Ergebnis war jedenfalls ein bißchen flach und platt. Heute glaube ich, desto konsequenter ein Film in der Besetzung und in der Machart ist, je weniger er auf solche Marktrezepte spekuliert, je größer sind seine Erfolgschancen. Ich habe gerade für den Film, an dem ich jetzt arbeite, die Möglichkeit einer internationalen Starbesetzung, die sich ergeben hat, ausgeschlagen, weil ich gesagt habe, mir kommt es nicht darauf an, daß das Plakat gut aussieht, sondern daß der Film gut ist.

R. L.   Sie haben sich nach dem Reinfall des ‚Kohlhaas' vom internationalen Geschäft wieder abgewandt. Es waren Verträge, glaube ich, schon geschlossen. Und der Weg nach Hollywood war geebnet, . . .

Schlöndorff   Naja, es war insofern nie ein Weg nach Hollywood, es war immer in den Verträgen vorgesehen, daß ich in Europa arbeite, weil ich nie diesen Wunsch hatte, dort hinzugehen, um dort zu arbeiten. Aber eben diese merkwürdige Form des amerikanischen Films, in Europa hergestellt, den die Verleihgesellschaften damals im Auge hatten, also diesen sozusagen internationalen Film, das war für mich — auch mit ‚Kohlhaas' — auf sehr schmerzhafte Weise eine Falle, in die ich sicher nie wieder reintappen werde. Ich weiß nicht, ob mein Beispiel genützt hat oder ob andere von vornherein so klug waren, aber es hat ja auch kaum jemand nachgeahmt; und wenn es jemand nachgeahmt hat, hat es jedesmal zu demselben Ergebnis geführt.

R. L.   War denn dieses Ergebnis schon bei den Dreharbeiten absehbar?

Schlöndorff   Es war mir im Grunde genommen schon eine Woche vor Drehbeginn klar. Und das war das eigentlich Absurde an der Situation, wenn man für die Vorbereitung des Films, sagen wir mal eine halbe Million schon ausgegeben hat, dann müssen die anderen 3 oder 4 Millionen auch noch ausgegeben werden, denn sonst wüßte man nicht, wer diese halbe Million trägt. Obwohl es praktisch vorhersehbar ist, daß das Ganze dann schiefgeht. Niemand hat den Mut, wenn man erkennt, die Sache läuft schief, abzubrechen, vielmehr muß wegen des bereits engagierten Kapitals zu Ende gebaut werden. Und dann steht die Ruine da. Mir ist es klar gewesen, als ich die Besetzung zusammen hatte, eine Woche vor Drehbeginn, und wir anfingen, miteinander zu proben, bzw. das Drehbuch zu lesen, zu diskutieren. Es gab nicht genug Gemeinsamkeiten, auf die man aufbauen konnte.

R. L. Der ‚Kohlhaas'-Film ist, wenn man die Filmographie durchsieht, so etwas wie ein vorübergehender Endpunkt, was die Kinoproduktion betrifft. Danach kommt eine Reihe von Fernsehfilmen, und ‚Strohfeuer' war ja auch fürs Fernsehen gedreht, ist dann aber zu den Filmfestspielen geladen worden und damit wieder der erste Schritt zur Kinoproduktion.

Schlöndorff Ja, kann man so sehen. Ich habe sogar damals gedacht, daß es der Endpunkt überhaupt wäre, nach dem ‚Kohlhaas‘, und habe dann aber ganz bewußt wieder bei Null anfangen wollen. Ich wollte dann auch kein größeres Abenteuer mehr eingehen. Die Filme, die ich gleich danach gemacht habe, nämlich ‚Baal' und ‚Der plötzliche Reichtum der armen Leute von Kombach', die also mit nichts, ein paar hunderttausend Mark gemacht sind, in eigener Produktion, mit den Leuten, mit denen ich heute noch zusammenarbeite, das sind eigentlich diejenigen Filme, die mir immer noch am besten gefallen. Man muß dazu noch sagen, daß diese Phase außerdem synchron fiel mit der größten Kino-Misere, nämlich 1969 als der ‚Kohlhaas' rauskam, war gleichzeitig ein allgemeiner Tiefpunkt. Auch die anderen Kollegen, also Kluge und Herzog, die damals schon arbeiteten, hatten Schwierigkeiten, und die ersten Filme von Faßbinder kamen ja auch nicht ins Kino. Das ging einfach nicht. Das war die Zeit, wo die Sexfilme alles andere verdrängten.

R. L. Die meisten Ihrer Filme sind Literaturverfilmungen. Weshalb? Kann man sagen, man nimmt ein literarisches Werk, das schon einigen Erfolg hatte, wir setzen es um und hängen uns sozusagen an den vorgegebenen Erfolg an? Oder ist es die Schwierigkeit, die wir vorher schon angesprochen haben, daß sich die Auseinandersetzung mit der gesellschaftlichen Realität in den Gremien ohnehin verschiebt und daß man sich sagt, da nehmen wir etwas, wo diese Auseinandersetzung schon stattfindet, aber in einem anderen Medium, so daß man die Gremien etwas unterlaufen kann, indem man einen Erfolg schon vorweisen kann, oder ist es einfach ein Mangel an eigenen Stoffen? Wie würden Sie das beurteilen?

DER JUNGE TÖRLESS BAAL

STROHFEUER

DER FANGSCHUSS

DIE BLECHTROMMEL

Schlöndorff   Ja, die ersten beiden opportunistischen Gründe sind zunächst einmal für jede Literaturverfilmung wahr, sie
treffen übrigens für die meisten meiner Filme nicht zu,
weil es ganz unbekannte Bücher waren. ‚Der junge Törleß' war, weiß Gott, kein Bestseller, 1964, ‚Der Fangschuß' war es auch nicht. Andere Bücher waren erfolg-
reich, und das ist sicher auch von Bedeutung gewesen.
Wobei man dann fragen kann, ist es der Erfolg des Buches, der einen reizt, oder ist es die Qualität des Buches,
die einen reizt und die darüber hinaus den Erfolg ausge-
macht hat. Das würde ich sowohl bei der ‚Katharina
Blum' als auch bei der ‚Blechtrommel' unterstellen, d.h.
das wären ganz bestimmt Bücher, an die ich mich auch
herangemacht hätte, wenn sie als Bücher keinen Erfolg
gehabt hätten. Also an dieses einfache Rezept glaube ich
nicht. Man kann auch den Gegenbeweis liefern: Wie viele
Alt- und Neuproduzenten versuchen, aus einem Bestseller einen Film zu machen und bringen bestenfalls eine
Pleite zustande? Das ist erwiesen, daß der Erfolg des
Buches nicht automatisch den Erfolg eines Filmes aus-
macht.
Bei mir liegt es, glaube ich, daran, daß ich schon immer
sehr viel gelesen habe und Literatur ganz stark zu meinem Leben gehört. Vielleicht sogar jahrelang, mindestens
so seit dem 12., 13. Lebensjahr und bis ins 25. oder weiter eigentlich, Literatur mehr meiner Erlebnisse ausge-
macht hat als unmittelbar Erlebtes. Meine Hauptlebens-
erfahrungen waren Leseerfahrungen. Deshalb ist es für
mich ganz natürlich, daß das, womit ich mich am meisten beschäftigte, und was mich am meisten betraf, nämlich Literatur, auch der Ausgangspunkt wurde für das,
was ich im Film machte. Dazu kam, daß ich, vielleicht
weil ich so ein großer Leser bin, auch völlig inhibiert bin
zu schreiben. Weil ich das sofort an literarischen Vorbil-
dern messe, und mir dann buchstäblich die Hand er-
lahmt. Ich kann bestenfalls zusammen mit Drehbuch-
autoren Geschichten entwickeln, indem ich mit denen
darüber spreche, aber ich bringe es nicht fertig, einen
Satz hinzuschreiben. Da ist eine völlige Sperre. Nur in
Zusammenarbeit mit der Margarethe oder so haben wir
auch Originaldrehbücher geschrieben, wo ich aber wirklich nicht selbst geschrieben, nicht selbst die Feder geführt habe. Und eine dritte Sache dahinter ist vielleicht,
daß für mich Literatur etwas ganz Lebendiges ist, und
ich nichts so sehr gehaßt habe in der Schule wie den
Deutschunterricht und die Art und Weise, wie überhaupt

Literatur von Germanisten behandelt wird. Ich wollte Literatur immer wieder auf den Marktplatz bringen, möglichst sogar in den Luna-Park. Deshalb, immer, wenn ich mich bemühe, ein Buch zu verfilmen, versuche ich nicht, der sogenannten literarischen Qualität gerecht zu werden, sondern das, was in dem Buch an Lebensqualität und Aussage über Leben steht, herauszuarbeiten.

R. L.

Sie haben zwei Opern inszeniert, . . .

Schlöndorff

Sozusagen, als ob ich diese Autoren, diese Väter, die da alle vor mir stehen und mich lähmen, von ihren Sockeln runterstoßen wollte, um sozusagen auf Du und Du mit ihnen umzugehen. Was mir zumindest mit einigen Schriftstellern privat auch gelungen ist.

R. L.

Sie haben zwei Opern inszeniert. Das hat mich, als ich es zuerst gelesen habe, sehr verwundert, und ich möchte Sie fragen, ob Sie eine formale Beziehung zwischen Oper und Film sehen.
Kluge hat einmal gesagt, Film hätte sehr viel mit Musik zu tun — ist dies der ausschlaggebende Punkt oder gibt es einfach inhaltlich-thematische Anknüpfungspunkte zwischen den Arbeiten?

Schlöndorff

Nein, das kommt von der Form her. Das ist nicht so sehr inhaltlich. Ich bin kein Operngänger in dem Sinne. Seit einem Schülerabonnement bin ich wahrscheinlich 15 Jahre lang nicht mehr in einem Opernhaus gewesen, ich hatte allerdings ein paar Mal in Italien mit Louis Malle in Spoleto bei Operninszenierungen — beim ,Rosenkavalier' z.B. — mitgearbeitet, hatte Visconti beobachtet bei der Inszenierung von ,Figaros Hochzeit'. Eine Operninszenierung, das ist Regie in Reinform. ,Da ist das Tempo vorgegeben, da ist der Text vorgegeben, da ist meistens sogar die Besetzung vorgegeben, einfach durch die Möglichkeiten, die die Sänger an einem Haus haben. Unter diesen Bedingungen nun diese Pflichtübung zu machen und wirklich sein Regiehandwerk anzuwenden, das ist etwas, was für mich als Herausforderung mit ausschlaggebend gewesen ist. Bei der Arbeit habe ich dann etwas entdeckt, was in die Richtung von Kluge geht. Es hat mich übrigens nie gereizt, Theater zu machen. Aber ich mache weiter Oper. Zur Zeit arbeite ich für eine Inszenierung in Stuttgart und für eine andere in Paris. Film und Oper gemeinsam appellieren im Gegen-

satz zum Theater, das argumentativ ist, an eine Traum-
dimension. Sicher direkt an Zonen, die nicht so bewußt
sind.

R. L.   Sie haben viele Filme fürs Fernsehen gemacht. Wo wür-
             den Sie die Beziehung zwischen Film und Fernsehen
             sehen? Ist Fernsehen ein Filmersatz, ein eigenständiges
             Medium? Oder bedeutet für Sie Fernsehen nur die Mög-
             lichkeit, weil es zuzeiten mit dem Kino etwas flau war,
             dennoch arbeiten zu können?

Schlöndorff   Fernsehen ist spezifisch, wenn es Nachrichten bringt
             oder Lifesendungen, was leider allzu selten passiert. Da
             könnte ich mir Fernsehen ganz aufregend vorstellen.
             Fernsehfilm ist für mich ein Medium, das es, glaube ich,
             gar nicht gibt. Das ist ein fauler Kompromiß. Fernsehen
             ist eine ergänzende Art, Film anzusehen. Eine andere Art
             der Vorführung als im Kinosaal. Ich glaube, der Unter-
             schied kommt nicht mal so sehr von der Größe des Bil-
             des, es ist ja vorstellbar, daß man sich mit Fernsehprojek-
             tionen ein 3 mal 4 Meter großes Bild an die Schlafzim-
             merwand wirft. Ich glaube, der Unterschied ist der, daß
             man beim Fernsehen allein ist, bestenfalls zusammen mit
             der Familie. Aber jedenfalls ist es etwas Privates, eine
             private Art, sich einen Film anzusehen. Das Kino hinge-
             gen ist immer kollektiv, auch, wenn man ganz allein im
             großen Saal sitzt, irgendwie merkt man, daß die anderen
             fehlen. Insofern sind sie auch bei einem. Deshalb finde
             ich das Ansehen eines Filmes im Kinosaal so unendlich
             viel stimulierender, weil man sich nicht nur mit dem
             Film auf der Leinwand auseinandersetzt, sondern man
             setzt sich zugleich auch mit der Rezeption der anderen
             auseinander.
             Ich finde, Filme im Fernsehen anzusehen etwas Ermü-
             dendes, sie im Kino anzusehen etwas Erweckendes. Aber
             von der Machart her sehe ich nicht wirklich einen Unter-
             schied. Es sei denn, das Fernsehen würde sich auf etwas
             ganz anderes besinnen. Nämlich auf Lifesendungen, eine
             andere Art von Reportage, wirklich Lifereportage, das
             ist ja alles vorstellbar. Aber solange dort nur Filmkonser-
             ven ausgestrahlt werden, ist das Fernsehen als Medium
             erstarrt.

R. L.   Sie sind vornehmlich Regisseur, weniger Autor, wie wir
             ja vorher gehört haben, im Sinne des Autorenfilms, den-
             noch haben Sie sich der deutschen Variante des Autoren-

films, nämlich eine eigene Produktionsfirma (Halleluja-Film, Bioskop-Film) zu gründen, angeschlossen.
Sehen Sie eine Notwendigkeit solcher kleinerer Produktionsfirmen für den deutschen Film?

Schlöndorff

Ja, es geht gar nicht ohne, weil es gar keine Produzenten gibt oder jedenfalls vor 10 Jahren, als wir hier angefangen haben mit diesen eigenen Firmen,keine gab. Ich empfinde es einerseits als einen großen Gewinn an Unabhängigkeit, aus einer Notwendigkeit heraus, die uns gar keine andere Wahl gelassen hat. Auf der anderen Seite ist es aber auch eine Belastung, die auf die Dauer bestimmt alle die vom Film ausschließt, die nicht vornehmlich Macher sind. Es ist ja vorstellbar, daß es sehr begabte Regisseure gibt, die sich nicht mit dem Apparat einer Buchhaltung und Lohnsteuerabrechnung und dem ganzen Angestelltenwesen, was eine Firma mit sich bringt, herumschlagen wollen, und die dadurch auf der Strecke bleiben. Deshalb wäre es mir viel lieber, es gäbe aktive Produzenten, die sich für unseren Film einsetzten, und die diese Regisseur-Produzenten-Einheit überflüssig machen würden. Trotzdem würde ich mir wünschen, daß diese Produzenten lauter kleine Firmen hätten und sich nicht etwa in einem Pool zusammenschlössen, so daß wir nur zwei, drei Großfirmen hätten. Denn für eine Filmindustrie sehe ich bei uns keine Chance, und Phantasie kann, wie Kluge sagt, in Institutionen — und jede große Firma wird auch eine Institution — nicht gedeihen.

R. L.

Der Filmnachwuchs war Ihnen einmal sehr böse, weil Sie gesagt haben: ,,Wir sind heute die Filmindustrie.'' Was meinten Sie damit, und wie stehen Sie überhaupt zu dem Konzept des Nachwuchsfilms mit dem Zuschauerfilm?

Schlöndorff

Ich habe damit gemeint, wir müssen uns endlich einer Verantwortung bewußt werden. Wir können nicht so tun, als ob wir mit 40 und in lauter etablierten Firmen etabliert, immer noch selbst der Nachwuchs wären. Sondern wir sind inzwischen das, was für uns die Altproduzenten waren. Das ist eine Vaterrolle, die man akzeptieren muß, damit man bekämpft werden kann. Und insofern ist dann auch die Reaktion wieder richtig gewesen. Das heißt aber auch, daß wir nicht den Fehler wiederholen dürfen, der zum Teil auch in Frankreich passiert ist, nach der Nouvelle Vague, oder den der alte deutsche Film gemacht hat, nämlich den Zugang verweigern. Ich bin ja zu Thiele und zu diesen Leuten hingegangen und wollte Regieassistent werden, bevor ich dann endgültig in Frankreich geblieben bin. Die Leute haben überhaupt niemanden heranlassen wollen. Die waren völlig uninteressiert daran, daß ein Nachwuchs heranwächst, und das nicht nur bei der Regie, sondern auch auf allen anderen Gebieten, die zum Film dazugehören. Der Begriff des Zuschauerfilms ist mir nicht so geläufig, daß ich dazu etwas sagen könnte. Ich bin sehr für eine Erneuerung unseres Films durch eine andere Generation.

R. L.   Reiten wir nicht zu sehr auf dem Zuschauerfilm herum.

Schlöndorff   Ich habe das nie ganz begriffen, trotz vieler Erklärungen.

R. L.   Es ging einmal eine Zeit lang durch die Presse, daß der Erfolg von ,Katharina Blum' bestimmte Auswirkungen hatte und ,Deutschland im Herbst' und ,Der Kandidat'. Gibt es irgendwelche politischen, filmwirtschaftlichen Repressionen oder private Bedrängnisse, anonyme Briefe oder so etwas?

Schlöndorff   Ich habe mich nie darüber beklagen wollen, weil ich finde, wenn man so etwas anfängt, wenn man auf diese Art und Weise offen kritisiert, dann muß man darauf gefaßt sein, daß der Gegner zurückschlägt. Das hat die Fronten sehr stark geklärt, glaube ich. Das hatte auch momentan Folgen, ich mußte mehr oder weniger aus dem Verwaltungsrat aus der Filmförderungsanstalt heraus, von anderem Druck ganz abgesehen und von Pressekampagnen. Das, finde ich, gehört aber dazu. Darüber kann ich überhaupt nicht klagen. Auf der anderen Seite ist es doch eher im Gegenteil ermutigend, wie wenig es einem schaden kann.

R. L.   Haben Sie in der Zwischenzeit neue Funktionen in der FFA bekommen oder in der filmpolitischen Szene?

Schlöndorff   Ja. Das Ermutigende ist, wie kurzatmig solche Kampagnen sind. Das sieht man ja auch am Beispiel Faßbinder. Man kann sehr weit gehen im Angriff, wenn man nur nicht auf halber Strecke stehenbleibt. Denn auf einmal ziehen sich die Leute zurück. Was viel trauriger ist, wenn wir schon von Wirkung sprechen, das ist nicht die Wirkung auf mich, sondern haben solche Filme denn überhaupt eine Wirkung? Ich kann es nicht beurteilen, ich kann nur sagen, daß es für uns eine Notwendigkeit ist. Ich habe inzwischen wieder alle möglichen Funktionen bei der Filmförderungsanstalt, ganz besonders nach dem Oscar benutzt man mich gerne als Aushängeschild und Prestigefigur. Mir macht es keinen großen Spaß mehr. Es hat mir nie Spaß gemacht. Es macht mir jetzt, wo ich als sogenannter Erfolgreicher dabei bin, noch viel weniger Spaß. Ich hoffe, daß wir die Filmpolitik in den nächsten Jahren nicht mehr so aktiv verfolgen müssen wie in den letzten 20 Jahren. Oder aber, daß das andere übernehmen. Denn das ist auch wieder die Frage des Umgangs mit dem Nachwuchs. Auf der einen Seite sind wir durch das Vakuum gezwungen, ich meine da besonders Alexander Kluge, immer weiter und immer weiter alle diese Funktionen zu monopolisieren, und wir werden gerade dadurch auf der anderen Seite auch angreifbar, weil wir uns immer weiter vom Nachwuchs entfernen. Ich finde, es ist absurd, wenn wir die Schlacht des Nachwuchses schlagen. Die soll der Nachwuchs gefälligst selbst schlagen.

R. L. Um zu dem Thema zurückzukommen, ob Filme wie ‚Katharina Blum' überhaupt eine Wirkung haben: Man hat den Vorwurf erhoben, daß der Film aus dem Grunde keine Wirkung haben könne, weil Sie die Mittel und Methoden der ‚Bild'-Zeitung für diesen Film angewendet haben. Wie stellen Sie sich dazu?

Schlöndorff Da würde ich das Gegenbeispiel ‚Der Kandidat' nehmen, von dem man ja nun wirklich nicht sagen kann, daß er dieselben Mittel verwendet wie die Wahlpropaganda, der derart differenziert ist, daß man uns vorwirft: „Ja, wenn ihr so differenzierte Filme macht, dann könnt Ihr Euch nicht wundern, wenn sie keine Wirkung haben." Ich glaube, man kann diese Frage der Wirkung nicht auf diese Art und Weise beantworten. Es ist auch eine Frage des Stils. Ich sehe in dem Film ‚Katharina Blum' überhaupt keinen Kompromiß und überhaupt kein Benutzen von Bild-Zeitungs-Methoden. Das ist ein harter Film, der sich hinter diese Frau stellt, wie es in vielen amerikanischen Filmen für andere Themen gemacht wurde. Da wird polemisiert, aber immer polemisiert für den Menschen, für einen einzelnen Menschen. Und es werden nie andere angegriffen, nur weil sie so sind, wie sie sind. Und ich finde schon, daß das einen großen Unterschied macht, ob man

	eine Methode für den Menschen einsetzt, oder ob man sie einsetzt, um sie gegen den Menschen zu benutzen. Das ist dann auch nicht mehr dieselbe Methode, weil sie ein anderes Ziel verfolgt.
R. L.	Sehr richtig. Sie haben den ‚Kandidaten' erwähnt. ‚Der Kandidat' und ‚Deutschland im Herbst' waren Kollektivfilme, woran mehrere Regisseure und Autoren beteiligt waren. Ist der Kollektivfilm eine Art des Films, die erstrebenswert wäre, oder ist es eher eine Sache, die man im Augenblick für ein bestimmtes politisches Ziel einsetzen kann? Können Sie sich auch eine Spielfilm-Produktion auf dieser Basis vorstellen?
Schlöndorff	Nach der gemachten Erfahrung kann ich mir eine Spielfilm-Produktion überhaupt nicht vorstellen. Die verlangt einfach nach einer Einheit, auch hier wieder vor allen Dingen nach einer Einheit des Stils. Auf der anderen Seite glaube ich, daß weder ‚Deutschland im Herbst' noch ‚Der Kandidat' als Einzelunternehmen je gelaufen wären. Das sind Filme, die nur durch ein Zusammentreffen von ein paar Leuten, die sich gegenseitig auf die Schulter klopfen und sagen, das machen wir jetzt, überhaupt zustande kommen. Der Start ist immer sehr stark bei diesen Filmen, und auch das zusammengetragene Material ist entsprechend viel reicher, als wenn es ein einzelner gemacht hätte. Schwierig ist das Zusammenfügen. Bei beiden Filmen, beim letzten, also beim ‚Kandidaten' war es fast unlösbar. Da ist die Schwierigkeit aufgetreten im Moment, als das ganze Material wieder zusammenfließen mußte. Das liegt an den Unterschieden der Temperamente. Im Grunde war der Konflikt so: wir hatten gemerkt, jeder hatte einen anderen Film im Kopf und keiner war bereit, obwohl er die Unmöglichkeit einsah, an einen jetzt das Ganze zu delegieren. Ob das je zu überwinden ist, weiß ich nicht.
R. L.	Wenn man Ihre Filme mal versucht zu überblicken, dann stellt sich als ein thematischer Zusammenhang her, daß Sie weitgehend Probleme von Zweierbeziehungen behandeln.
Schlöndorff	Aha.
R. L.	Ich habe sie nacheinander gesehen. Das fiel ungeheuer auf, daß das ein zentrales Thema ist. Man kann sogar sagen, daß auch ...

Schlöndorff	Sehen Sie, ich dagegen hatte immer gedacht, daß sich meine Filme mit der Beziehung von einem einzelnen zu allen anderen befassen.
R. L.	Das ist sicherlich ein Teil des Themas, aber es wird aufgezogen anhand der Situation, daß z.b. sehr häufig Frauen versuchen, sich von der Umwelt zu lösen, wie in ‚Strohfeuer' z.b., wo die Elisabeth versucht, sich aus ihrer Ehe zu lösen. Man kann sogar bei der ‚Blechtrommel' noch sagen, da findet eine Dreierbeziehung statt. Also dieses Thema von Emanzipation, nicht nur unbedingt der Frau, sondern des Menschen, der unterdrückten Kreatur steht offensichtlich im Mittelpunkt dieser Themen. Woher, meinen Sie, kommt diese Neigung, dieses Thema immer wieder aufzugreifen? Auch in ‚Georginas Gründe' ist das so.
Schlöndorff	Ja. Also, so abstrakt sehe ich das natürlich nicht. Ich meine, daß ich eine Geschichte erzähle jedesmal. Daß ich mir meistens eine Geschichte aussuche von jemandem, der sich irgendwie auflehnt, der nicht mit seiner Situation fertig wird, und daß ich dabei, auch wenn er Unrecht hat und scheitert, immer seine Partei ergreife — übrigens in fast allen Filmen, die ich gemacht habe, habe ich immer die Partei der Frau ergriffen — das ist vielleicht eine Form der Selbstverleugnung.
	Aber ich habe es eigentlich nie als Zweierbeziehung gesehen. Im Gegenteil, das ist das, was ich mir mit jedem Film neu vornehme. Ich glaube, daß z.B. ‚Fangschuß', den ich trotzdem für einen guten Film halte, daß dem aber das Zentrum fehlt, nämlich gerade die Auseinandersetzung zwischen dem Mann und der Frau, zwischen der Sophie und dem Erich Lhomond, die ist nicht klar genug dargestellt.
	Als Regisseur habe ich eigentlich immer Panik, wenn ich nur noch zwei Personen vor der Kamera habe. Ich fühle mich immer viel wohler, wenn es viele sind. Es sei denn, diese zwei haben eine wirkliche Auseinandersetzung, eine dramatische, da geht es mir wieder sehr gut. Aber gerade das, was man eine ‚Beziehungskiste' nennt, ist etwas, was in meinen Filmen mir noch selbst fehlt. Das ist nicht differenziert genug. Und ich hoffe, jetzt gerade mit dem nächsten Film, ‚Die Fälschung' von Nicolas Born, damit einen Schritt weiterzukommen.

R. L.	Meine Frage zielte auf einen bestimmten Punkt. Sie haben ihn auch selbst angesprochen. Sie ergreifen fast immer die Partei der Frau. Ich vermute dahinter die Handschrift von Margarethe von Trotta, die ja sehr oft die Drehbücher geschrieben hat. Wie sieht die Zusammenarbeit zwischen Ihnen und Margarethe von Trotta aus?
Schlöndorff	Das ist insofern umgekehrt, denn ich habe Margarethe von Trotta ergriffen, wenn ich das mal so sagen will, weil ich auch vorher schon immer die Seite der Frau ergriffen habe. Ob das der kurze Auftritt der Barbara Steele im ,Törleß' ist, oder ob das vor allen Dingen ,Mord und Totschlag' ist, bis hin sogar zu Kohlhaasens Frau, bzw. der Räuberbraut, die da auch noch auftaucht, es ist immer der Versuch, die Sympathien in Richtung Frau zu sehen. Die Margarethe ist dann erst dazugekommen. Sie hat die Seite der Frau viel bewußter formuliert, in einigen Filmen ist das ihr Beitrag gewesen, aber der Anstoß dazu ist nicht von ihr gekommen. Wo der herkommt, überlasse ich dem Analytiker, den ich nicht habe.
R. L.	Welches sind Ihre nächsten Pläne, Herr Schlöndorff?
Schlöndorff	Ich arbeite jetzt an der ,Fälschung' von Nicolas Born. Ich war im Juli und im Oktober wieder im Libanon und in Beirut, um Kontakte anzuknüpfen, um das von der praktischen Seite und von der Machbarkeit her zu prüfen. Es ist gefährlich. Es ist ein Kriegsfilm, der an einem wirklichen Kriegsschauplatz stattfindet, wo auch heute noch alle Leute bis zu den Zähnen bewaffnet sind und sich 20 oder 30 verschiedene bewaffnete Gruppen innerhalb einer Stadt gegenüberstehen, wenn sie auch zur Zeit, bis auf ein paar nächtliche Schießereien, einen Waffenstillstand beachten. Ich finde aber, man müßte sich mit einem Film auch mal einer solchen Situation stellen, wie sie die Hauptperson des Films, nämlich dieser Journalist, erlebt. Journalisten und auch die Fernsehkameraleute sind ja oft mittendrin in diesem Druck. Ich werde um Gottes willen alles verhindern, um nicht irgendein überflüssiges Risiko einzugehen. Ich finde aber, wenn 600 000 Menschen in der Stadt Beirut leben, dann können wir uns auch derselben Gefahr, der diese Menschen ausgesetzt sind, aussetzen, indem wir da hinfahren, um mit aller Vorsicht zu arbeiten. Das zentrale Thema des Buches und des Films ist die Auseinandersetzung zwischen unserem reichen und gesättigten und friedlichen

Nordeuropa mit dem, was man so einen Vorposten der Dritten Welt nennen könnte; und es ist die Auseinandersetzung mit einem typischen Stellvertreterkrieg, d.h. mit einem Krieg, der zwar anderswo stattfindet, in dem aber letztlich um unsere Ruhe gekämpft wird.

R. L.

Ist es der Versuch, indem man sich in dieses Land begibt, wo dieser Roman spielt, wo im Grunde noch die Situation, die der Roman beschreibt, herrscht, ist es der Versuch, Dokumentaraufnahmen zu machen, die in einen Spielfilm eingehen? Werden die Kriegsszenen oder die Schauplätze, wo Kriegsereignisse stattfinden, nachgestellt?

Schlöndorff

Das wird beides im Film sein, aber deutlich gegeneinander abgesetzt. Man muß hier übertragen, was der Schriftsteller macht: Der Schriftsteller beschreibt einerseits die Reportagen, die der Laschen für eine Illustrierte schreibt und setzt andererseits seine schriftstellerischen Beschreibungen dagegen, um auf die Auslassungen und vor allem auf die Veränderung der Örtlichkeit durch einen bestimmten journalistischen Stil, eben auf diese ‚Fälschung' hinzuarbeiten. Ich versuche, dasselbe mit Bildern zu machen. Wir wollen auf der einen Seite Dokumentarmaterial von Fernsehteams oder Fototeams verwenden und auf der anderen Seite Wirklichkeit inszenieren und beobachten, wie man das für einen Spielfilm tut, ohne das je miteinander zu vermischen, sondern um das deutlich gegeneinander zu setzen. Ich könnte diese Inszenierung auch in Algerien z.B. machen statt im Libanon, von ein paar Szenen abgesehen, ich glaube aber, daß die Tatsache, daß wir dort arbeiten, uns selbst einen strengeren Maßstab an die eigene Arbeit und an die Wirklichkeit, die wir ja auch wieder inszenieren, anlegen läßt.
Das soll eine Art Anti-‚Apokalypse' werden, wie diese Kriegsszenen gezeigt werden. Das heißt, wir werden auf das Nichtspektakuläre gehen, werden auf das gehen, was auch in einem reißerischen Artikel keinen Einlaß finden würde, und die reißerischen Elemente werden wir in Form von Zitaten bringen.

R. L.

Wer hat das Drehbuch geschrieben?

Schlöndorff

Das Drehbuch habe ich mit vielen geschrieben. Ich habe daran gearbeitet mit der Margarethe, eine kurze Zeit, ich habe daran lange gearbeitet mit Kai Hermann, einem Journalisten, der früher beim ‚Stern', der selbst Berichterstatter im Libanon, und der in gewisser Weise auch das Vorbild für Nicolas Born war, weil sie Nachbarn sind, gewesen sind, und ich habe wieder mit Jean-Claude Carrière daran gearbeitet, wie schon bei der ‚Blechtrommel', der Umweg über die andere Sprache, um ein Gerüst, ein Kinogerüst, zu finden für den Film. Trotzdem ist das Drehbuch unfertig, wenn wir an den Start gehen. Es ist eigentlich nur ein Ablauf, und es wird sicher sehr viel beim ersten Mal improvisiert werden, nicht so sehr in der Behandlung der Wirklichkeit, der Reportage, sondern im Verhalten der Personen. Es sind im Grunde zwei oder drei Hauptpersonen: der Journalist, seine Frau, die zu Hause geblieben ist, und die Frau, die er im Libanon trifft.

R. L.   Wir haben hier wieder die berühmte Zweier- oder Dreierbeziehung und die Frage, die sich für mich jetzt schon im vorhinein, ohne überhaupt etwas davon zu kennen, stellt, ist, welches Gewicht wird diese Beziehung einnehmen, im Gegensatz oder im Nichtgleichgewicht zu dem politischen Hintergrund?

Schlöndorff   Das ist ganz eng miteinander verwoben. Ich kann auch nicht sagen, daß er aus der Wirklichkeit zu den Frauen flüchtet oder ob es umgekehrt ist, daß er aus dem privaten Nichtkönnen in den Krieg, in die Wirklichkeit flieht, beides gehört untrennbar zusammen.

R. L.   Insofern ist es aber eine Neuerung, wenn ich das recht verstehe, im Gegensatz zum ‚Fangschuß', der auch sehr eng mit einer bestimmten politischen Situation zusammenhing, aber diese politische Situation wurde allein inszeniert, alle Kriegsszenen sind inszeniert worden.. . .

Schlöndorff   Ja, vor allen Dingen waren sie hauptsächlich ein Hintergrund, wogegen hier der Konflikt und unsere Beziehung zu einem Konflikt in der Dritten Welt im Mittelpunkt behandelt wird. Das könnte auch in Bangladesch oder Chile oder anderswo sein. Das ist das eigentliche Thema.

R. L.   Welches Gefühl hat man, wenn man nach der ‚Blechtrommel' wieder an einen neuen Film geht?

Schlöndorff	Der Umweg über den ‚Kandidaten' hat sicher gutgetan. Ich habe an zwei anderen Projekten gearbeitet, die ich nicht gemacht habe, so daß ich jetzt hauptsächlich ungeduldig bin:endlich wieder anfangen zu drehen. Ich finde, es ist trotz aller Schwierigkeiten, die immer unterstellt werden nach einem Erfolg, doch verdammt angenehmer, einen Rückenwind zu haben, als sich aus einer Pleite hochzuarbeiten. Also, wenn ich das mit der Zeit nach dem ‚Kohlhaas' vergleiche, dann kann ich Ihnen schon sagen, ich fühle mich jetzt viel besser.
R. L.	Das kann ich verstehen.
Schlöndorff	Aber ein Neuanfang ist es auch.
R. L.	Wenn ich spekulieren darf: Es gab eine Beziehung zwischen Nicolas Born und Günter Grass, und in Ihrem Büro hängt eine Fotokopie der Zeichnung von Günter Grass' ‚Kopfgeburten'...
Schlöndorff	Ja, ich habe ein halbes Jahr an den ‚Kopfgeburten' gearbeitet, auch mit Günter Grass, und eigentlich war das die Vorstufe für ‚Die Fälschung'. Nun kommt noch dazu, daß die ‚Kopfgeburten' Nicolas Born gewidmet sind und auch ein Kapitel über ihn drin ist. Als ich gemerkt habe, daß ich mit den ‚Kopfgeburten', daß ich für diese Essayform kein wirkliches Gegenstück im Film finde, habe ich mir immer wieder ‚Die Fälschung' vorgenommen und habe gemerkt, daß eigentlich das, wovon Grass sprach, auf eine andere, eine konkretere Art und Weise, von Nicolas Born behandelt wurde. Und deshalb bin ich ganz allmählich von der einen Arbeit in die andere übergegangen.
R. L.	Das heißt also, daß das Projekt ‚Kopfgeburten' nicht nur aufgeschoben, sondern aufgehoben ist durch ‚Die Fälschung'.
Schlöndorff	Ja.
R. L.	Wie gehen Sie an die literarische Vorlage heran, wenn Sie sie versuchen, in ein Filmdrehbuch umzusetzen? Versuchen Sie, für die Form, die in der literarischen Vorlage gegeben ist, eine filmische Entsprechung zu finden, also, sind es auch formale Überlegungen oder geht es in erster Linie um die Story, um den sozialen Hintergrund?

Schlöndorff	Ich glaube nicht, daß ich die Formüberlegungen ausschließen kann. Das gehört ja zur Geschichte mit dazu. Man sagt sich, ich muß hier was anderes finden, eine andere Art, den Film zu machen. Nur sucht man nicht so direkt stilistische Entsprechungen von einem Ding zum anderen. Man versucht dann schon, das Buch irgendwann zu vergessen, die Elemente von der Geschichte auf eine Filmart zu erzählen und sich dabei zu überlegen: worin hat sich dieses Buch von anderen Büchern unterschieden? Inwieweit muß sich dieser Film von anderen Filmen unterscheiden? Es ist also nicht pingelig, daß man für gewisse literarische Bilder Äquivalente sucht, was entspricht den barocken Stilfiguren von Grass, oder was entspricht diesen nüchternen Berichterstattungen bei Born nun in der Filmsprache, sondern das betrifft den ganzen Film. Wie wird das Ganze nachher anders wirken? Ich habe z.B., um ,Die Fälschung' zu machen, sehr viel im Libanon selbst fotografiert, um zu sehen, wie kann man das darstellen. Ich habe einen ganzen Packen von Farbfotos da, um auch eine andere Ästhetik des Farbfotos zu finden, als man es aus der Reportage kennt oder aus einem nachgestellten Film. Ich glaube, man kann nicht die Geschichte, also die Story, trennen von der Art, wie sie erzählt wird. Aber man kann ebensowenig für eine literarische Metapher jedesmal pingelig abhaken, was finde ich dafür, welche filmische oder optische Metapher. Das ist dann Kunsthandwerk.
R. L.	Welches Verhältnis würden Sie bei Ihrer eigenen Filmarbeit, bei der Arbeit mit der Kamera und der Arbeit am Schneidetisch, zugrunde legen? Es gibt Filmer, wie z.B. Alexander Kluge, die hauptsächlich den Film am Schneidetisch herstellen. Welches Gewicht hat für Sie die Arbeit am Schneidetisch?
Schlöndorff	Das ist eine Banalität: Der Film entsteht am Drehort. Ich glaube, das muß man doch mal ganz deutlich festhalten, wenn man an das Inszenieren glaubt. Die Vorbereitung ist dazu genauso wichtig wie die Nachbearbeitung am Schneidetisch. Aber im Grunde entsteht das Leben des Films, nämlich der Rhythmus, der entsteht in dem Moment, wo sich etwas vor der Kamera abspielt. Spielt sich vor der Kamera nichts ab, entsteht kein Leben, das im Bild festgehalten wird und im Ton. Ich glaube nicht, daß man das jemals auf andere Art und Weise

herstellen kann. Das schließt nicht aus, daß die Arbeit mit der Cutterin ganz besonders wichtig ist und ich wochenlang im Schneideraum sitze und jeden Schnitt mitmache. Das ist nicht im Gegensatz zu Kluge. Ich meine, das läßt sich nicht miteinander vergleichen.

R. L.

Es ging auch nicht um einen Vergleich. Aber interessant finde ich Ihren Satz: „Der Film entsteht am Drehort", wo es eine ganze Reihe von filmtheoretischen Werken gibt, die davon ausgehen, daß der Film am Schneidetisch entsteht.

Schlöndorff

Ich glaube das nicht. Das hieße ja, den Einfluß des Regisseurs, und in dem Sinne des Autors, auf den Film in Frage zu stellen. Was ist es denn anderes als das Temperament z.B. eines Fritz Lang, das den Film macht? Er macht ja seinen Film nicht mit der Ideologie, die er im Kopf hat oder mit dem Bewußtsein sondern letztlich erkenne ich doch den Film an dem Temperament des Regisseurs. Dieses Temperament bestimmt, was sich vor der Kamera abspielt und wie die Kamera es aufnimmt. Und das geschieht im Moment des Drehens am Drehort. Es ist vorstellbar, daß der Regisseur überall mal abwesend ist, bei der Vorbereitung, beim Schneiden, nur am Drehort ist es nicht vorstellbar.

Ein Film von Volker Schlöndorff

der junge Törless

nach dem Roman von Robert Musil

sik: Hans Werner Henze
oduktion: Franz Seitz

e Gemeinschaftsproduktion
Franz-Seitz-Film, München
d der
uvelles Editions de Films,
ris
Verleih der Nora
ltvertrieb: UFA International

mit Matthieu Carrière
Marian Seidowsky
Bernd Tischer
Fred Dietz
Jean Launay
Lotte Ledl

NORA

DER JUNGE TÖRLEß   (1966)

Daten

Drehzeit	Herbst 1965
Drehorte	Burgenland, Kloster Schäftlarn, München
Uraufführung	20.5.1966 (Cannes)
Prädikat	besonders wertvoll
Verleih	Franz Seitz (16 mm: atlas)
Länge	87 min.
Format	35 mm/sw

Stab

Buch	Volker Schlöndorff, Herbert Asmodi
Regie	Volker Schlöndorff
Kamera	Franz Rath
Ton	Klaus Eckelt
Schnitt	Claus von Boro
Produktionsleitung	Franz Achter
Produktion	Franz Seitz/Louis Malle
Musik	Hans Werner Henze
Ausstattung	Maleen Pacha

Darsteller	**Rolle**
Matthieu Carrière	Törleß
Bernd Tischer	Beineberg
Marian Seidowsky	Basini
Alfred Dietz	Reiting
Lotte Ledl	Wirtin
Hanna Axmann von	
Rezzori	Frau Törleß
Herbert Asmodi	Herr Törleß
Fritz Gehlen	Direktor
Barbara Steele	Boẑena
u.v.a.	

Preise

Bundesfilmpreis für Drehbuch und Regie 1966
Preis der internationalen Filmkritik, Cannes 1966
Max Ophüls-Preis 1966

Hofrat Törleß: „Ich wünschte, der Bub hätt was von Ihnen.''

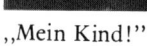
,,Mein Kind!''

,,Na, hat das Bübchen Heimweh?''

„Vier Wein — ach, eine Runde.
Ich spendier!"

„So bitte die andern. Ich bin nicht
gewohnt, nach ihnen zu kommen."

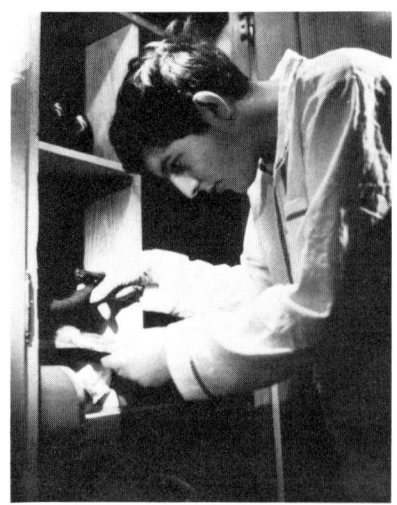

„Ich werde Dir das Geld morgen
bringen."

„Acht Jahre Kerker für Mörderin!"

„Nachts erschoß ich ihn dann in meinem Bett."

„Du gehst also auf meine Bedingungen ein?" — „Ja. Ich tue, was Du verlangst."

 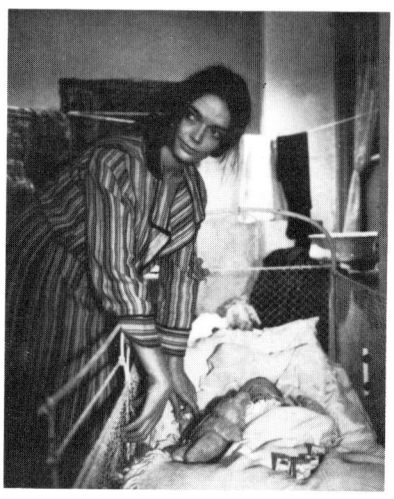

„Genier Dich nicht, mein Kleiner. Schau mich ruhig an.''

„Du glaubst wohl, Du wärst was Besseres als das da?''

„Na, siehst Du? Du lebst noch. Und das ist besser als das, was ihr in den Schlafsälen treibt.''

Filmstory

Schwenk über ein herbstliches, ebenes Ackerland; es ist diesig; Eisenbahn-
schienen gleiten ins Bild, neben den Gleisen geht eine Gruppe Schüler, die
Uniform tragen, zwei Erwachsene sind unter ihnen; ein Schuppen, ein Lei-
terwagen, Hühner picken im Gehege: Bahnhof Neudorf. Der Stationsvorsteher kommt aus der linken Tür, blickt auf seine Taschenuhr, die Bahnhofs-
uhr zeigt die gleiche Zeit, der Stationsvorsteher geht durch die rechte Tür
wieder ins Bahnhofsgebäude zurück. Es beginnt zu läuten, einige Schüler verlassen schnell die Gleise, der Zug kommt. Man nimmt Abschied.

Hofrat Törleß	Nicht wahr, lieber Beineberg, Sie haben bittschön acht auf meinen Sohn.
Beineberg	Herr Hofrat können sich durchaus auf mich verlassen.
Hofrat Törleß	Das ist mir eine große Beruhigung. Zu Ihnen habe ich Vertrauen. . . Ich wünschte, der Bub hätt' was von Ihnen. Er kommt mir noch immer so unsicher, so unausgeglichen vor.

Der Zug erreicht die Station. Die Eltern steigen ein, die Mutter blickt aus
dem Wagen auf ihren Sohn herab, der Sohn zu ihr hinauf. Der Zug setzt
sich in Bewegung, Schwenk auf die zurückbleibende Schülergruppe, die sich
auf den Heimweg macht: Thomas Törleß bleibt zurück im Kreise der anderen Internatszöglinge.
Der Weg ins Internat führt von der Bahnstation weg über gerodete Kartoffel-
äcker, vorbei an einem qualmenden, warmen Kartoffelfeuer, in dem eine
junge Frau Kartoffeln röstet. Der junge Törleß und die Bauersfrau sehen
sich lange an, Törleß reißt seinen Blick los, geht weiter. Man gelangt in ein
Dorf, kommt vorbei an Gehöften, auf denen überall Frauen arbeiten, fegen,
Wäschewaschen, alle blicken Törleß an, in einer Toreinfahrt wird ein
Schwein ausgeweidet. Die Gruppe erreicht das Gasthaus, Törleß, Reiting,
Beineberg und Basini gehen hinein, sie setzen sich an den einzigen besetzten
Tisch, an dem die Wirtin mit den Gästen, alten kranken Bauern, würfelt.
Basini gibt sich spendabel, bezahlt eine Runde Wein und verliert obendrein
noch 20 Kronen an die Wirtin.
Das Jungen-Internat liegt im Abendlicht, groß und mächtig, von einem Park
umgeben. Der Hausmeister fegt am Eingang, steht stramm, als die jungen
Herren das Haus betreten.
Am nächsten Morgen Unterricht:
Der Lehrer führt Aufsicht, die Zöglinge arbeiten still vor sich hin. Törleß
beobachtet, wie Basini mit einem Kreidestrich seine Tischhälfte von der des
Nachbarn abtrennt. Eine Uhr tickt. Beineberg kerbt „Abgesessene Tage''
in sein Pult, ein anderer fängt eine Fliege und quält sie mit dem Federkiel,
durchsticht sie, bespritzt sie mit Tinte, zerdrückt und zerreibt sie schließlich. Törleß wendet sich von der Quälerei ab. Das Thema des Films, Törleß
Begegnungen mit den Abgründen grausamen menschlichen Verhaltens, ist
angeklungen.

Eine Unterrichtsstunde ist zu Ende.
Im Lärm des Aufstehens der Schüler bemerkt Törleß:
> Schon wieder ein Tag vorbei, von dem wir noch unseren
> Enkeln erzählen werden.

Der Lehrer, der Törleß' Bemerkung nicht genau aufschnappt und sich wiederholen läßt, bestraft den Zögling, damit der Tag mehr „Würze" bekomme, die 6. Ode des Horaz abzuschreiben. Der Lehrer, er hat nur ein Bein und geht an Krücken, verläßt den Klassenraum.

Im Schlafsaal, abends. Die Zöglinge liegen oder sitzen auf ihren Feldbetten, einige ziehen sich schon aus, ein Pfiff gibt das allgemeine Signal, sich bettfertig zu machen. Im Waschsaal bittet Basini Reiting, ihm das Geld, das er ihm schulde, noch ein paar Tage zu stunden, da er bei anderen ebenfalls noch Schulden habe.

Reiting:	So bitte die andern. Ich bin nicht gewohnt, nach ihnen zu kommen...
	Mein letztes Wort, du bringst mir morgen das Geld, oder...
Basini	Oder was?
Reiting	... ich lege dir meine Bedingungen auf.
Basini	Was für Bedingungen?
Reiting	Du mußt mir in allem, was ich unternehme, Gefolgschaft leisten... Nicht nur, wenn es dir Vergnügen macht, du mußt ausführen, was immer ich will. In blindem Gehorsam sozusagen. — Nun?
Basini	Ich werde dir das Geld morgen bringen.

Basini übt einige Posen vor dem Spiegel, kämmt sich. Der Lehrer mahnt zur Ruhe, schaltet das Licht aus, und hinkt auf seinen Krücken mit einer Handlampe durch die Reihe der Feldbetten.

In der Nacht bricht Basini Beinebergs Schrank auf und entwendet ihm Geld. Nach einer Pause im Schulhof, die Internatsschüler toben sich mit Fechtübungen, Reiterkampf und Fangenspielen aus, wird aus Jux im Klassenzimmer ein Paar Boxhandschuhe hin und her geworfen. Törleß zerschlägt dabei, ein Mißgeschick, eine Fensterscheibe.

Es ist Sonntag. Einige der Zöglinge, die es sich leisten können, sitzen im Kaffeehaus, in einem der Räume Törleß und Beineberg, im Nebenraum Basini und Reiting. Beineberg liest Törleß eine Zeitungsmeldung vor:

| Beineberg | Acht Jahre Kerker für Mörderin. Wilhelmine arbeitete bis zu ihrem 19. Lebensjahr als Servierfräulein in einem Grazer Kaffeehaus. Dann lernte sie den desertierten Soldaten Günther H. kennen, der sie der Prostitution zuführte und für sich arbeiten ließ. Auf die Frage des Richters, warum sie das getan habe, antwortete Wilhelmine: ‚Ich war ihm hörig. Als Günther mich an jenem Tage zum Arbeitsplatz auf der Wiener Straße bringen wollte, sagte ich ihm: ‚Ich habe heute keine Lust.' Darauf sagte Günther: ‚So, dann schlaf mit mir!' Das wollte ich aber |

auch nicht. Ich wehrte mich, und Günther verprügelte mich und war sehr böse. Da mußte ich mich wie immer vor ihm niederknien und ihn als meinen Gott anbeten, damit er mir wieder gut war. Nachts erschoß ich ihn dann im Bett.'

Während Beineberg diese verhinderte Liebesgeschichte vorliest, beobachtet Törleß das Servierfräulein, das sie gerade bedient. Eine Fülle erotischer Eindrücke stürmen auf ihn ein, die zarten Hände des Mädchens, das ihm das Schälchen mit den Zuckerstückchen hinstellt, ihr zart behaarter Nacken, ihre Wangen, ihre Lippen, über die die Zunge spielt. Das Mädchen entfernt sich.

Törleß beobachtet Beineberg, der sich eine Zigarette dreht. Auch hier erotische Motive und Anspielungen: die zarten Hände Beinebergs, die Zunge, die das Zigarettenpapier befeuchtet. Erotische Spannung entsteht in Törleß, die aber jäh unterbrochen wird, als im Nebenraum ein Glas herunterfällt und zerspringt. Basini gibt dort für Reiting und sich eine Bestellung auf: ,,Zwei Rehrücken, zwei Guglhupf, zwei Slivowitz." Dann begleicht er bei Reiting seine Schulden.

Im Nebenraum geht das Gespräch zwischen Törleß und Beineberg weiter.

Törleß	Sag mal, Beineberg, was willst du eigentlich mal werden?
Beineberg	Ich weiß nicht. Jedenfalls weder Beamter, noch Offizier. Ich möchte zunächst einmal etwas herumreisen . . . Ich hab da so meine Vorstellungen.
Törleß	Ich selber weiß gar nichts. Weder was mir liegt, noch was mir Spaß macht. Ich habe den Eindruck, ich weiß jeden Tag weniger über mich und die Welt.
Beineberg	Weil du ein Spinner bist.
Törleß	Oft möchte ich am liebsten einfach weglaufen.
Beineberg	Aber tun wirst du's nie. Du und türmen. Das wäre was.

Während Törleß den Stumpfsinn, den er im Leben und Lernen im Internat empfindet, mit Beineberg weiter erörtert, entdeckt nebenan Reiting, daß Basini es war, der Beineberg das Geld gestohlen hat.

Reiting	Du gehst also auf meine Bedingungen ein?
Basini	Ja. Ich tue, was du verlangst.

Törleß und Beineberg schleichen sich auf dem Rückweg heimlich an der Gaststube der Dorfschenke vorbei auf Boẑenas Zimmer. Boẑena bessert ihre finanzielle Lage durch Liebesdienste auf. Sie lebte allein, hat ein Kind, deswegen hat ihre frühere Herrschaft sie vertrieben. Auch Basini besucht sie manchmal.

Boẑena	Feine Söhnchen seid ihr.

Törleß betrachtet sie ausgiebig.

Boẑena	Genier dich nicht, mein Kleiner, schau mich ruhig an. Dein Freund tut geradeso, als hätt' er im Leben noch nie 'ne Frau gesehen. Dabei ist seine Mutter doch 'ne ganz schöne Person. . . Es gefällt dir wohl nicht, daß ich über deine Mutter spre-

che? Ihr bildet euch ein, ihr seid was Besseres als wir. Du
meinst, deine Mutter und ich wär'n nicht dasselbe?

Boženas Kind schreit.

Du glaubst wohl, du wärst mehr als das da? Da irrst du
dich. . . Ich kenne eure Familie besser, ich war lange genug in Wien, ich weiß ganz genau, was sich da tut.

Beineberg beginnt, mit ihr zu schmusen. Božena bemerkt, daß Törleß unan-
genehm berührt ist. Sie geht auf ihn zu, nötigt ihn zum Kuß.

Božena Siehst du, du lebst noch. Und das ist besser als das, was
ihr in den Schlafsälen treibt.

Beineberg und Törleß kommen zurück ins Internat. Der Hausmeister steht
kurz stramm, weist dann aber auf seine Taschenuhr, Beineberg steckt ihm
Geld zu. Der Hausmeister dankt, die Hand an der Mütze.

Am nächsten Tag vor einer Unterrichtsstunde deutet Reiting an, wer Beinebergs Geld gestohlen habe.

Des Nachts hocken die drei in ihrer geheimen, gemütlich eingerichteten Bodenkammer. An den Wänden der Kammer hängen Werbungen von Schlank-
heitsleibbinden und andere pikante Bilder, außerdem gibt es eine Petroleum-
lampe, eine Wasserpfeife, eine Teekanne.

Törleß Du willst also mit einem Menschen, der gestohlen hat
und sich dir dann zum Sklaven angeboten hat, weiter
zusammenleben . . .

Reiting Nichts verbindet uns mit Basini, außer, daß sich aus seiner Gemeinheit allerlei Vergnügungen ziehen lassen.

Törleß Vergnügen? . . .

Beineberg Meinetwegen könnt ihr mit ihm machen, was ihr wollt.
In Indien würde man ihm die Hand abhacken oder ihm
einen gespitzten Bambus durch den Darm treiben. Das
wär' wenigstens ein Spaß.

In einer großen Schulpause wird Basini mitgeteilt, daß er unter die „Aufsicht" der drei gestellt werde, damit er Gelegenheit habe, sich moralisch wieder „herauszuarbeiten".

Mit heißem Wasser bespritzt, erklärt sich Basini einverstanden.

Basinis Leben verändert sich: Als er während des Essens Post erhält und
prahlt, der Brief wäre von seiner Dulcinea, treffen ihn strafende Blicke, als
er mit einem Strumpfband vor anderen Zöglingen überlegene sexuelle Reife
demonstrieren will, weist Reiting auf das Preisschild hin, das noch an dem
Band hängt. Nachts wird Basini in die Bodenkammer befohlen und gequält:
er wird geprügelt, legt Geständnisse ab: ‚Ich bin ein Dieb'. Außerdem
kommt es zwischen Beineberg, Reiting und ihm zu homoerotischen Beziehungen, von denen Törleß erst später erfährt.

Die Verwirrungen des Zöglings Törleß mehren sich. Ein Lehrer des Internats, den er in seiner kümmerlichen Stube, auf dem einflammigen Kocher
gart gerade ein Süppchen, aufsucht, um ihn über die imaginären Zahlen zu
befragen, vertröstet ihn auf später und auf den Glauben, auf den er vertrau-
en müsse.

Nach den Ferien werden die Quälereien heftiger: Basini wird in Trance versetzt, mit einer heißen Nadel in den Arm gestochen, er soll, hypnotisiert, schweben, stürzt aber schwer.

Im Park des Instituts bittet Basini Törleß schließlich um Hilfe, aber Törleß hält sich aus allem heraus. Er ist von den niederen Quälereien angewidert. Er ‚rettet' lieber eine Maus, die von anderen Mitschülern gequält wird, indem er selbst sie tötet.

Beineberg und Reiting verraten Basini der Klasse. Törleß warnt ihn, es kommt aber dennoch zur Bestrafung Basinis. In der verbarrikadierten Turnhalle wird Basini mit dem Kopf nach unten an den Ringen aufgehängt, geknebelt und hin- und hergeschleudert. Als er sich endlich den Knebel herunterreißen kann, übergibt er sich.

Die ganze Sache kommt heraus. Törleß flieht, rennt über Felder. Der Hausmeister entdeckt die Bodenkammer. Beineberg und Reiting legen sich Ausreden zurecht, eine Lehrerkonferenz findet statt, Törleß ißt etwas bei Božena, beschließt, ins Internat zurückzukehren. Dort befragen ihn die Lehrer nach seinen Motiven, ob sie philosophisch oder religiös seien.

Törleß   Nein. ... Ich kann nichts dafür, daß es das alles nicht ist, was Sie meinen. ... Aber ich will versuchen, es zu beschreiben. Basini war ein Schüler gewesen, wie wir alle, ein ganz normaler Mensch, und plötzlich war er gefallen. Ich mußte einsehen, ... daß der Mensch nicht ein für allemal geschaffen ist, gut oder böse, sondern wir alle uns dauernd ändern, ... Wenn wir uns aber so ändern können, daß wir Foltertiere und Opferknechte werden, dann ist alles möglich. ... Dann gibt es keine Mauer zwischen einer guten und einer bösen Welt, dann gehen beide unmerklich ineinander über. Dann können ganz normale Menschen schreckliche Dinge tun. . . Ich wollte wissen, wie ist das möglich. . . Früher dachte ich, es müßte eine Welt einstürzen. Heute weiß ich, daß sie das nicht tut. Was so entsetzlich aussieht, von weitem so unfaßbar, geschieht einfach, ganz ruhig und selbstverständlich. Und deshalb hat man sich davor zu hüten. Das habe ich gelernt.

Die Konferenz beschließt, Törleß aus dem Institut zu verweisen. Seine Mutter holt ihn mit einem Einspänner ab, die Fahrt führt über die nun leere Dorfstraße, auf der Törleß zu Beginn des Films gekommen war, der Wagen fährt an der Bahnstation vorüber, die Kamera schwenkt an ihr vorbei über die Bahnstrecke hinweg in die diesige, weite Landschaft.

„Basini ist ein Dieb. Jawohl, ein Dieb. Zu uns paßt er nicht mehr."

„Nichts verbindet uns mit Basini, außer, daß sich aus seiner Gemeinheit allerlei Vergnügen ziehen läßt."

„Bist Du einverstanden?"

„Das Eigenartigste daran ist, daß man mit diesen imaginären Werten tatsächlich rechnen kann. Ist da nicht ein Sprung in unserer Realität?"

„Wenn sie Dich anspeien, wenn sie Dich winseln lassen, wenn Du Staub fressen mußt — was geht in Dir vor dabei?"

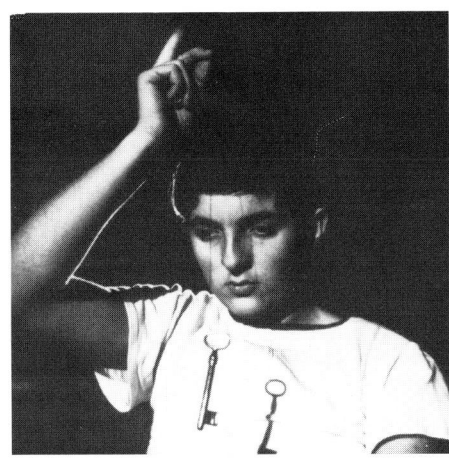

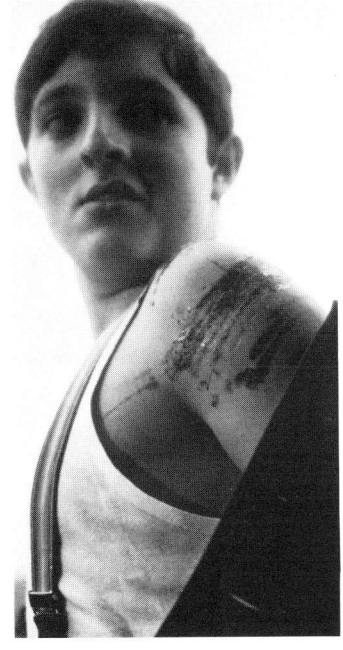

„Halt die Hand vollkommen ruhig. Sieh nur auf den Schlüssel, . . ."

„Sieh doch, was sie mit mir gemacht haben."

,,Mein lieber Anselm von Basini . . .''

„Was so entsetzlich aussieht, von weitem so unfaßbar, geschieht einfach, . . .''

Kommentar

Noch als Volker Schlöndorff als Regieassistent bei Louis Malle arbeitete, schrieb er das Drehbuch zu ‚Der junge Törleß' nach dem 1906 erschienenen Roman von Robert Musil ‚Die Verwirrungen des Zöglings Törleß'. Schlöndorff hatte als damals Unbekannter die Rechte vom Rowohlt-Verlag erworben, obwohl sich auch Luchino Visconti um sie bemühte, dem eine Verfilmung mit Horst Buchholz in der Titelrolle vorschwebte. Schlöndorff reichte sein Drehbuch in Wiesbaden für eine Bundesdrehbuchprämie ein. Es wurde abgelehnt. Beim zweiten Mal, diesmal von der Franz-Seitz-Filmproduktion vorgelegt, erhielt das Buch 1964 eine Prämie von 200 000 DM. Einen weiteren Teil der Finanzierung übernahm Louis Malle. Damit war der Weg für Schlöndorffs Debutfilm frei. Um die Jahreswende 1965/66 wurden die Außenaufnahmen am Neusiedlersee an der österreichisch-ungarischen Grenze gedreht, die Innenaufnahmen entstanden in den Gängen und Hallen eines Tegernseer Internats, auf dem Dachboden des Benediktinerklosters Schäftlarn und in der Turnhalle eines Münchner Gymnasiums. Die Außenfassade des Internats ist die Fassade des Heimatmuseums in Graz. Das k.u.k.-Internat, das Schlöndorff - selbst Internatsschüler - in dem Film zeigt, ist also durch und durch synthetisch, der Film liefert kein Abbild einer bestimmten k.u.k.-Schule, sondern montiert das typisierte Bild einer Schule, hat also eine ausgesprochen demonstrative Haltung. Der Film zielt trotz der Konkretheit der Abbildung auf etwas Allgemeines, auf Parabelhaftes. Schlöndorff hält sich deshalb einerseits sehr genau an den Roman von Musil, andererseits verlagert er aber die thematische Gewichtung. ‚Der junge Törleß' ist nicht nur eine feinsinnige psychologische Studie der pubertären Grausamkeiten in einer abgeschiedenen Jungeninternatsatmosphäre, sondern auch eine politische Parabel. Schlöndorff lehnt sich in seiner Deutung des Romans eng an Wilfried Berghahns (Berghahn hat Schlöndorff während der Entstehung des Drehbuchs beraten) These an: „Musil schreibt, ohne es zu wissen, die Vorgeschichte der Diktaturen des 20. Jahrhunderts. Er durchleuchtet die psychologischen Spannungen und sexuellen Aggressionen einiger Halbwüchsiger in der Verborgenheit einer Militärschule und findet in ihnen das komplette Arsenal der Rohheit, die später Geschichte macht. . . In jugendlicher Grausamkeit enthüllt sich schließlich die der Konzentrationslager." (aus: Wilfried Berghahn, Robert Musil, Reinbek 1964) Auf diese inhaltliche Linie bringt Schlöndorff die Romanvorlage für seine Filmadaption. Es gibt von ihm die etwas verkürzende Äußerung: „Musil hat das Buch vor der Zeit des Nationalsozialismus geschrieben. Heute erscheint es nur als eine prophetische Parabel. Basini ist der Jude. Beineberg und Reiting die Diktatoren, Törleß verkörpert das deutsche Volk, von dem man sagen könnte, daß es schuldiger ist als die Tyrannen. Schuldiger, weil es die Möglichkeit gehabt hätte, zu erkennen. In gewisser Weise ist dieser Engel Törleß ein Schweinehund."

So einfach liegt die Parabel sicher nicht, so einfach ist der Film auch nicht angelegt. Dennoch: ‚Der junge Törleß' ist ein Modell über Macht, Machtmißbrauch und Faszination, die Machtmißbrauch sadistischer Konvenienz ausüben kann, eine Faszination, die bis zur Handlungsunfähigkeit des Faszinierten führen kann. Der Film zeigt Archetypen politischen Verhaltens, wie sie besonders im Deutschland des 3. Reiches verhängnisvoll geworden sind. Beineberg verkörpert den philosophisch-religiösen Peiniger. Er quält Basini als metaphysische Übung, versetzt ihn in Trance, sticht eine Nadel in seinen Oberarm, behauptet, Basini sei durch Hypnose schmerzunempfindlich geworden. Beineberg ist darüber hinaus Anhänger einer Herrenrassenideologie: ,,Ich habe mir die Sache hin und her überlegt. Ein Mensch wie Basini kann in dem wundervollen Mechanismus der Welt nichts zu bedeuten haben. Er ist so gut wie nichts. Denn wenn die Weltseele will, daß einer ihrer Teile erhalten bleibe, so spricht sie sich deutlicher aus." Ohne jede Mystik und Metaphysik agiert Reiting. Er herrscht über Basini mit rohen Mitteln der Gewalt, er peitscht ihn, läßt ihn Schmutz fressen. Er ist der brutale Folterer, der hemmungslos, ohne jede geistige Rechtfertigung, seinen Trieben nachgibt.

Ganz anders Törleß. Er ist der Beobachter, der intellektuelle Sucher nach der Wahrheit, nach Hintergründen, der Zauderer, der Zögernde, der sich vor den entwürdigenden Peinigungen Basinis ekelt, den dieser Ekel aber zugleich anzieht, fasziniert, ihn als philosophisch-intellektuelles Phänomen interessiert. Er fragt sich, wie so etwas möglich ist, nicht, wie er das verhindern kann, er fragt sich, was in dem Opfer vorgeht, nicht, wie er dem Opfer helfen kann.

Diese Haltung ist kennzeichnend für weite Teile der deutschen Bevölkerung gegenüber den Greueln des Dritten Reiches, nicht für die der Intellektuellen. Törleß hilft sich durch Flucht oder durch den unbrauchbaren Rat, Basini solle sich selbst stellen, der Gequälte solle den Schutz von Recht und Ordnung in Anspruch nehmen, was allerdings zugleich seine eigene Verurteilung bedeutete.

Basini, das Opfer, steht nicht so sehr im Interesse des Films wie die Haltung des jungen Törleß. Basini setzt sich nicht zur Wehr, in der vagen Hoffnung, daß das Leiden ja einmal ein Ende haben müsse. Diese Hoffnung bestimmte real tatsächlich die Haltung vieler Opfer des Nationalsozialismus. Insofern gehört auch die Figur des Basini zu den Archetypen politischen Verhaltens unter diktatorischen Machtverhältnissen.

Seine aufklärerische Absicht hat der Film thematisch konsequent und filmisch klar durchgehalten. Schon die ersten Einstellungen deuten auf spätere Motive hin: Das hängende Schwein, das gerade ausgeweidet wird, entspricht dem an den Ringen aufgehängten Basini, der Kreis, der mit Tinte um die Fliege gezogen wird, bevor sie zerdrückt wird, kehrt mit dem Kreis der Mitschüler wieder, der sich in der Turnhalle unerbittlich um Basini schließt. Die Anfangseinstellung wiederholt sich in der Schlußeinstellung. Die Dichte der bildlichen Komposition des Films hat leider nicht immer eine Entsprechung im Dialog. Die jugendlichen Laiendarsteller sind nicht immer in der Lage, den teilweise hölzernen Dialogen Glaubwürdigkeit zu verleihen. Die Texte wirken manchmal wie aufgesagt.

Die Stärke des Films kommt aus seinem Umgang mit seiner literarischen Vorlage. Schlöndorff hat weder thematisch den Musilschen Roman einfach übernommen, noch hat er, obwohl er sich sehr präzise an die Atmosphäre seiner Vorlage hält, die Historizität des Romans beibehalten. Stattdessen hat er eine eigenständige Interpretation geschaffen, ein politisches Modell, das an keiner Stelle den direkten Hinweis auf die Ereignisse des 3. Reiches enthält. Schlöndorff zeigt vielmehr, wie klar Musil auf Kommendes hingewiesen hat, führt in der bürgerlichen Gesellschaft angelegte Verhaltensmuster vor, die unter ihnen entsprechenden Rahmenbedingungen jederzeit erneut virulent werden können. Darin liegt nach wie vor die Aktualität dieses Films.

Ein Film ohne Netz — kaltblütig mit Gefühl

Volker Schlöndorffs
MORD UND TOTSCHLAG

Anita Pallenberg

Hans P. Hallwachs
Werner Enke

Manfred Fischbeck
Musik: Brian Jones (von den Rolling Stones)

Ein Farbfilm
der Rob Houwer-Produktion

Constantin-Film

MORD UND TOTSCHLAG (1967)

Daten

Drehzeit	Herbst 1966
Drehorte	München, Ellingen (Franken), Atelier
Uraufführung	19. 4. 1967
Verleih	Constantin
Länge	87 min.
Format	35 mm/Farbe

Stab

Buch	V. Schlöndorff (G.v.Rezzori, N.Frank, A.Boyer)
Regie	Volker Schlöndorff
Kamera	Franz Rath
Ton	Klaus Eckelt
Schnitt	Claus von Boro
Aufnahmeleitung	Siegfried Wagner
Produktionsleitung	Jürgen Dohme
Produktion	Rob Houwer-Film
Musik	Brian Jones
Kostüme	Eva-Maria Gall

Darsteller	Rolle
Anita Pallenberg	Marie
Hans Peter Hallwachs	Günther
Manfred Fischbeck	Fritz
Werner Enke	Hans
u.v.a.	

Preise
Bundesfilmpreis (Silber)
Goldenes Band für Kamera

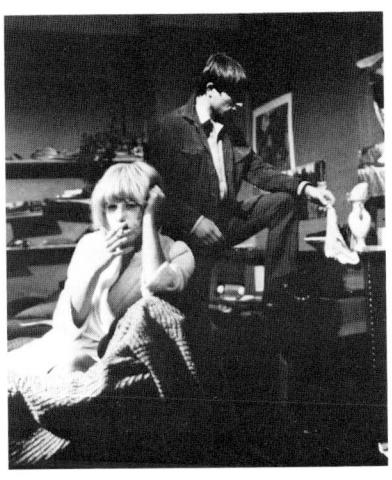

,,Du bist ein Schwein, daß Du das von mir verlangst.''

,,Hau ab jetzt!''

,,Ich muß mir das erstmal ansehen, überhaupt mal sehen, was zu machen ist.''

,,War nicht 18 Monate umsonst beim Barras.''

Marie: „Ich kann mich nicht mehr
erinnern, wie's zum ersten Mal war."
Günther: „Ich weiß nicht mehr,
wie's bei mir zum ersten Mal war.
Ich glaub es war 'ne Blonde."

„Hier können Sie den Wagen nicht
stehen lassen. Wegen der Straßenbahn."

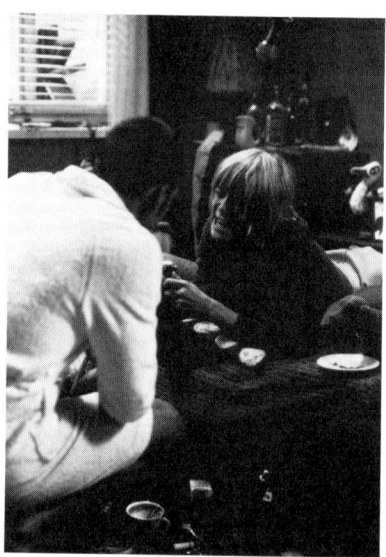

Günther: „Was meinst Du, wieviel
man für sowas kriegen kann?"
Marie: „Für was? Ach so. Keine
Ahnung."

„Du bist gemein. Schließlich hab
ich ihn doch geliebt!"

Filmstory

Marie kramt im Medikamentenschrank im Bad, legt eine Gesichtsmaske auf, schluckt eine Tablette, geht ins Nebenzimmer, zieht sich aus, will zu Bett. Vor dem Fenster blinkt ein rotes Reklamelicht. Es klingelt, klopft, rüttelt schließlich an der Tür.

Marie   Hör auf, weckst ja das ganze Haus. Es hat keinen Zweck. Ich laß Dich doch nicht rein.

Hans bittet inständig, sie öffnet. Er greift sich eine Reisetasche, packt seine Sachen ein, nimmt auch die Pistole mit, die er ihr einst gegeben hat.

Hans   So, jetzt gehn wir nochmal ins Bett und dann hau ich ab.

Marie   Du bist ein Schwein, daß Du das von mir verlangst.

Marie steckt ihm eine Zigarette ins Bier, er bespritzt sie mit der Bierflasche, es kommt zu Kampf und Verfolgungsjagd. Hans zieht sich schon aus, kniet sich auf ihren Rücken, da nimmt Marie die Pistole aus der Reisetasche und zielt auf ihn:

Marie   Hau ab jetzt!

Hans   Wenn Du wenigstens schießen könntest. Hast ja nicht mal entsichert.

Marie entsichert, Hans wirft die Bierflasche nach ihr, sie schießt. Hans ist getroffen.

Marie   Um Gottes willen, was ist denn, ich hab's nicht gewollt.

Hans   Hol mir 'nen Arzt. Ich verblute!

Marie wuchtet ihn aufs Bett, holt ihm Tabletten, aber Hans ist schon gestorben. Marie legt sich neben ihn, schläft.

Am nächsten Morgen geht Marie zum Bahnhof. Sie sucht jemanden, der ihr hilft, „etwas" aus der Wohnung zu schaffen. Sie findet niemanden. Marie geht zur Post, schickt ein Telegramm.

           Deinem Sohn Hans und mir geht es gut. Zum Geburtstag alles Liebe. Marie.

Marie geht durch die Stadt. In einer Bar trinkt sie einen Kaffee, Günther kommt hinzu, kramt in seinen Taschen nach Geld.

Marie   Brauchen Sie Geld?

Günther   Immer!

Marie   Ich gebe Ihnen 500 Mark, wenn Sie was für mich tun.

Marie gibt einen Whisky aus, weint, erzählt ihm die Geschichte, und bittet Günther, ihren Freund wegzuschaffen, bevor ihre Freundin komme, auf die könne sie sich nicht verlassen. Zur Polizei wolle sie nicht, ihn wegzuschaffen, sei doch viel einfacher. Günthers Freunde kommen. Marie verabschiedet sich. Günther geht ihr nach.

Marie   Ich hoffe, Sie vergessen, was ich Ihnen anvertraut habe.

Günther   Moment.

Sie fahren mit einem Taxi in Maries Wohnung. Günther greift sich als erstes die Pistole, steckt sie ein, dann deckt er das Gesicht des Toten zu, ihm wird übel, auf dem Klo übergibt er sich, wäscht sich den Kopf mit kaltem Wasser und entleert das Magazin der Waffe.

Marie	Woher können Sie das?
Günther	War nicht 18 Monate umsonst beim Barras.

Günther legt sich auf Maries Bett, sie legt sich dazu und zieht sich aus. Überblendung.

Es ist nachmittag. Günther rät ihr, zu verschwinden, möglichst weit weg.

Marie	Hör mal zu. Entweder Du hilfst mir oder Du verschwindest sofort.
Günther	Gut. Ich geh einen Wagen besorgen — und jemand, der ihn fahren kann.
Marie	Wozu das?
Günther	Ich hab keinen Führerschein.
Marie	Das ist nicht wahr. Ich hab ihn gesehen.
Günther	Du hast in meiner Jacke herumgeschnüffelt?

Günther und Marie wollen ein Fahrzeug besorgen. Marie unterhält sich mit der Taxifahrerin, die sich beklagt, daß sie keine guten Fahrten bekomme und daß das Fahrzeug auch keinen großen Kofferraum habe. Sie sind mit diesem Taxi unterwegs zu einer Autowerkstatt, die Günther kennt. Dort nehmen sich sich einen alten Wagen, versprechen, ihn am nächsten Tag wieder zurückzubringen.

In einem Café erzählt Marie Günther, daß sie als Serviererin arbeite. Sie gehen in einen Spielsalon, danach fahren sie mit dem Wagen zu Maries Wohnung. Der Hausmeister weist auf das Parkverbot vor dem Haus hin. Günther stellt den Wagen um. In der Wohnung wickelt Günther den toten Hans in den Teppich. Mit einer Wäscheleine wird das ‚Paket' verschnürt. Nach der Arbeit rasiert sich Günther mit dem Apparat des Toten, wäscht sich. Als er aus dem Bad kommt, findet er Marie auf dem Bett liegen, Bierflaschen um sie herum. Günther nimmt ihr eine Flasche weg.

Marie	Du bist gemein. Schließlich hab ich ihn doch geliebt.
Günther	Das ist nicht mehr zu ändern. Sei konsequent und steh zu Dir. ...
	Du bist besoffen. Siehst Du nicht ein, daß Du Dich zusammennehmen mußt?
Marie	Du hast einen ganz geilen Blick.

Marie verführt Günther. Sie liegen auf dem Bett, Günther sieht fern.

Marie	Es wird schon dunkel. ... Hast Du eigentlich aufgepaßt?
Günther	Nein. Ich denke, das machst Du.
Marie	Normalerweise schon. Wenigstens führ ich Buch. Aber ich weiß nicht so recht heute.
Günther	Das wäre der Gipfel. ... Du kannst einen ganz schön in was 'reintreiben.

Sie probieren, Hans im Teppich eingerollt herunterzutragen. Er ist zu schwer. Günther will einen Freund herbeischaffen, sie fahren in ein Lokal. Als Günther wieder zu Marie in den Wagen kommt, will sie nicht mehr. Sie gehe besser zur Polizei, es sei ohnehin alles aus. Günther verhandelt mit dem Freund, der macht mit, sie fahren in die Wohnung, tragen den ‚Teppich' die Treppe hinunter, der Hausmeister will ihnen helfen, sie lehnen ab. Der Hausmeister läßt sich aber nicht abweisen, will den Teppich im Kofferraum verstauen, der ist aber zu klein, also wird er schließlich auf einen Liegesitz gepackt.

Hausmeister	Nun fahren Sie nur schnell weg. Aufladen ist erlaubt.

Günther fährt, sein Freund Fritz und Marie sitzen hinten, den Teppich zwischen sich. Sie wollen zur Autobahn Nürnberg. Das Autoradio verkündet die Lottozahlen.

Fritz	Immerhin vier Richtige. Das wird 50 Mark geben.

Unterwegs versagt das Auto, ziemlich in der Nähe einer Tankstelle. Die ist zwar nachts geschlossen, aber sie hupen die Tankwartin aus dem Haus, reparieren den Wagen und lassen ihn auftanken.
Als es hell wird, werden die drei im Wagen wieder wach. Marie bindet die Schnürsenkel an den Schuhen zu, die aus dem Teppich herausragen.

Marie	Wenn wir wenigstens 'ne Kiste hätten.
Fritz	Man kann nicht alles haben.

Günther entdeckt, daß in der Nähe eine Autobahnbaustelle ist. Sie tragen den ‚Teppich' dort hin, rollen ihn aus und werfen Hans in eine Baugrube. Günther legt den Teppich sorgfältig zusammen, Fritz wirft Erde über den Toten, dann fahren sie weg.

Fritz	Wir fahren zu meiner Tante. Da können wir frühstücken.

Auf dem Weg zur Tante unterhalten sich Günther und Fritz.

Günther	Eigentlich müßten die Männer Röcke tragen. Das wäre logisch.
Fritz	Ja. Das liegt an den Unterhosen. Die Amerikaner haben wunderbar weite in Shortsform mit Blümchen drauf. Nicht so eng wie bei uns, wo alles vermufft.
Günther	Außerdem soll es impotent machen.

Marie schlägt eine Mutprobe vor: Freihändigfahren.

Marie	Wer zuerst ins Lenkrad greift, hat verloren.

In einer Kurve stoßen sie an eine Leitplanke.
Sie kommen bei Fritz' Tante an. Marie genießt das Land, läuft über eine Wiese, schlägt Purzelbäume. Fritz stellt seiner Tante Marie als seine Braut vor.

Tante	Ich sag's ja immer, junge Leute müssen zusammenkommen. Ich bin gerade beim Einkochen.

Die Männer hacken Holz, schichten es auf, während Marie mit einer Handmühle Kaffee mahlt.

Marie	Waren Sie immer so, oder sind Sie es erst hier geworden?
Tante	Wie?
Marie	So überlegen. Man glaubt, Sie wissen alles und Sie verstehen alles. . . Alles wird so einfach, wenn Sie es sagen.

Tante	Das Allermeiste ist einfach.

Man frühstückt im Freien. Ländliche Idylle. Fritz möchte nach dem Essen spazierengehen, Marie will ihn begleiten.

Günther	He, Marie, wart mal. Du sollst Dich lieber ausruhen.
Marie	Im Heu, mit Dir allein, was?
Günther	Denk dran, wenigstens diesmal aufzupassen.

Auf dem Spaziergang im Dorf begegnen Fritz und Marie einem Bauern. Fritz stellt ihm Marie als seine Sekretärin vor.

Bauer	Hast Du das schon gesehen? Da drüben?
Fritz	Das, was da so stinkt?
Bauer	Da sind nämlich 5000 Hähnchen drin. Das bringt mehr ein als Kartoffeln.

Der Bauer verabschiedet sich.

Fritz	Ich verstehe nicht, wie die Leute das hier aushalten. Fressen, schuften, schlafen.
Marie	Ich habe mir das alles mal anders vorgestellt. Ich hab als Kind auch nicht gedacht, daß ich mal Kellnerin werde und ins Gefängnis komme.
Fritz	Wieso denn?
Marie	Es kommt ja doch heraus, früher oder später.
Fritz	Vielleicht hätten wir ihn nicht in die Baugrube tun sollen.

Sie gehen weiter. Fritz führt Marie in eine Scheune.

Marie	Willste mal, Kleiner?

Günther kommt mit dem Auto vorbei, will wegfahren, Marie läuft hinter ihm her.

Günther	Wenn Ihr mitfahren wollt, steigt ein. Ich fahre in die Stadt zurück. – Muß den Wagen zurückbringen.

Sie steigen ein. Marie schaut aus dem Rückfenster auf das Dorf. Auf der Autobahn bezahlt sie die beiden Männer.

Marie	300 Mark für jeden.

Fritz fährt dicht auf einen Lastwagen auf, ein Stein zerschlägt die Windschutzscheibe, Fritz verliert die Kontrolle über den Wagen, rammt ein anderes Fahrzeug, sie halten auf einem Parkplatz. Die Beifahrerin aus dem gerammten Fahrzeug steigt erregt aus.

Beifahrerin	Das sind ja Mörder, Mörder!
Fahrer	Verbrecherische Fahrweise!

Es kommt zum Streit. Günther bietet den beiden Geld an, dann fahren diese weiter. Günther ist aufgebracht, weil er den Wagen in diesem Zustand nicht in die Werkstatt zurückbringen kann. Er prügelt sich mit Fritz, dabei wird Maries Geld auf die Fahrbahn geweht, Marie versucht, es zu greifen, da versöhnen sie sich wieder. Sie fahren weiter, ohne Windschutzscheibe. Gegen den Zug wickeln sich Marie und Fritz in den Teppich.

Marie	Geradeaus, bis nach Spanien.

Marie schmiegt sich an Fritz.

Nach längerer Fahrt erreichen sie wieder die Stadt. Vor Maries Haus jagt der Hausmeister sie wieder aus dem Halteverbot fort. Dann kommt eine Kollegin Maries, Elfi, und berichtet, daß man Marie bei der Arbeit vermißt habe.

Elfi lädt die beiden Männer ein, mit nach oben zu kommen, aber Günther lehnt ab, er müsse den Wagen zurückbringen, Fritz verabschiedet sich ebenfalls.

Marie	Sehen wir uns nicht wieder?
Fritz	Aber sicher, bestimmt. So groß ist die Stadt ja nicht. Wir werden uns schon noch mal begegnen. Ich komm mal ins Espresso, okay?
Marie	Ich habe Dir ja gesagt, daß ich Dich gerne mag. Das ist aber wirklich so.
Fritz	Du gefällst mir ja auch gut. Aber ich weiß nicht, es hat keinen Zweck.
Marie	Wieso?
Fritz	Ich will vielleicht wirklich auswandern. Irgendwas ganz Neues anfangen.
Marie	Versteh schon. Man kann sich auch viel vormachen. Wenn Du es Dir anders überlegst, Du weißt, wo ich wohne.

Marie geht ins Haus. Günther und Fritz fahren los.

Günther	Netter Kerl. Man versteht gar nicht, daß die einen hat umbringen können.
Fritz	Jedenfalls: Beerdigt haben wir ihn.

In der Wohnung sitzt die Freundin Maries. Als Marie das Bild von Hans auf ihrem Nachttisch sieht, beginnt sie zu schreien. Überblendung.

Marie schenkt im Café Kaffee ein. Der Gast versucht, mit ihr anzubändeln.

In der Schlußeinstellung schiebt ein Bulldozer auf der Autobahnbaustelle Erdmassen zusammen, ein Kran hat den Toten an einem Bein erfaßt, und hebt ihn hoch in die Luft.

Marie: ,,Früher hab ich oft an Selbstmord gedacht, und jetzt, wo ich allen Grund dazu hätte, überhaupt nicht."

Fritz: ,,Na, Sie machen ja schöne Sachen."
Marie: ,,Glauben Sie, ich tue das öfter?"

Marie: ,,Machen Sie das hier ganz alleine?"

,,Ab die Post!"

Kommentar

Nach dem Erfolg von ‚Der junge Törleß', nicht nur in Cannes, auch beim Publikum, wurde der zweite Film Volker Schlöndorffs im Aufbruchsjahr des Jungen Deutschen Films 1966 allgemein mit Spannung erwartet. ‚Mord und Totschlag' wurde der offizielle deutsche Beitrag in Cannes, die Presse sprach sich überwiegend positiv aus, Schlöndorff erhielt einen Vertrag bei United Artists und bereitete sein nächstes Projekt vor, ‚Michael Kohlhaas'. Nach diesem zweiten Film war Schlöndorff auf dem Wege zu einem internationalen Filmemacher.

‚Mord und Totschlag' ist der erste der wenigen Filme Schlöndorffs, die nicht nach einer literarischen Vorlage geschrieben sind. Dennoch gibt es einen, wenn man so will, ‚literarischen' Anstoß: In ‚Der junge Törleß' liest Beineberg Törleß aus einer Zeitung die Geschichte eines Servierfräuleins vor, das ihren Freund erschoß, der sie, weil sie keine Lust zum Beischlaf verspürte, gequält hatte.

Das ist der Ausgangspunkt für die Story von ‚Mord und Totschlag'. In einem Interview sagte Schlöndorff: ,,Denn ursprünglich sollte ‚Mord und Totschlag' die langsame Verstrickung und Verfilzung zweier Menschen, ihre Abhängigkeit aus wechselseitiger Faszination — das, was die Boulevardpresse ‚Hörigkeit' nennt — darstellen. . . . Es ist aber etwas ganz anderes daraus geworden." (Volker Schlöndorff in einem Interview, das dem Pressematerial von Constantin-Film beigefügt ist.)

In der Tat. Aus der Möglichkeit einer intimen, präzisen psychologischen Studie der Beziehung zweier Menschen ist eine etwas äußerliche Geschichte eines verqueren Vierer-Verhältnisses geworden, wobei der erste der drei Männer bereits nach einem Drittel des Films tot ist, und die anderen damit beschäftigt sind, seine Leiche wegzuschaffen.

Der Film hat also einen Kriminalfall zum Ausgangspunkt, Maries Mord im Affekt an Hans, er ist aber kein Kriminalfilm im Sinne dieses Genres. Die kriminalistische und kriminelle Seite des Problems interessiert Schlöndorff nicht. Ihn interessieren die Verhaltensweisen dreier Menschen, die durch einen Toten zusammengehalten werden. Dabei spielt die Attraktivität Maries eine herausragende Rolle: Marie bietet ihre Liebe, zumindest die körperliche, ihren beiden Helfern an. Mit Günther geht sie neben Hans' Leiche ins Bett, mit Fritz will sie es auf dem Lande, allerdings kommt es nicht dazu, aber am Ende des Films möchte sie ihn wiedersehen. Doch darüber erfährt der Zuschauer nichts mehr.

Der Film ist mit einer guten Portion schwarzen Humors versehen — eine Leiche im Teppich zu transportieren ist für Außenstehende nicht ohne komische Aspekte —, er besitzt einige abwechslungsreiche, schnoddrige Dialoge, wird getragen von guten Bildern und gestützt von rhythmischer Pop-Musik, (Brian Jones, ein Mitglied der ‚Rolling Stones', der Verlobte der Hauptdar-

stellerin Anita Pallenberg, hat die Musik geschrieben), so daß sich an keiner
Stelle Langeweile einstellt, obwohl der Film auf jedes Spannung stiftende
Mittel des Kriminalfilms verzichtet. Aber — das ablaufende Geschehen bleibt
äußerlich, bleibt ,action', nur ganz selten hat der Film intensive Momente,
wenn z.B. Marie noch einmal neben ihrem toten Hans kniet und seine Hand
streichelt. Die oberflächliche Tendenz des Films wird unterstützt durch eine
gewisse Ziellosigkeit des Inhalts: ,,Einer Aussage sind wir uns jedenfalls
nicht bewußt . . . Noch viel weniger als eine Aussage haben wir eine Moral.''
(Volker Schlöndorff in einem Interview, das dem Pressematerial von Constantin-Film beigefügt ist.) Zwar waren Schlöndorff und manche Kritiker
der Ansicht, der Film zeige sehr gut die Haltung der damaligen jungen Generation, ihre Gleichgültigkeit dem Leben gegenüber, ihre Langeweile in einer
reglementierten Umwelt, aber genau das leistet der Film nicht. Und genau
in diesem Punkt gibt es eine Beziehung zum ,Jungen Törleß'. Törleß beschreibt seinen Lernprozeß im Internat: ,,Was so entsetzlich aussieht, von
weitem so unfaßbar, geschieht einfach, ganz ruhig und selbstverständlich.''
Das ist die Grundhaltung der Geschichte von ,Mord und Totschlag':
alles geschieht einfach, ganz ruhig und selbstverständlich, nur Marie hat vielleicht wirklich einen Grund, Hans zu erschießen, da er zum Abschied noch
einmal mit ihr schlafen will. Dieses Motiv ist wichtig, um Marie für das Publikum nicht einfach zur Mörderin zu machen, sondern um ein wenig Verständnis für sie zu bewahren. Alles andere geschieht einfach, ganz ruhig und
selbstverständlich. Und hier liegt die Crux des Films: wer ein Portrait der
Jugend von 1966/67 zeichnen will, sollte seine Figuren und Charaktere in
Situationen abbilden, die für sie und ihre soziale Lage typisch sind. Das tut
,Mord und Totschlag' — bis auf die Atmosphäre im Spielsalon — nicht. Die
Beseitigung einer Leiche ist nicht unbedingt typisch für eine Generation
von Jugendlichen, noch dazu an der Schwelle zur Studentenbewegung von
1967/68. Zugegeben: Marie ist keine Studentin, die Zeit vom Herbst 1966
(Drehzeit) noch nicht die entscheidende Phase vom Frühjahr 1968. Sicher,
aber auch diese Ereignisse haben ihre Geschichte, sind erkennbar gewesen.
Die junge Generation in diesem Film scheint nur passiv, gleichgültig zu sein,
sicher ein Aspekt, ein wesentlicher Aspekt, aber genau das war nicht ihre ge-
schichtsträchtige Seite.
,Mord und Totschlag' ist ein Film, der den Produkten der Unterhaltungs-
industrie nicht fern steht und geschickt mit ihren Vorgaben arbeitet: mit
Anita Pallenberg (damals in der Boulevardpresse bekannt durch ihre Beziehung zu dem ,Rolling Stone' Brian Jones), mit flotten Rhythmen eingän-
giger Pop-Musik, mit Sex- and Crime-Appeal.

MICHAEL KOHLHAAS – DER REBELL (1969)

Daten

Drehzeit	April - Juni 1968
Drehorte	Bratislava, Mähren, Slowakei
Uraufführung	11. 4. 1969
Prädikat	wertvoll
Verleih	Columbia
Länge	100 min.
Format	35 mm/Farbe

Stab

Buch	V. Schlöndorff, Edward Bond, Clement Biddle-Wood
Regie	Volker Schlöndorff
Kamera	Willi Kurant, Herwig Zürkendörfer
Ton	Günther Stadelmann
Schnitt	Claus von Boro
Aufnahmeleitung	Günter Sturm
Produktionsleitung	Pierre Caro
Produktion	Oceanic/Rob Houwer-Film
Musik	Stanley Myers
Kostüme	Hanna Axmann von Rezzori

Darsteller	Rolle
David Warner	Michael Kohlhaas
Anna Karina	Elisabeth
Inigo Jackson	Junker Wenzel von Tronka
Emanuel Schmied	Verwalter
Vaclav Lohnisky	Herse
Relia Básic	Nagel
Anita Pallenberg	Katrina
Kurt Meisel	Kanzler
Thomas Holtzmann	Luther
Anton Diffring	Kurfürst
u.v.a.	

Preise
Drehbuchprämie
Ehrenurkunde ‚Dama del Paragua'
Preis der Menschenrechte, Straßburg

Kohlhaas mit seinen Pferden auf dem Weg zum Markt nach Wittenberg.

Kohlhaas findet seine zerschundenen Pferde.

Sturm auf die Tronkenburg.

Kohlhaas brennt die Burg Wenzel von Tronkas nieder.

Herse: ,,Von Tronka ist entkommen.''

Im Kampf.

Im Lager.

Filmstory

Unter dem Vorspann: Bilder von Pariser Straßenkämpfen Mai 1968. Bilder gleicher Ereignisse aus Berlin, New York, Tokio. Demonstranten werfen Steine, die Polizei setzt Wasserwerfer ein, Berittene treiben Demonstrierende auseinander.
Schnitt.
Pferde galoppieren über eine Koppel, springen, spielen miteinander.

Kommentar   Um die Mitte des 16. Jahrhunderts lebte in Deutschland an den Ufern der Havel ein Pferdehändler namens Michael Kohlhaas. Einer der rechtschaffendsten und zugleich entsetzlichsten Menschen seiner Zeit. Er war der Sohn eines Schulmeisters und bis in sein dreißigstes Lebensjahr ein ordentlicher, hart arbeitender Mann, der seine Leute anhielt, ebenso fleißig, ehrlich und gehorsam zu sein.

Bilder des Anwesens von Michael Kohlhaas.

Kommentar   Er lebte in Frieden mit seinen Nachbarn, war stets um Ruhe und Ordnung bemüht und respektierte als bescheidener Mann die Obrigkeit des Staates. Kurz: die Welt hätte allen Grund, sein Andenken zu segnen.

Elisabeth, seine Frau tritt aus dem Wohnhaus.

Kommentar   Aber sein bedingungsloses Bestehen auf diesen Tugenden brachte ihn in Konflikt mit der Gesellschaft und den Obrigkeiten. Das Ergebnis war Rebellion, Brandstiftung und Mord.

Elisabeth reicht ihrem Mann zwei Satteltaschen, küßt ihn, Kohlhaas verläßt mit einigen Pferden, die er zum Markte treiben will, den Hof. Über Felder, durch Furten, durch blühende Obstbaumalleen reiten Kohlhaas und seine Leute dahin.
Sie kommen an eine neu errichtete Schranke, die ihnen den Weg versperrt. Der neue Verwalter des Gutes, über dessen Grund und Boden die Straße führt, fordert Wegzoll und einen Passierschein. Kohlhaas ist von der neuen Verordnung überrascht, er hat keinen Passierschein. Den bekäme er auf den Ämtern in Wittenberg, dem Ziel von Kohlhaas' Reise. Er werde sich dort einen Schein besorgen, doch der Verwalter will ihn ohne das Papier nicht passieren lassen.
Ein Gewitter zieht auf. Es regnet. Kohlhaas wendet sich um Hilfe an den Besitzer des Gutes, Junker Wenzel von Tronka, der aber, mit astronomischen Experimenten beschäftigt, überläßt die Angelegenheit gänzlich seinem Verwalter. Dieser schlägt vor, zwei Pferde als Pfand zurückzulassen, bis Kohlhaas auf dem Rückweg den Passierschein bringe. Kohlhaas muß auf das Abkommen eingehen, um nicht zu spät auf den Markt zu kommen. Der Verwalter sucht die besten Tiere aus, ein Knecht, Herse, möchte zur Pflege der Pferde zurückbleiben. Kohlhaas hinterlegt Geld für die Verpflegung des

77

Knechts und reitet mit seinen Leuten und den anderen Pferden davon.

Auf dem Markt macht er gute Geschäfte und geht auf die Ämter zu Wittenberg, um den Passierschein zu besorgen. Als Kohlhaas seine Pferde und seinen Knecht nach 14 Tagen wieder abholen möchte, ist Herse verschwunden, die Pferde findet er in einem Schweinestall, abgemagert und zerschunden. Der Junker hat die Tiere arbeiten lassen, ohne sie zu füttern. Kohlhaas hält ihm vor, er habe nicht das Recht, einen Passierschein zu fordern, der Magistrat von Wittenberg spreche es ihm ab. Der Junker verweist Kohlhaas daraufhin seines Landes, die Pferde solle er mitnehmen.

Kohlhaas   Die Pferde lasse ich hier. Sie werden die Pferde füttern
                    und mir schicken, wenn sie wieder laufen können.

Der Junker läßt Kohlhaas und seine Leute vom Hof jagen. Bevor Kohlhaas sein eigenes Anwesen erreicht, kommt Herse hinkend, blutend und erschöpft dort an. Elisabeth versorgt ihn. Als Kohlhaas zurückkehrt, kümmert er sich als erstes um seinen kranken Knecht, setzt sich zu ihm aufs Bett. Herse erzählt, der Junker hätte die Hunde auf ihn gehetzt, als er ihn wegen der schlechten Behandlung der Pferde zur Rede stellen wollte.

Beim Abendessen, das Gesinde ißt im gleichen Raum, teilt Kohlhaas seiner Frau mit, daß er die Pferde, die zu schwach für den weiten Weg gewesen seien, bei dem Junker gelassen habe. Dann bringen die Eltern ihre beiden Kinder ins Bett und gehen anschließend selbst schlafen, aber Kohlhaas denkt nur an die beiden Pferde.

Um sein Recht zu erhalten, strengt er eine gerichtliche Untersuchung an. Das Gericht hält sich aber nur bei der Frage auf, wie zuverlässig und unvoreingenommen festzustellen sei, in welcher Verfassung die Pferde ursprünglich waren.

Als die Pferde ihm gerichtlich übergeben werden sollen, erfährt Kohlhaas, daß das Gericht die Auffassung vertrete, Kohlhaas habe auf dem Anwesen des Junkers Wenzel von Tronka nur Unruhe gestiftet, da er dessen Anerbieten, die Pferde herauszugeben, nicht angenommen habe. Kohlhaas jagt die Pferde hinter den Gerichtsdienern her, nimmt sie abermals nicht an. Beim Abendessen bittet Kohlhaas Elisabeth, mit den Kindern zu ihren Eltern zu ziehen, da er sich die Pferde beschaffen möchte und außerdem beabsichtige, das Anwesen zu verkaufen und das Land zu verlassen.

Aber nach einem Rundgang über seinen Besitz ändert Kohlhaas seinen Plan: sie werden hierbleiben und die Pferde vergessen. Elisabeth, die weiß, daß ihr Mann das ihm zugefügte Unrecht nicht vergessen werde, äußert die Bitte, nach Dresden reisen zu dürfen, um dem Kurfürsten selbst eine Bittschrift zu überbringen. Kohlhaas lehnt ab, Elisabeth reist aber dennoch, ohne sein Wissen. In Dresden ist das Gedränge, Bittschriften zu überreichen, groß. Der Kurfürst reitet mit seiner Eskorte an den Wartenden vorbei, die Menschen wollen ihm ihre Briefe übergeben, Elisabeth drängt sich heran, stürzt, da tritt ein Pferd auf ihre Kehle. Sie wird auf einem Wagen noch nach Hause transportiert, dort aber stirbt sie in den Armen ihres Mannes.

Wenzel von Tronka — inzwischen hat sich sein Verwalter entschlossen zu behaupten, Kohlhaas habe die Frage nach dem Passierschein mißverstanden, er

habe nie einen Schein verlangt — hat einen Brief von Kohlhaas erhalten:
von Tronka   ,Ich gebe Ihnen drei Tage Zeit, um meine Pferde in meinen Stall zurückzubringen, und sie so zu füttern und zu
reinigen und zu pflegen, bis sie sich wieder in dem alten
Zustand befinden. Andernfalls sehe ich mich gezwungen,
Gewaltmittel anzuwenden.' Bla, bla, bla. . .' gezeichnet:
Michael Kohlhaas.'
Während Tronka den Brief liest, schachtet Kohlhaas ein Grab für seine Frau
aus. Anschließend unternimmt er seinen ersten Rachefeldzug: er dringt mit
seinen Leuten in Tronkas Burg ein, zündet sie an, Frau und Gesinde Tronkas
und der Verwalter werden getötet, aber Tronka selbst entkommt.
Zwei Studenten von der Tronkenburg schließen sich Kohlhaas' Leuten an.
Kohlhaas   Ihr könnt tun, was Ihr wollt, aber nicht, um zu plündern.
Kohlhaas erfährt, von Tronka habe sich in einem Kloster versteckt. Seine
Leute dringen in das Kloster ein und vergewaltigen die Nonnen. Tronka ist
aber inzwischen weiter nach Wittenberg geflohen. Kohlhaas läßt in der
Stadt ein Manifest anschlagen. Ein Bediensteter des Magistrats liest dem Bürgermeister vor:
,Ich, Michael Kohlhaas, verlange von den Bürgern Wittenbergs, daß sie mir den Junker Wenzel von Tronka auslie-
fern. Die Übergabe hat heute mittag stattzufinden. Andernfalls sehe ich mich gezwungen. . .'
von Tronka   ,. . . Gewaltmittel anzuwenden.' Das letzte Mal hat er das
auch geschrieben und hat's auch getan.
Aus Wittenberg kommt keine Antwort, Kohlhaas' Leute, die um eine Scheune lagern, werden ungeduldig. Kohlhaas schickt einige seiner Getreuen in
die umliegenden Dörfer, um Erkundigungen einholen zu lassen. Als zwei
Mädchen des Weges kommen, verfolgen drei von seinen Leuten sie, um sich
mit ihnen im hohen Gras und Buschwerk zu vergnügen. Inzwischen kommen
Soldaten vorbei, die Kohlhaas' Lager suchen. Sie nähern sich der Scheune, in
der sich Kohlhaas versteckt hält. Sie hängen einen seiner Getreuen vor seinen Augen, nachdem dieser sich geweigert hat, seinen Herrn zu verraten.
Kohlhaas' Leute kehren zurück, sie bringen eine Räuberbande mit, die sich
den Rebellen anschließt. Sie greifen in Indianermanier patrouillierende Soldaten an, ein wildes Gemetzel beginnt, Kohlhaas' Männer siegen mit Hilfe
der Räuber. Sie tun sich zusammen. Damit ist aus den Leuten Kohlhaas' eine raubende, plündernde und brandschatzende Bande geworden. Kohlhaas
mißbilligt dieses Tun, kann sich aber nicht mehr dagegen durchsetzen.
Die in der Schlacht getöteten Soldaten werden auf einen Wagen geladen
und nach Wittenberg gefahren. Die Bürger der Stadt werden unruhig, sie senden eine Abordnung zum Magistrat, mit der Bitte, von Tronka vielleicht doch
doch auszuliefern.
Unterdessen lagert die Kohlhaas'sche Bande in einer Burgruine. Es wird getrunken, gelacht, gegessen. Kohlhaas separiert sich von den Leuten, geht allein über die Hügel. Seine alten Knechte sehnen sich nach der Heimat. Herse, die Pferde striegelnd:

Zu Hause wird jetzt der Most gekeltert...

Als Kohlhaas zurückkommt, wird er geneckt mit einer Lagerdirne, die als von Tronka kostümiert ist.

Die Räuber   Hier haben wir Deinen von Tronka.

Das ganze Lager macht sich über Kohlhaas lustig.

Bauern kommen über Nacht aus den Dörfern, die sich Kohlhaas anschließen möchten, um sich so ebenfalls Gerechtigkeit zu verschaffen. Der Räuberhauptmann aber benutzt die Kampfeslust der Bauern und deren Gefolgschaft gegenüber Kohlhaas, um daraus für sich selbst Reichtum zu schinden:

Räuberhauptmann   Revolution ist gut für's Geschäft.

Eine Abordnung aus Wittenberg trifft ein und bringt die falsche Botschaft, von Tronka sei aus der Stadt vertrieben worden. Daraufhin gibt Kohlhaas, der die Lüge durchschaut, das Signal, Wittenberg zu stürmen. Eine große Schlacht beginnt, Häuser werden geplündert und abgebrannt, Kohlhaas ermordet den Bürgermeister, eine Frau, die am Pranger steht, wird mit Feuer gepeinigt und vergewaltigt, Kohlhaas will sie befreien, aber sie wird unter einem zusammenstürzenden Haus begraben. Herse, Kohlhaas' treuer Knecht, stirbt in diesem Gemetzel.

Nach der Plünderung Wittenbergs nimmt sich der Kurfürst in Dresden der Sache an. Der Kurfürst ist in einem Feldzug mit Polen verwickelt, kann sich militärisch also nicht um Kohlhaas kümmern. Ein kirchlicher Berater, Luther, wie nur aus der Besetzungsliste zu entnehmen ist, schlägt ihm vor, Kohlhaas nicht wie einen Verbrecher zu behandeln, sondern ihm freies Geleit nach Dresden und Straffreiheit zuzusichern, wenn er seine Bande auflöse. Dafür werde ihm Gerechtigkeit widerfahren. Der Kurfürst stimmt zu.

Im Lager Kohlhaas' brüstet sich ein junger Räuber damit, in Wittenberg die Frau am Pranger vergewaltigt zu haben. Kohlhaas befiehlt, ihn aufzuknüpfen.

Luther kommt in Kohlhaas' Lager. Kohlhaas verhandelt allein mit ihm und nimmt die Bedingungen des Kurfürsten an, beichtet und geht mit Luther nach Dresden. Dort werden Kohlhaas Hoffnungen gemacht, daß sein Fall in seinem Sinne erledigt werde, man führt ihn sogar mit seinen Kindern zusammen, und man verspricht ihm, seine Pferde zu suchen.

Die Pferde sind im Besitz eines Abdeckers. Tronka soll sie identifizieren. Er ist nicht sicher. Kohlhaas aber erkennt sie als seine eigenen wieder. Die Pferde werden beschlagnahmt, dabei kommt es zum Streit mit dem Abdecker, an dem sich das umstehende Volk beteiligt. In Dresden ist Kohlhaas eine Wache zu seinem Schutze, wie es heißt, zugeteilt worden. Da er sich aber wie ein Gefangener fühlt, begibt er sich im Geleitschutz seiner Wache zum Gefängnis, um dort aufgenommen zu werden. Der Hauptmann ist aber nicht da, deshalb wartet Kohlhaas vor der Gefängnistür bis zum nächsten Morgen. Auf einer militärischen Lagebesprechung des Kurfürsten erfährt dieser von Kohlhaas' nächtlichem Ansinnen.

Kurfürst   Immer gibt es Ärger mit diesem Mann. Man sollte ihn aus der Welt schaffen.

Und zwischen zwei Truppenbewegungen auf dem Papier verfügt er, daß

Kohlhaas, entgegen seinem Versprechen, der Prozeß gemacht werden solle. Zu diesem Zweck werden Kohlhaas zunächst von Wenzel von Tronka die beiden Pferde gut gefüttert und gepflegt zurückgegeben.

Der Kurfürst   Gerechtigkeit zu üben, ist unser Vorrecht, und sie kann nur durch unsere Hand zuteil werden, auch unsere Hände sind immer offen für die, die unsere Hilfe brauchen, aber wer sie braucht, muß bei unseren Gerichten um Beistand bitten! Er darf nicht mit den blanken Waffen gefordert werden. Jeder, der sich außerhalb der Gesetze unseres Staates Recht verschaffen will, ist ein Rebell. Dafür wurde Dir vergeben.

Weil Teile von Kohlhaas' Bande aber weiter gebrandschatzt haben und weil er selbst in Dresden Unruhe gestiftet habe, wird Kohlhaas zum Tode verurteilt. Vor seiner Hinrichtung schenkt er seinen beiden Pferden die Freiheit. Sie galoppieren über Wiesen dahin, während Kohlhaas auf der Streckbank zunächst gestreckt wird, bevor ihm Beine und Arme gebrochen werden und er, auf ein Rad gebunden, hoch über der versammelten Menschenmenge, stirbt. Seine Kinder spielen mit Luther, die Pferde galoppieren frei über weite Wiesen.

Der Bürgermeister von Wittenberg
wird ermordet.

Herse stirbt.

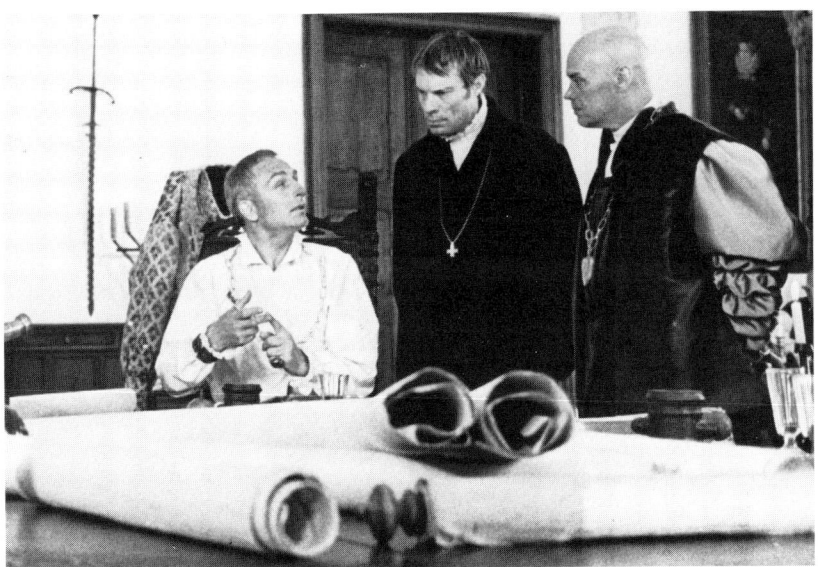

Lagebesprechung beim Kurfürsten, neben ihm Luther und der Kanzler.

Kommentar

‚Michael Kohlhaas', mit dem Zusatz ‚Der Rebell', ist als Verfilmung der Kleistschen Novelle gescheitert. Schlöndorff hat sich verführen lassen, diesen Film über ein deutsches Thema, den Konflikt zwischen Individuum und Staat zur Zeit des Feudalismus, seiner Kleinstaaterei und herrschaftlicher Willkür, als eine Produktion für den internationalen Markt zu verwirklichen.

Herausgekommen ist keine Auseinandersetzung mit der Figur des Kleistschen Michael Kohlhaas, der, einem abstrakten Prinzip der Gerechtigkeit folgend, den Kampf gegen eine feudalistische Obrigkeit aufnimmt, die korrupt, durch verwandtschaftliche Bande verflochten, nur ihren eigenen Vorteil sieht, herausgekommen ist eine Aneinanderreihung der Höhepunkte der Handlung der Novelle, ein reißerischer Action-Film, der auf die Konstruktion der Charaktere und auf Genauigkeit der Novelle gegenüber keinen Wert legt. Der Feudalismus in Deutschland, Kohlhaas' eigentlicher Gegenpart, gegen den sein Aufbegehren mit Mitteln der Gewalt ein letzter verzweifelter Versuch ist, bürgerliches Recht zu erhalten, ist in Schlöndorffs Film nur zur Kulisse, zur Dekoration geworden, Kostümschau. Indiz für eine sehr lockere Verwendung des Novellenstoffs ist zum Beispiel, daß eine so bedeutende Figur wie Luther in dem Film kaum identifizierbar ist und obendrein noch als ständiger Berater des Kurfürsten tätig zu sein scheint. Auch werden die Motive des Michael Kohlhaas ihrer besonderen historischen Eigenart enthoben. Mit stolz-trotzigem Blick nimmt Kohlhaas das Todesurteil des Kurfürsten entgegen, dann läßt er seine beiden Pferde frei: wenigstens sie sollen es besser haben. Zwar bleibt Kohlhaas der individuelle Kämpfer, der seinen geschundenen Pferden nachjagt (der Tod seiner Frau ist ein vernachlässigtes Motiv), der sich gegen seine scheinbaren Verbündeten, die Räuber und Mordbrenner, nicht durchsetzen kann und der sich im Streben nach Gerechtigkeit immer mehr im Unrecht verstrickt, aber am Ende widerfährt ihm nicht wie bei Kleist Gerechtigkeit im Einverständnis mit der Obrigkeit, sondern ihm geschieht nach wie vor Unrecht, da der Kurfürst ein Versprechen bricht. Der eigentliche Konflikt bei Kleist, die Einsicht Kohlhaas' in die Staatsnotwendigkeit seiner Hinrichtung gerade im Sinne der Gerechtigkeit, dieser Konflikt fällt bei Schlöndorff weg. Kohlhaas wird stattdessen durch die Veränderung der Figur des Kurfürsten gegenüber der Kleistschen Novelle (bei Kleist nimmt sich der Kurfürst Kohlhaas' an, verhilft ihm wirklich zu seinem Recht, übernimmt sogar die Erziehung seiner Kinder nach seinem Tod, und Kohlhaas empfindet seine Hinrichtung als gerecht und notwendig) hier zu einem Opfer obrigkeitlicher Willkür (der Kurfürst, mit anderen Problemen beschäftigt, bricht beiläufig sein Versprechen auf freies Geleit).

So wird Kohlhaas aus der Kleistschen Konfliktsituation herausgelöst und zum rächenden Rebellen umgemünzt, wird, durch die Bilder des Vorspanns, in Beziehung gesetzt zum Versuch einer sozialen Umwälzung, z.B. vom Mai 1968, eine Aktualisierung, die aufgrund der verschiedenen historischen Situationen und der unterschiedlichen Motivation des Handelns sehr fragwür- dig ist, zumal sie auch die Protestaktionen gegen Ende der 60er Jahre als schlichte Rebellion mißdeutet. Ebenso fragwürdig, und hier liegt neben der Entfernung vom Kleistschen Stoff das andere Problem des Films, ist die ästhetische Aufbereitung des Themas. Schlöndorff bedient sich ausgiebig der Mittel des Action-Films, des Sex and Crime. Große Schlachtszenen mit Blut und Feuer durchziehen seinen Film, Szenen brutaler Folterung stehen neben Bildern von Vergewaltigungen, Blut fließt in Strömen, Tote gibt es zuhauf. Das ist die Ästhetik des Western, noch unterstützt durch eine ent- sprechend untermalende Musik und durch weite Schwenks über hügelige Landschaften, durch die idyllisch und frei Pferdeherden traben. (Assoziatio- nen an Zigarettenreklame sind nicht selten.) Die Romantik und Ideologie amerikanischer Familienserien bestimmt die Atmosphäre im Hause Kohl- haas: ein liebender Vater, ein fürsorglicher Ehemann, ein besorgter Haus- herr, der sich zuerst um den kranken Knecht kümmert und erst danach um seine Frau, ein Pferdehändler, dem es nicht ums Geschäft, sondern um das Wohlergehen seiner Tiere geht. Dagegen die Szenen aus dem Räuberleben: Wein, Weib und Gesang. Mit dieser Ästhetik, Tribut an einen undifferenzier- ten, internationalen Markt, hat Schlöndorff ein deutsches, ein historisches Thema verschenkt und allgemeiner, klischierender Darstellung anheimge- geben.

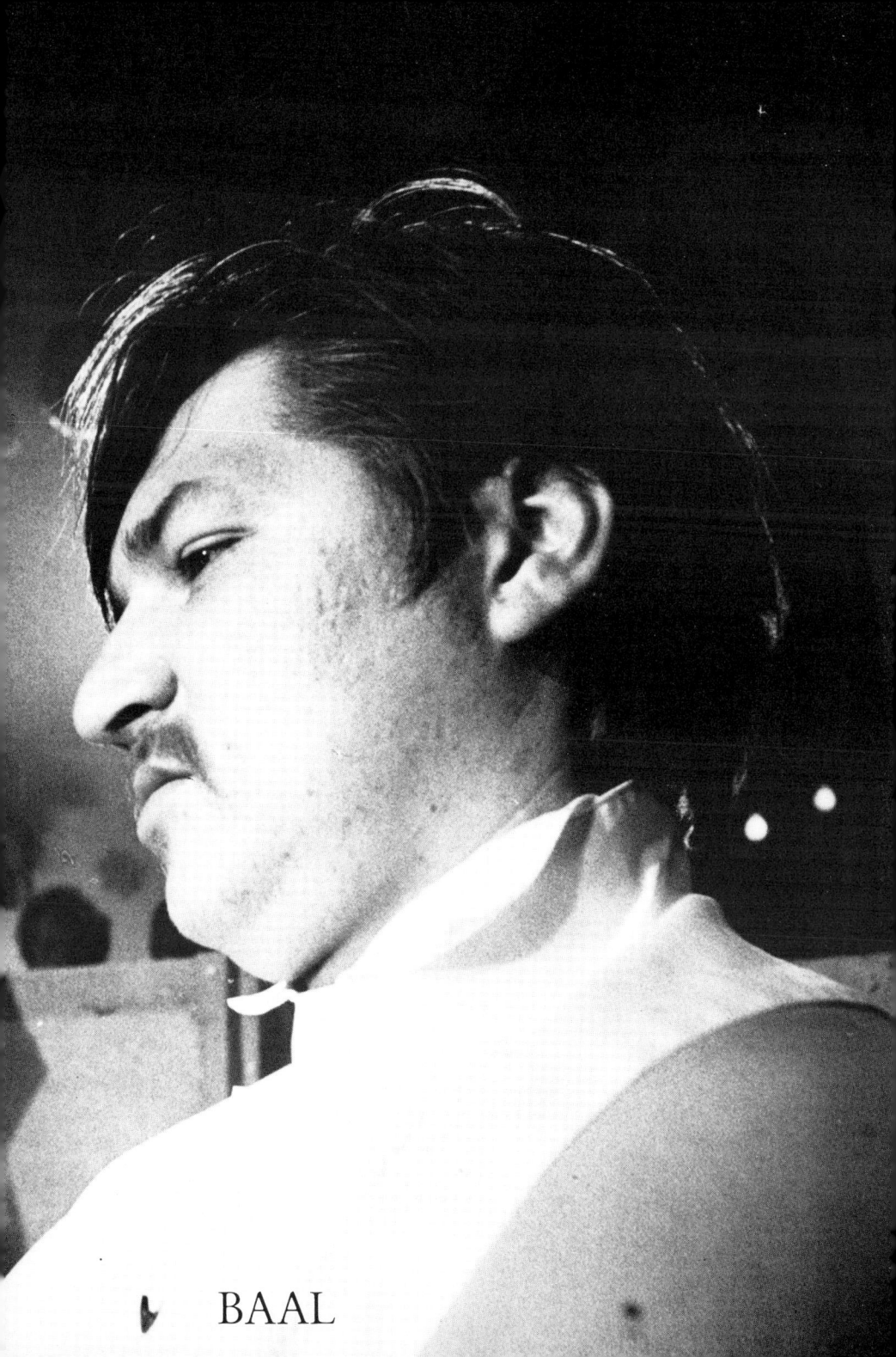

BAAL

BAAL (1969)

Daten

Drehzeit	Sommer 1969
Drehort	München
Uraufführung	21. 4. 1970 (ARD)
Länge	87 min.
Format	16 mm/Farbe

Stab

Buch	Volker Schlöndorff
Regie	Volker Schlöndorff
Kamera	Dietrich Lohmann
Ton	Alfred Limmer
Schnitt	Peter Ettengruber
Aufnahmeleitung	Peter Prusik
Produktionsleitung	Hans Fries
Produktion	HR/BR/Hallelujah-Film
Musik	Klaus Doldinger
Ausstattung	Hanna Axmann von Rezzori

Darsteller	Rolle
Rainer Werner Fassbinder	Baal
Siegfried Graue	Eckart
Margarethe von Trotta	Sophie
Günther Neutze	Mech
Miriam Spoerri	Emilie
Marian Seydowsky	Johannes
Irmgard Paulis	Johanna
Hanna Schygulla	Luise
Eva Pampuch / Sabine von Maydell	Zwei Schwestern
Irm Hermann	Mutter
Christine Schubert	Soubrette
u.v.a.	

„Was gehen Sie meine Gedichte an?"

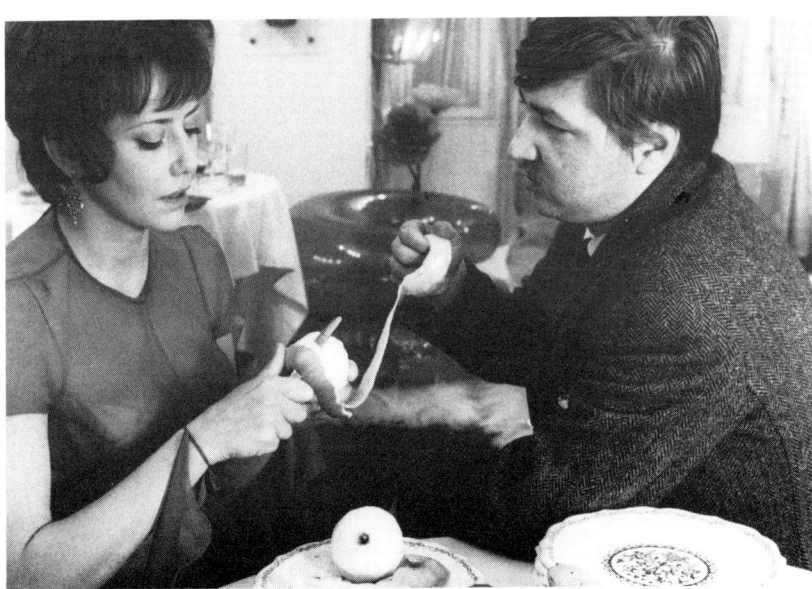

„Gehen Sie immer in weiten Ärmeln, Emilie?"

„Das ist Johanna."

„Geh mit mir, Bruder."

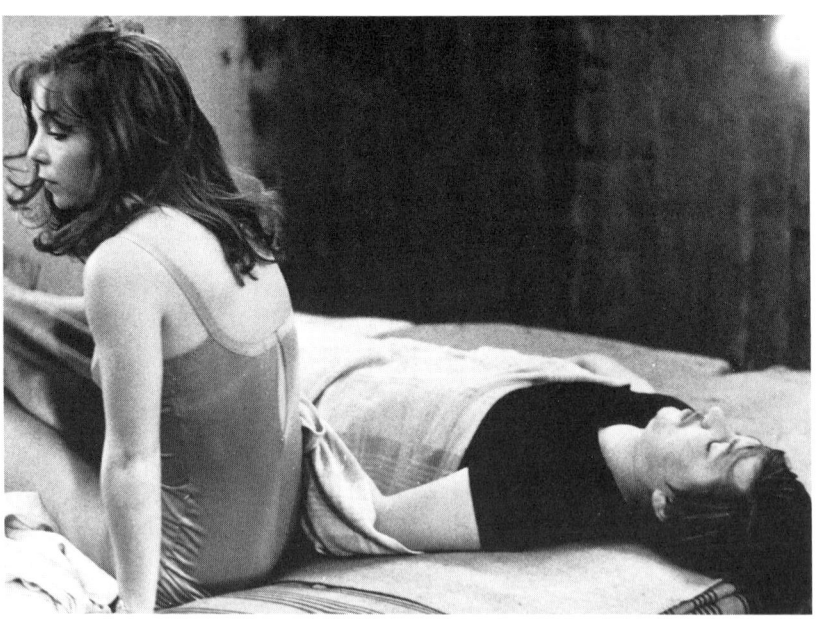

„Bist Du gewaschen? Keine Idee von Sachlichkeit."

„Vom Morgen bis zum Abend und wieder bis zum Morgen wird ihm das Bett
nicht kalt.''

„Vielleicht werd ich katholisch.''

„Jetzt schmiere ich den vierten Tag
Papier voll mit rotem Sommer.''

Barbesitzer: „Wann hat je eine so feine Seele in einem solchen Fettkloß gesteckt?"

„Ich bin klein, mein Herz ist rein, lustig will ich immer sein."

Filmstory

1
Baal geht auf einem Weg durch Kornfelder.
Song

Als ich im weißen Mutterschoß aufwuchs Baal
War der Himmel schon so groß und still und fahl
Jung und nackt und ungeheuer wundersam
Wie ihn Baal dann liebte, als Baal kam.

Und der Himmel blieb in unserem Kummer da
Auch wenn Baal schlief, selig war und ihn nicht sah
Nachts er violett und trunken Baal
Baal früh fromm, er aprikosenfahl.
. . .
Zu den feisten Geiern blinzelt Baal hinauf
Die im Sternenhimmel warten auf den Leichnam Baal.
Manchmal stellt sich Baal tot. Stürzt ein Geier drauf
Speist Baal einen Geier, stumm, zum Abendmahl.
. . .
Als im dunklen Erdenschoße faulte Baal
War der Himmel noch so groß und still und fahl
Jung und nackt und ungeheuer wunderbar
Wie ihn Baal einst liebte, als Baal war.

2
Baal ist bei seinem Mäzenaten Mech, einem Industriellen, der Baals Gedichte
verlegt, zu einer Party eingeladen, auf der sich Vertreter der Presse und an-
dere Kunstgenießer tummeln. Partygeschwätz.
Ein junger Mann   Wie machen Sie nur diese verfluchte Naivität, lieber Mei-
ster? Das ist ja homerisch.
Eine junge Dame   Aber Sie haben den Vorzug größerer Indezenz.
Baal fühlt sich auf diesem Empfang unwohl, betrinkt sich, pöbelt seinen
Gönner an, nähert sich sogar dessen Frau.
Baal   Es schwimmen Zimthölzer für Sie, Mech? Abgeschlagene
Wälder ?
. . .
Was gehen Sie meine Gedichte an?
Mech   Ich wollte Ihnen einen Gefallen tun. Willst Du mir nicht
einen Apfel schälen, Emilie?
Baal hält den Apfel, den Emilie schält.

Baal   Gehen Sie immer in weiten Ärmeln, Emilie?

und legt Emilie die noch zusammenhängende Schale wie eine Kette um.

Baal betrinkt sich immer mehr.

Baal   Warum die Monopole? Gehen Sie zu Bett, Mech.

Die Gesellschaft ist empört.

Mech   Genie muß auch seine Grenzen haben!

Baal   Muß ich Euer Geschwätz mitfressen, nur weil ich mir den Bauch vollschlagen will?

3

Baal und Johannes gehen im Dunkeln auf einer Brücke. Baal trägt eine Gitarre. Johannes erzählt Baal von seiner Liebe zu Johanna.

Baal   Hast Du ihren weißen Leib schon gesehen?

Johannes   Nein. Sie ist unschuldig. Sogar die Knie. . . Sie ist siebzehn.

Baal   Gefiel ihr in Deinem Traum die Liebe?

Johannes   Ja.

                . . .

                Sie meinen also, ich soll es tun, wenn es so selig ist?

Baal   Ich meine, Du sollst Dich davor hüten, Johannes!

4

Baal in einer Kneipe. Er rezitiert.

Baal   Der liebste Ort, den er auf Erden hab.
                Sei nicht die Rasenbank am Elterngrab.

                Sei nicht der Beichtstuhl, sei kein Hurenbett
                Und nicht der Schoß, weich, weiß und warm und fett.

                Und doch erkennst du dorten, was du bist:
                Ein Bursche, der auf dem Aborte — frißt.

Die Gäste und die Bedienung, Luise, bewundern Baal. Johannes kommt und stellt Baal Johanna, seine Liebe, vor. Auch Emilie kommt.

Emilie   Wie kannst Du mich hierher bestellen? Lauter Gesindel, das ist so Dein Geschmack.

Baal betrinkt sich wieder. Er zwingt Emilie, einen der Gäste zu küssen. Frau Mech gehorcht, das Gesicht tränenüberströmt. Baal triumphiert über seinen Machtbeweis.

Baal   Warum zittern Ihnen die Knie, Johanna? Habt Ihr's gespürt? Ist es Euch durch die Haut gegangen? Das war Zirkus! Man muß das Tier herauslocken. An die Sonne mit dem Tier. Bezahlen!

Eckart tritt heran.

Eckart   Baal! Laß das! Geh mit mir, Bruder. Zu den Straßen mit hartem Staub: abends ist die Luft violett.

94

Baal hat Angst vor Eckart.
Baal   Luise! Luise! Einen Anker! Laß mich nicht mit dem!
                           . . .
Eckart   Komm, Bruder Baal! Wie zwei weiße Tauben fliegen wir
                       selig ins Blau.
Baal wehrt sich. Johanna und Luise halten ihn fest. Eckart geht wieder.
Baal   Jetzt kannst Du ruhig sein, Emmy. Jetzt hast Du's hinter
                       Dir.

5
Baal liegt mit Johanna im Bett.
Johanna   Oh, was hab ich getan. Ich bin schlecht.
Baal   Wasch Dich lieber.
                         . . .
Johanna   Willst Du nicht das Fenster aufmachen?
Baal   Ich liebe den Geruch. — Was meinst Du zu einer frischen
                       Auflage?
Johanna   Daß Sie so gemein sein können. . . .
                       Liebst Du mich noch?
Baal   Ich hab es satt bis an den Hals.
Johanna   Was war das dann heut nacht? Und vorhin?
Baal   Bist Du gewaschen? Keine Idee von Sachlichkeit. Mach,
                       das Du heimkommst. Dem Johannes kannst Du sagen,
                       ich hätte Dich gestern heimgebracht und speie auf die
                       Galle.
Johanna zieht sich an und verläßt Baals Zimmer. Sie geht an einem Gewässer
entlang.
Song   Gibt ein Weib, sagt Baal, euch alles her
                       Laßt es fahren, denn sie hat nicht mehr.
                       Fürchtet Männer nicht beim Weib, die sind egal:
                       Aber Kinder fürchtet sogar Baal.

6
Baal liegt auf dem Bett und dichtet. Zwei Mädchen kommen.
Baal   Zieht Euch aus!
Die Mädchen ziehen sich aus.
Die Jüngere   Heute mußt du zuerst.
Die Ältere   Nein, ich hab auch das letztemal zuerst.
Baal   Ihr kommt beide zugleich dran. Hat es Euch das letzte-
                       mal gefallen?
Die Ältere   Es ist eine ins Wasser gegangen: die Johanna Reiher.
                         . . .
Baal   Ins Wasser?
Baal will die Mädchen fortschicken. Sie weigern sich, da klopft es, ihre Mut-
ter kommt.
Mutter   Ei, da schau, ich hab's mir doch gedacht. Gleich zwei auf

einmal jetzt... Vom Morgen bis zum Abend und wieder
bis zum Morgen wird ihm das Bett nicht kalt! Aber jetzt
meld ich mich: mein Dachboden ist kein Bordell!

7

Glocken läuten. Eine Prozession zieht vorbei. Baal trifft sich mit einem
Pennbruder.

Baal	Schlagen Dich die Bäume nicht nieder?
Penner	Pah, Baumkadaver.
Baal	Frauenleiber sind nicht besser.
Penner	Was haben Frauenleiber mit Prozessionen zu tun?
Baal	Es sind Schweinereien. Du liebst nicht.
Penner	Der weiße Leib Jesu: ich liebe ihn.
	...
Baal	Vielleicht werde ich katholisch.

8

Baal sitzt am Tisch, abgegessener Teller und eine Schnapsflasche neben sich.

Baal   Jetzt schmiere ich den vierten Tag Papier voll mit rotem
            Sommer... Hier passieren Niederlagen...
            Ich muß ausziehen. Aber erst hole ich mir eine Frau. Al-
            lein ausziehen ist traurig.

Johannes kommt. Baal ist nicht zu Hause. Johannes sucht in Baals Papieren,
da kehrt Baal mit Sophie zurück. Er wirft Johannes hinaus. Baal hat die
Schauspielerin Sophie unter dem Vorwand, er sei Fotograf, auf sein Zimmer
gelockt. Baal hält sie nicht, aber Sophie bleibt, obwohl sie im Theater die
Judith spielen muß.

Baal   Ich heiße Baal.

Sie tanzen, sich an den Händen haltend, umeinander.

Sophie   Du bist so häßlich, so häßlich, daß man erschrickt...
            Aber dann...
            ...

Baal   Wieviel Männer hast Du schon gehabt?...
            Dann hast Du's hinter Dir.
            Komm.
            Du mußt mich liebhaben, eine Zeitlang.

Sophie   So bist Du?... Ich hab Dich lieb.

Baal und Sophie liegen auf dem Bett.

Baal   Die Luft in der Kammer ist wie Musik. Die Weiden am
            Fluß tropfnaß, vom Regen struppig. Du mußt bleiche
            Schenkel haben.

9

Baal im Nachtcafé. Baal verlangt Schnaps, sonst trete er nicht auf, sonst gebe es keine Lyrik.

Der Besitzer	Wann hat je eine so feine Seele in einem solchen Fettkloß gesteckt?

Auf der Bühne tanzt die Soubrette Saveltka einen Striptease. Dann geht Baal auf die Bühne, angetrunken. Er wird ausgepfiffen. Baal schließt sich auf dem Klo ein, verschwindet durchs Toilettenfenster.

10

Baal liegt mit Sophie auf dem lößigen Boden eines Maisfeldes.

Baal	Die Liebe reißt einem die Kleider vom Leibe wie ein Strudel und begräbt einen nackt mit Blattleichen, nachdem man den Himmel gesehen hat.
Sophie	Ich könnte mich verkriechen in Dir, weil ich nackt bin, Baal.
	. . .
	Oh, Baal, meine Mutter weint jetzt über meine Leiche, sie meint, ich bin ins Wasser gelaufen.
	. . .
	Es ist gut, so zu liegen wie eine Beute und der Himmel ist über einem, und man ist nie mehr allein.
	. . .
Baal	Weißt Du, daß wir kein Geld mehr haben?

11

Ein Baum stürzt um. Baal kommt zu Holzfällern in den Wald. Einer der Waldarbeiter, Teddy, ist von einem Baum erschlagen worden. Die Holzfäller sprechen darüber während ihrer Frühstückspause.

Baal	Teddy hingegen war fleißig. Teddy war freigiebig. Teddy war verträglich. Davon blieb eines: Teddy war.
	. . .
	Dein Leib war noch nicht so schlecht, Teddy, er ist es jetzt noch nicht, nur ein wenig beschädigt, auf der einen Seite, und dann die Beine — mit den Weibern wäre es aus gewesen, so was legt man nicht zwischen ein Weib.

Andere Holzfäller kommen, sehen Baal bei dem Toten, beschimpfen ihn, verprügeln ihn. Baal nimmt den Toten hoch und hält ihn wie eine Geisel vor sich.

Holzfäller	Dem Burschen ist nichts heilig.
Anderer	Gott sei seiner besoffenen Seele gnädig. Er ist der hartgesottenste Sünder, der zwischen Gottes Händen herumläuft.
Baal	Es muß immer klügere geben und schwächere im Gehirn. Das sind dafür die besseren Arbeiter. Ihr habt gesehen, ich bin ein geistiger Arbeiter.

Baal wirft den Toten von sich.

Baal	Seht Euch den Himmel an zwischen den Bäumen, der jetzt dunkel wird. Ist das nichts? Dann habt Ihr keine Religion im Leibe.

12
Baal besucht Eckart. Sophie steht draußen im Regen. Nach langer Zeit erst
bittet sie:
Sophie   Darf ich jetzt herein, Baal?

13
Sophie und Baal gehen an einer Autostraße entlang, Eckart begleitet sie.
Sophie ist schwanger, Baal will sie loswerden.
Eckart   Wenn Du sie auf die Straße schmeißt, ich bleibe bei ihr.
                . . .
Sophie   Ich kann nichts dafür, Eckart. Ich liebe noch seinen
                Leichnam. Ich liebe noch seine Fäuste. Ich kann nichts
                dafür, Eckart.
Baal   Ich will nie wissen, was ihr getrieben habt, als ich saß.
Eckart   Hast Du sie mir nicht an den Hals geworfen?
Baal   Ihr wart beieinander.
Baal geht weiter, Sophie kann nicht mehr. Eckart bleibt bei ihr, Baal küm-
mert sich nicht darum, geht weiter. Sophie läuft ihm nach, Baal stößt sie
weg.
Sophie   Willst Du mich hier liegenlassen?
Baal läßt sie liegen. Eckart begleitet Baal. Sophie kriecht hinterher. Baal
verstößt sie abermals. Eckart will sich mit ihm prügeln, aber er hält inne:
Eckart   Ich kann das Vieh nicht schlagen!
Baal und Eckart gehen weg, lassen Sophie allein zurück.

14
Die beiden waten durch einen Fluß, legen sich ins seichte Wasser.
Baal   Ich mag kein Weib mehr.

15
Eckart und Baal gehen über Felder.
Eckart   Wenn ich nur was im Magen hätte, du Schwärmer.
Baal   Was bin ich?

16
Baal geht allein über ein Feld. Er gelangt zu einem Autofriedhof, steigt in
einen alten Autobus, darin liegt Eckart.
Baal liest ihm vor:
                Als sie ertrunken war und hinunterschwamm
                Von den Bächen in die größeren Flüsse
                Schien der Opal des Himmels sehr wundersam
                Als ob er die Leiche begütigen müsse.
Eckart   Es ist nicht so schlecht wie du.
                . . .
                Jetzt fange ich bald mit meiner Messe an.
Baal   Ist das Quartett schon fertig?

Eckart   Wo sollte ich die Zeit hernehmen?
Eckart setzt sich mit einer Stimmgabel auf einen Autositz.

17
Eine junge Frau sucht Eckart. Baal sitzt vor einem Schaustellerwagen, in der
Nähe einer Schiffsschaukel. Baal nähert sich der Frau, will sie vergewaltigen,
die Frau wehrt sich, aber Baal ist stärker.
Frau   Lassen Sie mich in Ruh!

18
Eckart steht an einem Baum gelehnt. Hört seine Stimmgabel.
Eckart   Du überfrißt Dich, Baal. Du wirst platzen.
Baal   Den Knall möcht ich noch hören.
Baal hat ein Lied gemacht. Eckart und Baal gehen übers Feld. Darüber das
Lied. Sprechgesang Baals:
        Unnütz bist du, räudig, toll, du Tier!
        Eiter bist du, Dreck, du Lumpenhaufen!
        Luft schnappst du uns weg mit deiner Gier,
        sagten sie. Und er, er, das Geschwür:
        Leben will ich! Eure Sonne schnaufen!
        Und im Lichte reiten so wie ihr!

19
Eckart und Baal gehen in die Spitalschänke. Sie bringen Champagner mit,
trinken ihn mit den Kranken.
Baal   Wir haben Champagner bei uns. Was haben Sie für eine
        Krankheit?
Ein Kranker   Lungenspitzenkatarrh. Es ist nichts. Eine kleine Ver-
(Gougon)   schleimung. Nichts von Bedeutung.
Baal   Und Sie?
Anderer Kranker   Magengeschwür. Harmlos.
(Bolleboll)
Eckart beobachtet Baals Gespräche mit den Kranken und Wahnsinnigen.
Eine junge Frau beschäftigt sich mit ihrem Kind. Durch den Sekt kommt
Stimmung auf. Einer macht Kartentricks, läßt eine Karte im Ausschnitt der
Frau verschwinden, ein anderer reagiert eifersüchtig.
Baal und Eckart gehen.
Baal   Komm Eckart, wir gehen zum Fluß und waschen uns.

20
Eckart   Dieser Mann, Baal, bedrückt mich. Er ist nicht mehr
        leicht genug. Ich bin ein objektiver Mensch. Mit einem
        Stück Kreide könnte man ohne weiteres die Kurve sei-
        nes Lebens an einer Häuserwand fixieren. Trotzdem.
        Ich bin der letzte, der den Schwächezuständen, die mit
        Sicherheit vor seinem Ableben zu erwarten sind, gerne
        beiwohnt. Ich bin ein Mensch ohne Rachsucht!

99

Das gleiche Lokal wie zu Anfang. Sophie ist dort nun Serviererin. Gäste berichten sich, die Mutter Baals sei gestorben und Baal laufe herum, sich Geld für die Beerdigung zu borgen. Er werde auch hierherkommen. Johannes und Eckart gehören auch zu den Gästen.

Baal kommt.

Baal   Was für ein armseliges Loch das geworden ist.

Sophie bringt Bier und Schnaps.

Einer
(Watzmann) singt Es gibt noch Bäume in Mengen
        Schattig und durchaus kommun —
        Um oben sich aufzuhängen
        Oder unten sich auszuruhn.

Baal erinnert sich an Johanna.

Johannes   Sie war immer so reinlich. Darum ging sie auch in den
        Fluß und wurde stinkend.

Baal trägt ein Lied vor.

Baal   Oh ihr, die ihr aus Himmel und Hölle vertrieben!
        Ihr Mörder, denen viel Leides geschah!
        Warum seid ihr nicht im Schoß eurer Mütter geblieben?
        Wo es stille war und man schlief und war da. . .

Eckart hat Sophie auf dem Schoß. Baal ist eifersüchtig und ersticht Eckart.

21

Baal rennt über einen Lastwagenparkplatz. Er blutet. Die Polizei sucht ihn.

22

Baal überquert eine Autobahn. Flieht weiter über eine Böschung, über Felder.

Song   Unter düstern Sternen in dem Jammertal
        Grast Baal weite Felder schmatzend ab.
        Sind sie leer, dann trottet singend Baal
        In den ewigen Wald zum Schlaf hinab.

23

Baal ist bei den Holzfällern. Er liegt auf einer Pritsche im Fieberwahn.

Holzfäller   Du pfeifst ja aus dem letzten Loch.

Die Holzfäller spielen Karten. Baal will Bier trinken, kann aber die Flasche nicht halten. Die Holzfäller rechnen mit ihm ab, bevor sie zur Arbeit gehen:

Einer   Sollen wir Mama spielen?

Ein anderer spuckt ihm ins Gesicht:
        Altes Weib! Da hast Du was zum Andenken!

Baal zählt, wälzt sich hin und her.

Baal   Eins, zwei, drei, vier, fünf, sechs. Es hilft nichts. Mama!
        Eckart soll weggehen, der Himmel ist auch so verflucht
        nah da, zum Greifen. . . Ich will hinaus.

Baal wälzt sich zur Tür, taumelt hinaus, klammert sich an einen Baum, schleppt sich weiter, stürzt, kriecht auf der Erde entlang, verkriecht sich ins Unterholz, stirbt.

24
Die Waldarbeiter kommen zurück.

Song   Als im dunklen Erdenschoße faulte Baal
War der Himmel noch so groß und still und fahl.
Jung und nackt und ungeheuer wunderbar
Wie ihn Baal einst liebte, als Baal war.

Holzfäller   Heuer vor die Hunde gehen, das ist eine große Leistung.
Wer heut noch verrecken gehen kann — Hut ab!

„Es ist gut, so zu liegen wie eine
Beute und der Himmel ist über
einem und man ist nie mehr allein.''·

„Wenn Du sie auf die Straße
schmeißt, bleibe ich bei ihr.''

Baal: „Ist das Quartett schon fertig?''
Eckart: „Wo sollte ich die Zeit hernehmen?''

„Lassen Sie mich in Ruh!''

,,Und im Lichte reiten so wie ihr.''

Baal: ,,Und Sie?''
        ,,Magengeschwüre. Harmlos.''

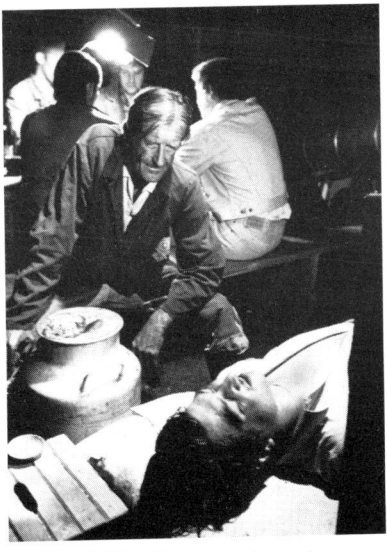

,,Du pfeifst ja aus dem letzten
Loch.''

Kommentar

„Es ist der Versuch, zwischen der Kategorie ‚Film' einerseits und der Kategorie ‚Fernsehen' (Theater als Magnetaufzeichnung) andererseits eine den Mitteln des Fernsehens besser angepaßte Form der Darstellung eines Stücks zu finden. Wir haben also weder so inszeniert oder gespielt, daß das Stück auch auf einer Bühne stattfinden könnte (wie das beim üblichen Fernsehspiel der Fall ist), noch so gefilmt, daß das Bild Kinoleinwand und -saal füllen könnte, sondern höchstens ein Wohnzimmer. Das hat zur Folge, daß alles in langen Passagen gedreht werden kann. (Volker Schlöndorff in: Weber, I., Aus der Sicht der Gegenwart, in: Der Tagesspiegel, 18.1.1970.)

Das Fernsehspiel mit den Mitteln des Films anreichern, so beschrieb Schlöndorff das formale Interesse am Stoff ‚Baal', den er für das Fernsehen inszenierte. Sein Fernsehfilm besteht aus 24 jeweils thematisch eingegrenzten Sequenzen, die sich wie Kapitel aneinanderreihen und die Geschichte des Baal in Stationen erzählen, Stationendrama, eine Form expressionistischer Dramatik. Aber Schlöndorff bildet nicht einfach ab, filmt dokumentarisch, er verfremdet vielmehr in vielen Sequenzen sein Bild: entweder ist es überbelichtet, so daß sich die Figuren teilweise schemenartig bewegen, oder es gibt um den Bildrand eine unscharfe Zone (Fettblende). Schlöndorff bricht mit diesen formalen Mitteln sehr geschickt die seinem Film eigene Abbildungsrealistik des Dokumentarischen. Seine Einstellungen gleichen zwar der Dokumentartechnik, aber durch bewußt eingesetzte ästhetische Mittel wird dem Dokumentarcharakter wieder entgegengearbeitet, die realistische Abbildung gebrochen, Distanz zwischen Betrachter und zu Betrachtendem gelegt. Der Zuschauer wird so nie in das Filmgeschehen hineingezogen, seine Identifikationsmöglichkeiten werden erheblich eingeschränkt. Sicher wäre es zu weit gegriffen, einem Vergleich mit dem Brechtschen Verfremdungseffekt anzustellen, aber daß der Zuschauer in eine distanzierte, beobachtende Haltung kommt ist ohne Zweifel. So hat Schlöndorff versucht, ein Stück Brechtscher Zuschaukunst für das Fernsehen (teilweise für das Kino) nutzbar zu machen.

Auch in seinem Inhalt ist der Film eng an Bertolt Brecht angelehnt. ‚Baal' ist das erste Drama Bertolt Brechts, daß er 1918/19 geschrieben hat als Reaktion auf ein expressionistisches Lobesdrama über den Dichter Christian Dietrich Grabbe (1801-1836). Einem expressionistisch überschäumenden Idealismus wollte Brecht eine Figur entgegensetzen, die nicht verklärt wird, sondern in ihren bodenständigen Interessen einem bewußten Gegenentwurf zum entrückten Poeten darstellt. Dabei ist Brecht selbst allerdings auch in expressionistischer Kraftpoeterei steckengeblieben. Vorbild für den Baal war für Brecht ein in jener Zeit in Augsburg streunender Abenteurer und Landstreicher. Brecht hat sein Stück verschiedene Male bearbeitet und kommentiert (1918, 1919, 1926, 1954). Schlöndorff hat aus allen Fassungen die seine herausgearbeitet und fast durchgehend die Brechtsche Sprache beibehalten. ‚Der Choral vom großen Baal', der dem Stück vorangestellt ist, ist bei Schlöndorff zum Song geworden, der am Anfang des Films, während Baal über einen Feldweg geht, und vereinzelt zwischen den Sequenzen und am Ende gesungen wird.

In einem früheren Kommentar zu seinem Stück sagt Brecht:

„Dieses Theaterstück behandelt die gewöhnliche Geschichte eines Mannes, der in einer Branntweinschenke einen Hymnus auf den Sommer singt, ohne sich die Zuschauer ausgesucht zu haben — einschließlich der Folgen des Sommers, des Branntweins und des Gesangs. Der Mann ist kein besonders moderner Dichter. Baal ist von der Natur nicht benachteiligt. Er entstammt der Zeit, die dieses Stück aufführen wird..."

An diese (unmaterialistische) Äußerung des jungen Brecht hat sich Schlöndorff gehalten. Er läßt das Stück in der Gegenwart (um 1970) spielen.

1954 kommentiert Brecht:

„Es ist nicht zu sagen, wie Baal sich zu einer Verwertung seiner Talente stellen würde: er wehrt sich gegen ihre Verwurstung. Die Lebenskunst Baals teilt das Geschick aller anderen Künste im Kapitalismus: sie wird befehdet. Baal ist asozial, aber in einer asozialen Gesellschaft."

Dieser letzte Aspekt, von Brecht in einer späten Phase seiner Entwicklung seinem Stück zugedacht, das einer ganz anderen sozialen und ideellen Entwicklungsphase entstammt, überfordert sein Drama. Denn der Zustand der Gesellschaft, in der Baal lebt, spielt in dem Stück keine entscheidende Rolle. Dargestellt ist lediglich das Mäzenatentum des Industriellen Mech, das Asoziale der übrigen kapitalistischen Gesellschaft wird vorausgesetzt und belegt nur durch die Existenz von Randgruppen, in denen Baal sich bewegt. Diese Randgruppen nun verändern ihre Wertigkeit, versetzt man sie, wie Schlöndorff es tut, zeitlich um 50 Jahre, von 1920 nach 1970. Die Spelunke, der Autofriedhof, der Lastwagenparkplatz an der Autobahn, das Holzfällercamp sind heute etwas qualitativ anderes als damals die Hütte Eckarts, die Branntweinschenke, die Landstraße, die Pflaumenbäume, die Weiden. Das verändert auch die bodenständige Lebenskraft Baals, die sich, expressionistisch wie sie bleibt, heute in Kraftmeierei verkehrt, vor allem in sexuelles Protzertum: „Ihr kommt beide zugleich dran."

Die Abkehr von der Gesellschaft kann sich nicht nur in Gewaltlyrik dunkler Bildersprache und sexueller Freizügigkeit ergehen. Das bleibt willkürlich und romantisch, vor allem wenn sich Baal ins Holzfällercamp zurückzieht, um zu sterben, da der heutige Gegensatz Natur — Autobahn, Autofriedhof, Zivilisation ein anderer ist als 1920.

Baal als Außenseiter der Gesellschaft, gut, wenn man aber zu wenig über die Gesellschaft erfährt, wird Baal erst recht zum Außenseiter, zum Außenseiter ohne Gegner, aus Kraft wird Kraftmeierei, eine Tendenz, die in Brechts Stück allerdings schon angelegt ist.

Schlöndorff hat das Drama ‚Baal' zu sehr als Drehvorlage genommen, es nur zeitlich transponiert und damit aktualisiert, aber der Stoff trägt die aufgesetzte Aktualität nicht sondern verharrt in seinem expressionistischen Umfeld.

Volker Schlöndorff

Der plötzliche Reichtum der armen Leute von Kombach

DER PLÖTZLICHE REICHTUM DER ARMEN LEUTE VON KOMBACH
(1971)

Daten

Drehzeit	Herbst/Winter 1970/71
Drehorte	Oberhessen, Schäftlarn, Odenwald
Uraufführung	21.1.1971 (ARD)
Erstaufführung im Kino	5.2.1971
Prädikat	besonders wertvoll
Verleih	atlas
Länge	102 min.
Format	35 mm/sw

Stab

Buch	V. Schlöndorff/Margarethe von Trotta
Regie	Volker Schlöndorff
Kamera	Franz Rath
Ton	Klaus Eckelt
Schnitt	Claus von Boro
Produktionsleitung	Eberhard Junkersdorf
Produktion	HR/Hallelujah-Film
Musik	Klaus Doldinger
Ausstattung	Hanna Axmann von Rezzori

Darsteller	**Rolle**
Georg Lehn	Hans Jacob Geiz
Reinhard Hauff	Heinrich Geiz
Karl-Josef Cramer	Jacob Geiz
Wolfgang Bächler	David Briel
Harry Owen	Ludwig Acker
Harald Müller	Johann Soldan
Karl-Heinz Merz	Landschütz Volk
Margarethe von Trotta	Sophie
Angelika Hillebrecht	Johanna Soldan
Maria Donnerstag	Frau Geiz
Eva Pampuch	Gänseliesel
Wilhelm Grasshoff	Richter Danz
Joe Hembus	Schreiber
Walter Buschhoff	Pfarrer
Rainer Werner Fassbinder	Bauer
u.v.a.	

Preise
Bundesfilmpreis für die Regie 1971
1. Preis Agrarfilmfestival, Portugal

„Strümpf', Strümpf', seidene
Strümpf' . . .''

Das Geldkärrnchen.

„Uns beiden könnte geholfen werden durch ein ganz einfaches Mittel."

„Wenn wir das Geld haben, kauf ich mir einen Anzug aus Samt und Seide. Dann geh ich in die Städte und laß mich in den vornehmen Gasthöfen bedienen."

„Du willst es umbringen!"

„Hör auf, Du machst mir noch eins!"

„Bei Mairegen darf man sich was wünschen."

,,Selbst bei allergrößter Umsicht wird es ihnen ihre Armut nicht erlauben, ...''

,,Heinrich, Jakob, Volk, Acker, Soldan, David, Geiz.''

,,... diese Schätze verborgen zu halten.''

Filmstory

Bauern laufen durch den Wald, im Gegenschnitt fährt ein Zweispänner vorbei, mit einer Kiste beladen, die durch Eisenbügel gesichert ist.

Kommentar   Im Jahre 1822 wollten ein paar verarmte Bauern und Tagelöhner aus dem Dorf Kombach ihrem Elend ein Ende machen und zu Reichtum kommen, indem sie einen Überfall auf den Postwagen mit den kurhessischen Steuergeldern planten.
Laut der zeitgenössischen aktenmäßig ausgezogenen Darstellung des Kriminalgerichtssekretärs Carl Franz aus Gießen soll sich das Komplott zum Postraub in der Subach folgendermaßen entsponnen haben:

Ein junger Mann mäht eine Wiese.
Kommentar   Im Herbst 1821 mähte Jacob Geiz in der Nähe von Biedenkopf die Wiese des Herrn Posthalters Strapp daselbst.

Gleichmäßig zieht er mit seiner Sense Schnitt um Schnitt. Ein dicker Mann, der Posthalter, kommt zu ihm, Weste und Hosenbund bei dem warmen Wetter bequem geöffnet, offensichtlich hat er gerade gegessen, er wischt sich mit einem Tuch die Finger ab. Er fordert den Tagelöhner auf, das Gras kurz zu schneiden, es sei ein Rasen, keine Wiese. Jacob versucht es, nicht ohne Angst um sein Sensenblatt.

Auf einem staubigen Weg kommt, gefolgt von einigen Kindern, ein fliegender Händler, seinen offenen Warenkasten vor dem Bauch. Die Kinder rufen ihm nach:

                 Strümpf. . . Seidene Strümpf aus Paris. Feinste Ware.
Kommentar   Der Strumpfhändler David Briel von Dexbach, der gerade des Weges kam, ging zu dem Tagelöhner und redete ihn folgendermaßen an:

David   Schau, Jacob, ich wüßt ein Mittel, wodurch uns arme Leut geholfen wär, wenn du und noch ein paar uns vertraute Leut mit mir einverstanden wären. Du weißt, es fährt alle Monat ein paarmal das Goldkärrchen mit den Steuergeldern von Biedenkopf nach Gießen — das wollen wir zusammen angreifen, das Geld herausnehmen, und wenn es uns gelingt, dann sind wir doch auf unser Lebtag geborgene Leut. Wir greifen es auf kurhessischem Boden an, denn dann muß der Kurfürst von Hessen unserem Großherzog das Geld wieder ersetzen. Gesetzt, es wird nun deshalb auch eine neue Steuer ausgeschrieben, so kann es höchstens zwei bis drei Kreuzer kosten für jeden. Das tut keinem weh und uns wär damit auf immer geholfen.

Die Bauern laufen durch den Wald.
Kommentar   Jacob fand in seinem Vater und in seinem Bruder Hein-

rich sogleich bereitwillige Teilnehmer. Bald schlossen
sich ihnen auch Johann Soldan sowie die Tagelöhner
Ludwig Acker und Jost Wege an. In der Nacht zum er-
sten Weihnachtstag begaben sie sich in den Großdorfer
Wald und gelangten von dort nach 6 Stunden Weg über
hohe mit Bäumen und Gesträuch bewachsene Berge,
durch schauerliche Hohlwege in die etwa 30 km entfernt
gelegene Subach, die sie als Ort der Tat bestimmt hatten.
Das Goldkärrnchen, ein Zweispänner, rollt mit der großen Geldkiste auf der
Ladefläche über eine verschneite Ebene. Auf dem Kutschbock sitzen, in
Decken gehüllt, der Postillon und ein Landschütz.
Die Bauern gehen weiter durch den Wald. Es schneit. Sie gehen zwar jeweils
in den Fußstapfen des Vordermannes, es entsteht dennoch eine dunkle Spur
ihres Weges.
Die Männer kehren nach Hause zurück, schlagen den Schnee von den Män-
teln und Hüten. Die alte Frau Geiz und Johanna, ihre Tochter, geben ihnen
Suppe zu essen. Schließlich, nachdem keine Auskunft erfolgt, fragt Johanna
ihren Mann:

Johanna	Wo ist es? — Wo ist es?
Vater Geiz	Wegen dem Schnee ist es net gangen.
Johann	Wer nicht stehlen soll, soll nicht stehlen. Es war ein Fingerzeig Gottes.
Heinrich	Und wer nichts hat, soll nichts habe.
Johanna	Amen.

Für diese spöttische Bemerkung schlägt Johann ihr mit dem Handrücken ins
Gesicht. Johanna verliert ihren Löffel. Sie hebt ihn auf, ißt weiter.

Johanna   Angst habt ihr gehabt und sonst gar nichts. . . Der
                         Schnee hätt die Spuren wieder zugedeckt.

Abermals rollt das Goldkärrnchen.

Kommentar   In Oberhessen ist die Leibeigenschaft erst um 1820 ab-
                       geschafft worden, aber statt irgendeiner Art von Freiheit
                       brachte sie den Kleinbauern, deren Landbesitz zu gering
                       war, um davon leben zu können, nur zusätzliche Ver-
                       schuldungen. Jahrhundertelang von der Obrigkeit in tie-
                       fem Umwissen gehalten, war es ihnen unmöglich, die
                       wahren Ursachen ihrer Misere zu durchschauen. Nur im
                       Auswandern in die Neue Welt, in der Wilddieberei oder
                       allerlei irrwitzigen Schatzsuchen sahen sie ein Mittel,
                       ihrer Armut abzuhelfen.

Die Bauern laufen, Kriegsgeschrei übend, durch den Wald. Es herrscht trok-
kenes Winterwetter, auf dem Kutschbock des Geldkärrnchens sitzen diesmal
zwei bewaffnete Landschützen. Die Bauern sehen noch einmal von dem
Überfall ab, da sie vergessen haben, ein Signal für den Beginn der Tat zu vereinbaren.
In dem Gasthaus sitzen David Briel, allein an einem Tisch, den Warenkasten
neben sich, und ein Landschütz. Ludwig liest eine Rekrutierungsankündi-

gung vor. Heinrich Geiz betritt zusammen mit Jost Wege die Gaststube, und sie setzen sich zu dem Landschütz. Heinrich überredet den Landschütz, die Waffen der Leute, die den Geldtransport bewachen, unbrauchbar zu machen. Es solle sein Schaden nicht sein. Der Landschütz, Volk heißt er, willigt ein, da er Geld benötigt, um endlich die Ehe mit einem Mädchen aus Offenbach eingehen zu können.

Und wieder rollt das Goldkärrnchen heran. Kutscher und Landschütz dösen vor sich hin. Die nächste Sequenz ist mit einem Lied unterlegt:

> Nun ist die Zeit, die Stunde da,
> wir ziehen nach Amerika.
> Die Pferde sind schon angespannt,
> wir fahren in ein fremdes Land.
> Der Kaffee wächst auf jedem Strauch,
> frei steht da jedem der Gebrauch.
>   . . .

Die Bauern haben sich verkleidet, ihre Gesichter mit Holzkohle geschwärzt und lauern nun dem Wagen auf. Ludwig Acker träumt schon von einer Zukunft in Reichtum, als im letzten Moment der Landschütz Volk die Nachricht überbringt, daß der Geldkasten diesmal leer sei. Der Überfall wird abermals verschoben. Heinrich Geiz ist fassungslos vor Wut.

Heinrich besucht seine Braut Sophie. Zu Bildern seines Weges folgender

Kommentar: Ein Zehntel der Bevölkerung Hessens wanderte im 19. Jahrhundert in die Neue Welt aus. Oft lösten sich ganze Dörfer auf.

Heinrich und Sophie, sie haben sich zu Heinrichs Militärzeit kennengelernt, haben zusammen ein Kind, können aber nicht heiraten, da ihnen das notwendige Geld fehlt.

Sophie   So müssen wir weiter in Sünde leben.

Heinrich antwortet mit einem Satz, der aus Büchners ,Woyzeck' stammt:

Heinrich   Der liebe Gott wird den Wurm nicht drum ansehen, ob das Amen drüber gesagt ist, eh' er gemacht wurde. —

(zu dem Kind)   Gell, Johannes.

Sophie (schreit) Du willst es umbringen!

Sophie ist abergläubisch, meint, man dürfe den Namen eines Kindes nicht aussprechen, bevor es getauft sei, da es sonst ersticke. Sophie wirft plötzlich Geschirr, das auf dem Tisch steht, nach Heinrich. Heinrich versucht, sie festzuhalten, dabei fällt ihm die Decke herunter, die er, sich zu wärmen, um hat. Er ist nackt. Schließlich gelingt es ihm, Sophie auf dem Tisch festzuhalten, er preßt seine Schenkel zwischen die ihren, es kommt zum Geschlechtsverkehr.

David Briel liest einen Brief vor, den er aus Amerika erhalten hat, während die Bauern im Regen erneut auf die Gelegenheit zum Überfall warten.

David   Hier in Amerika fließen Milch und Honig, denn die Kühe grasen das ganze Jahr hindurch auf fetten Weiden. . . Man kann soviel Vieh halten, wie man will. . . Und das Land ist so gut, man braucht es in 20 und 30 Jahren nicht zu düngen. . .

Milwaukee 1821

Kommentar | In der Nacht auf den Samstag vor Ostern trafen sie sich nach einem sechsstündigen Marsch in der Subach, wo sie tagsüber auf den Wagen warteten, um die Tat jetzt endgültig auszuführen.

Diesmal herrscht wirklich schönes Wetter, als das Goldkärrnchen abermals unterwegs ist. Die Bauern haben schwarze Kapuzen zu ihrer Tarnung mitgebracht. Diesmal aber begleiten die geworbenen Rekruten, unter ihnen auch Jost Wege, den Transport, der obendrein noch von Husaren geschützt wird. Der Wagen samt Gefolge zieht noch einmal unbehelligt vorüber.

David | Da ziehen sie hin, da ziehen sie hin.

Heinrich heult vor Verzweiflung.

Ludwig Acker besucht die Gänseliesel.

Gänseliesel | Bei Mairegen darf man sich was wünschen. Das geht in Erfüllung.

Ludwig | Ich weiß einen Wunsch, mit dem kann ich mir alles erfüllen.

Und wieder einmal rollt das Goldkärrnchen durch die Ebene. Es herrscht dichter Nebel, die Bauern aus Kombach, die abseits ihrer heimischen Flur den Überfall begehen, sind fremd in der Gegend, sie verfehlen den langsam fahrenden Wagen im dichten Nebel.

Kommentar | Beim 5. Mal verliefen sie sich im Nebel an der Lahn und verfehlten den Wagen abermals. Daraufhin beschließen einige von ihnen, die Sache nunmehr ganz ruhen zu lassen.

Während die Familie Geiz versucht, mit Hilfe einer alten, mageren Kuh einen steinigen Acker zu pflügen, hört man aus der Ferne einen Lehrer, der Schülern beim Unterricht im Freien ein Preislied auf das Bauerntum lehrt.

Lehrer | Bebau das Feld, bleib bei dem Pflug,

Schüler | Bebau das Feld, bleib bei dem Pflug,

Lehrer | Dann nützest du der Welt genug.

Schüler | Dann nützest du der Welt genug.

Die Bauern diskutieren nun noch einmal Notwendigkeit und Chancen ihres geplanten Überfalls, den Gott, so behauptet Johann, bisher jedes Mal nicht zugelassen habe. Johann will nicht mehr mitmachen.

Johanna | Meinst du, die andern bringen uns durch? Wie willst du die Frucht bezahlen?

Johann | Die Frucht wird erst im Herbst bezahlt.

Johanna | Und wie willst du den Herbst bezahlen?

Vater Geiz | Ein Bauer, der Schulden aufnimmt, ist ein verlorener Mann. Es kostet ihn alles, bis aufs Hemd. Man leiht sechs, wo die Erde nur drei bringt. Die Zinsen werden höher wie die Schuld. Das Haus wird eingesetzt, das Vieh, die Ernte ein Jahr im voraus.

Johanna | Und am Ende kommen die Gendarme und setzen uns vor die Tür.

116

Vater Geiz	Der Zins hat alles aufgefressen: So wird man Taglöhner. Ist es nicht so, Jud?
David	So isses.

Während des Gesprächs haben die anderen Pistolen mit selbst gegossenen Bleikugeln geladen. Sie verteilen ihre verschiedenen Anmarschwege zur Subach-Schlucht. Die Großmutter hängt Jacob Geiz einen abgehackten Entenfuß um, der ihn vor Unheil bewahren soll. Und diesmal haben sie Erfolg. Der Landschütz und der Postillon werden gefesselt und mit verbundenen Augen in den Wald getrieben. Dann wird die Kiste aufgebrochen, und das Geld herausgenommen, in Büchsenranzen verstaut. Die Bauern ziehen glücklich nach Hause.

Daheim, in der Küche des Geizschen Hauses, wird nun das Geld sortiert, gezählt, berechnet und verteilt. Der Landschütz Volk kommt hinzu. Als Ludwig Acker nach draußen Austreten geht, stecken sich die anderen je einen noch nicht registrierten Taler ein. David Briel, der Händler, nimmt die Berechnung vor.

Heinrichs Hochzeit mit Sophie wird gefeiert. Die Stimmung ist gut, nach altem Brauch wird auf die Aufforderung, die Braut herauszuschicken, zunächst einmal eine alte Frau geschickt, bis endlich Sophie im Brautschmuck vor das Haus tritt.

Das Hochzeitsmahl findet im Freien statt. Ein Kind trägt Gellerts Gedicht ,Zufriedenheit mit seinem Stande' vor (eine Zeile daraus lautet: Entbehre gern, was du nicht hast!). Die Hochzeitsgesellschaft ißt und tanzt. Die Gänseliesel kommt und sieht, daß Ludwig mit einer anderen tanzt. Unter den Gästen ist auch der Landschütz Volk mit seinem ihm inzwischen angetrauten Mädchen. Dragoner kommen vorbei. Sie mischen sich unter die Feiernden, tanzen mit, spielen mit. Ludwig Acker unterhält sich dann doch mit der Gänseliesel, aber sie gibt ihm zu verstehen, daß sie auf Jost Wege warten werde. Während ein Dragoner die Braut zum Tanz auffordert, zieht David einen Goldtaler aus der Tasche, betrachtet ihn.

David	Ohne das hätten wir nichts.

Inzwischen hat Kriminalrichter Danz, der die Untersuchung übernommen hat, aus Indizien geschlossen, daß es Bauern aus der Umgebung gewesen sein müssen, die den Überfall begangen haben. Er diktiert einem Schreiber die Aufforderung, auf den Märkten des Landstrichs nach Bauern mit ungewöhnlich viel Geld Ausschau zu halten:

Selbst bei allergrößter Umsicht wird es ihnen ihre Armut nicht erlauben, diese Schätze verborgen zu halten.

Jacob Geiz schenkt einem Tagelöhner in einem Gasthof aus Mitleid zwei Gulden.

Kommentar	Für zur Entdeckung der Posträuber dienliche Hinweise setzte das großherzoglich-oberhessische Kriminalgericht in Gießen unter Zusicherung der Verschweigung des Namens eine Summe von 300 Gulden Belohnung aus.

Der Tagelöhner verrät, aus Gier nach der Belohnung, die ihm von Jacob Geiz zu Teil gewordene Hilfe den Behörden.

Damit beginnt die Untersuchung ihren Lauf zu nehmen. Auch Fischer von der Lahn melden sich, die die Bauern aus Kombach gesehen haben. Sie erhalten jedoch keine Belohnung, bleiben aber straffrei, obwohl sie in herzoglichen Gewässern gefischt haben. Die Untersuchung wird schließlich in Kombach, von dort kommen die meisten Hinweise, fortgesetzt: weshalb hat Heinrich das Geld für die Heirat gehabt, woher stammt Jacobs silberne Uhr, Alibis werden überprüft, Gegenüberstellungen finden statt, Haussuchungen werden durchgeführt. Kriminalrichter Danz läßt schließlich Hans Jacob Geiz, seinen Sohn Jacob und Johann Soldan verhaften und ins Kriminalgefängnis nach Gießen bringen.
Heinrich Geiz ist mit seiner Frau Sophie bei einem Bauern in Stellung. Sophie rupft im Stall eine Ente. Der Bauer, er hat ein Auge auf Sophie geworfen, kommt mit zwei Gendarmen, die Heinrich nach Gießen abholen wollen. Heinrich will fliehen, Sophie greift sich ein Gewehr, um ihrem Mann die Flucht zu ermöglichen, aber der Bauer entreißt es ihr wieder. Heinrich wird von den Gendarmen verhaftet.
Ludwig Acker, aus Furcht, nun auch verhaftet zu werden, beschließt, ins Ausland zu fliehen, er möchte die Gänseliesel mitnehmen, sie lehnt aber ab. Zum Abschied gibt Ludwig ihr einen Sack Geld.
Heinrich Geiz wird in Gießen verhört und verwickelt sich in Widersprüche. Unterdessen übt Ludwig Acker, er trägt jetzt feinste Kleidung, unterwegs das Sprachgebahren eines reichen Gastes. Im Wirtshaus wird er jedoch enttäuscht: dort gibt es keine Spezereien sondern nur Brotsuppe und Kartoffelschnaps. Ludwig stellt sich dem Gericht in Gießen. Den umfassenden Untersuchungsmaßnahmen des Richters Danz, die auch von Folterungen, Spezialverhöre genannt, begleitet sind, fällt auch ein Unschuldiger, Johannes Hartmann, zum Opfer. Schließlich gesteht Ludwig Acker, den Überfall begangen zu haben, und verrät dabei auch seine Kameraden. Alle werden zum Tode verurteilt. Der Landschütz Volk und Johann Soldan begehen Selbstmord, die anderen bereuen ihre Tat nach gutem Zureden des Pfarrers aus tiefer Seele. Heinrich, der zunächst nicht bereuen will, wird von seinen Anverwandten zum Reuegeständnis geprügelt. Auch Sophie, die ihn besucht, rät ihm zu bereuen.
Nur einer wird nicht gefaßt: David Briel. Er verläßt das hessische Land.

David   Mich hat das Geld frei gemacht. Bauern können mit Geld nichts anfangen, weil sie ihr Leben lang nur Erde zwischen den Fingern gehabt haben. . . Aber wenn sie Geld in den Fingern haben, wissen sie nicht damit umzugehen. Sie dürfen es nicht vorzeigen, weil Geld Verdacht erweckt bei einem armen Manne. Und dahin gehen, wo man ihn nicht kennt, kann der Bauer nicht, weil sein Land nicht mitgeht. . . Ich aber bin frei. . . Die Neue Welt erwartet mich. New York — Philadelphia — Boston — Chicago — Los Angeles — San Francisco — Mississippi — New Orleans — Florida — Buffalo — Arizona — Ohio — Texas — Arkansas. . .

Kommentar	Die Chronik schreibt abschließend: Ludwig Acker be- stieg zuerst die Stufen des Schaffotts, entkleidete sich selbst und ließ sich standhaft, gestärkt durch den Trost der Religion, auf dem Stuhl nieder, den Todesstreich zu empfangen. Sein Haupt fiel auf den ersten Hieb. Nun traf Jacob Geiz die Reihe. Fest umschlungen lag er in den Armen seines verzweifelten Vaters und nahm laut weinend einen herzzerreißenden Abschied. Ein Hieb en- digte sein Leben. Heinrich Geiz hob, auf dem Schaffott angekommen, sein Sacktuch in die Höhe und zerriß es mit den Worten ‚Zerreißt mein Leben, so sollst auch du zerreißen'. Dann setzte er sich gelassen nieder und starb einen standhaften Tod. Jetzt bestieg Hans Jacob Geiz das Blutgerüste. Dumpf vor sich hin starrend hatte er keine Worte seines Schmerzes. Mit schrecklichem Schau- dern sah er auf den Stuhl, wo seine Kinder verbluteten, und ließ sich dann halb ohnmächtig auf ihm nieder. Ein Schwertstreich trennte sein Haupt vom Rumpfe.
Schlußtitel	Was an dir Berg war haben sie geschleift. Und dein Tal schüttete man zu, über dich führt ein bequemer Weg.

„Tu den Vogel weg, der Bauer kommt.''

„Was macht Ihr da im Stall?''

„Es ist wegen dem Postraub in der Subach ... Komm, erheb Dich!''

„Ich bin ein reicher Mann auf der Durchreise. Ich will zu Essen und zu Trinken vom Besten.''

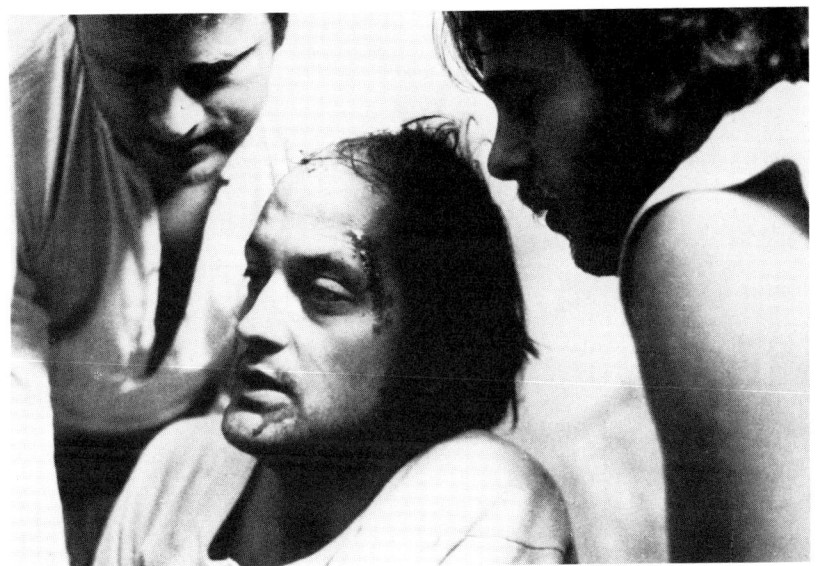

„Du mußt das Frevelhafte unserer Tat einsehen! Du kommst in die Hölle!"

Das Urteil des Großherzoglich-hessischen Hofgerichtes zu Gießen erkannte auf Todesstrafe durch das Schwert, den Ersatz der Untersuchungskosten und der an dem geraubten Geld fehlenden Summe unter solidarischer Verbindlichkeit der Verurteilten.

Kommentar

Almenrausch und Enzian, Kuckucksschrei und Wildbachromantik, Muhen glücklicher Kühe — das alles findet in Schlöndorffs Film nicht statt. ,Der plötzliche Reichtum der armen Leute von Kombach' zählt zu dem zu Beginn der 70er Jahre unternommenen — und inzwischen längst wieder eingestellten — Versuch, ein altes Genre deutschen Kinos mit neuem Bewußtsein noch einmal zum Leben zu erwecken: den Heimatfilm.

Etwa ab 1950 (Vorläufer gab es schon im Dritten Reich) kam im bundesdeutschen Kino, das damals begann, von Liebes- und Schlagerfilmen zu leben, auch der Heimatfilm auf. Schönes Wetter, schöne Landschaft, Arbeit als beiläufige Unterhaltung, alle Tage Sonntag, Zeit genug für adrett lederbehoste ,Buarn' zu fensterln, happy end: Bauerndasein zur Idylle verklärt, das war die Ideologie der urdeutschtümelnden Heimatfilme.

Anders der ,Kritische Heimatfilm' der frühen siebziger Jahre. Er wollte die Bedingungen ländlichen Lebens zeigen, Arbeit statt Idylle, Realismus statt Kitsch. Ein Beitrag dazu ist auch dieser Film von Volker Schlöndorff.

Er zeigt das Elend einer Bauernfamilie zu Beginn des 19. Jahrhunderts in Oberhessen, und er zeigt, welchen Versuch diese Familie und einige Freunde unternehmen, ihre Lebensbedingungen zu verändern, und er zeigt, daß die Lebensverhältnisse der Bauern es ihnen nicht erlauben, ihr Tun mit einem adäquatem Bewußtsein zu stützen.

Schlöndorff, das Buch hat er mit seiner Frau Margarethe von Trotta geschrieben, hält sich auch bei diesem Stoff an eine ,literarische' Vorlage. Der Raub, dessen Geschichte er schildert, ist nicht nur historisch verbürgt, sondern auch dokumentarisch belegt: Ein ,aktenmäßiger' Bericht Kriminalgerichtssekretärs Carl Franz (1825 publiziert, 1909 von einem Heimatblatt nachgedruckt), über den 1821 verübten ,Postraub in der Subach', den verarmte hessische Bauern begangen haben, ist die Grundlage des Drehbuchs. Hinzu kommen zeitgenössische Lieder, Gedichte, Briefe. Kommentarpassagen des Films und teilweise auch die Verhöre sind wörtlich dem Protokoll entnommen. In einigen Sequenzen ist die protokollarische Beschreibung der Vorgänge bei der gerichtlichen Untersuchung, bei den Verhören, dominierend, und der Film versucht, zu diesen amtlichen Sprachmustern Bilder zu finden. Die Stellen, wo es Schlöndorff gelingt, die Bilder zu Gegenbildern zu machen, wo er mit Schicksal füllt, was sprachlich erstarrt ist, das sind bedeutende Momente des Films, gewichtiger als die plakative Gegenüberstellung der Arbeitswirklichkeit ackernder Bauern mit der Schulweisheit, die die Schüler, nachsprechend, sich einverleiben, für wirklich halten sollen, ohne die Realität nebenan wahrnehmen zu dürfen.

Der Film hat — so scheint es zunächst — einige Längen, besonders dort, wo das zu betrachtende Bild den ihm zugedachten Betrachtungszeitraum nicht füllen kann. Allerdings: was sollte das Dasein verarmter Bauern im feudalen Oberhessen auch beleben? Unter diesem Gesichtspunkt kommt der Leere und Trostlosigkeit mancher Bilder eine historisch entsprechende Leere und Trostlosigkeit des bäurischen Lebens zu.

1820 war in Hessen zwar die Leibeigenschaft aufgehoben worden, neue und erhöhte Steuern, Mißernten und sinkende Getreidepreise jedoch verschlechterten die Lebensbedingungen der Bauern. Der Boden, der ihnen gehörte und dem sie gehörten, konnte sie nicht mehr ernähren. So mußten sie ‚frei' werden, frei, um als Tagelöhner zu arbeiten, und um frei für den Arbeitskräftemarkt zu sein. Auf diese neue Situation waren sie ideell nicht vorbereitet, auch unfähig, diese Umstellung als soziale Notwendigkeit zu erkennen. Sie erschien ihnen als Schicksal, nur Aberglaube versprach die Möglichkeit, mit dem Schicksal umzugehen, aktiv Einfluß zu nehmen. So steckt die alte Frau Geiz Jacob einen abgehackten Entenfuß zu, um ihren Jungen vor ‚Säbelstich und Kugelschuß' zu schützen. Auch waren die Bauern wiederum nicht so frei, sich von ihrem Grund fortzubewegen, in die Fremde zu gehen, aus der Heimat fort, irgendwo neu anzufangen.

Der einzige, der zum völligen Neubeginn fähig ist, ist David Briel (im Film ist er Jude, historisch war er es nicht), der Händler. Er hat keinen Besitz, der ihn am Ort festhält, am Schluß wirft er seinen Bauchladen weg. Er versteht sich aufs Geschäft, auf den Markt, er weiß, wozu Geld als Universaltauschmittel dient. Er ist auch der einzige, der Nutzen aus dem Überfall in der Subach zieht: er wandert aus nach Amerika. Seine Person wird neu und positiv durch das Geld definiert. Anders die Bauern. Sie sind durch Geld nur negativ bestimmt. Im feudalen Hessen ist es anno 1821 unmöglich, daß ein Bauer durch Arbeit, durch Ernte, durch sein Dasein zu Geld kommen könnte. Das ist folgerichtig auch der einzige Ansatz der richterlichen Untersuchung: Geldbesitz erregt Verdacht. So werden alle nach und nach gefaßt, empfinden Reue, werden sogar geständig und betrachten ihre eigene Tat als kriminell, nicht etwa die sozialen Verhältnisse. Eine Ausnahme ist Heinrich Geiz. Nur er empfindet zunächst inneren Widerstand, der ihm schließlich aber doch genommen wird. Die Bauern haben keinen Sinn dafür, ihren Ausbruch aus dem eigenen Elend als soziale Rebellion gegen herrschende Eigentumsverhältnisse zu begreifen. Sie haben keinen Anschluß z.B. an das nahegelegene Gießen, damals radikales Zentrum der Studenten, wo der Theologiestudent Karl Ludwig Sand den Stückeschreiber Kotzebue ermordete, wo später Georg Büchner wirkte und 1834 seinen ‚Hessischen Landboten' schrieb.

Die Ahnungslosigkeit kann man nicht den Bauern zum Vorwurf machen, sie sind zur Demut, zur Dummheit erzogen worden, durch Kirche und durch Staat. So können die Verurteilten am Schluß des Films — wenn sie nicht Selbstmord begehen — ihre Hinrichtung auch nur als religiös reumütige Notwendigkeit begreifen, sehen sie gemäß den sie umgebenden gesellschaftlichen Normen als richtig an, ziehen keinen Augenblick rebellisch die feudalen Sozialstrukturen in Zweifel.

Das alles zeigt der Film, realistisch, klar, ohne aufgesetzte Aktualisierungen. Und gerade dadurch erhält er eine aktuelle Tendenz. Bestimmte Verhaltensweisen der Bauern, bestimmte Untersuchungs- und Verhörtechniken der Obrigkeit (Schlöndorff wird in ‚Die verlorene Ehre der Katharina Blum' dieses Thema noch einmal ausführlich behandeln) haben Momente von Gültigkeit bewahrt. Schlöndorff gelingt es in diesem Film, über die historische Bedeutung des Einzelfalls hinaus, einen Beitrag zu den Denk- und Verhaltensweisen verhinderter bäuerlicher Rebellen im 19. Jahrhundert zu leisten.

EIN FILM VON
VOLKER SCHLÖNDORFF
Die Ehegattin
SENTA BERGER
DIE MORAL
DER RUTH HALBFASS
HELMUT GRIEM
PETER EHRLICH
MARGARETHE VON TROTTA
IN PARAMOUNT-ORION-FILM DER HALLELUJAH PRODUKTION IM VERLEIH DER CINEMA INTERNATIONAL CORPORATION

DIE MORAL DER RUTH HALBFASS (1971)

Daten

Drehzeit	Sommer 1971
Drehorte	Karlsruhe, Odenwald, München
Uraufführung	14. 4. 1972 (Bonn)
Prädikat	wertvoll
Verleih	Cinema International Corporation GmbH
Länge	89 min.
Format	35 mm/Farbe
Sendetermin	4.6.1974 (ARD)

Stab

Buch	V. Schlöndorff, Peter Hamm (Harald Müller)
Regie	Volker Schlöndorff
Kamera	Klaus Müller-Laue, Konrad Kotowski
Ton	Wolfgang Richter
Schnitt	Claus von Boro
Aufnahmeleitung	Günther Sturm
Produktionsleitung	Eberhard Junkersdorf
Produktion	Hallelujah-Film/HR
Musik	Friedrich Meyer (Lieder von J.Schmidt und R. Tauber)
Ausstattung	Hanna Axmann von Rezzori

Darsteller	**Rolle**
Senta Berger	Ruth Halbfass
Peter Ehrlich	Erich Halbfass
Susanne Rettig	Aglaia Halbfass
Helmut Griem	Franz Vogelsang
Margarethe von Trotta	Doris Vogelsang
Marian Seydowsky	Francesco
Karl-Heinz Merz	Bonaparte
Walter Sedlmayer	Waffenhändler
u.v.a.	

,,Es wird im Leben, Dir mehr genommen als gegeben. Ja, das ist so
,,Oh, viertel nach fünf.''   im Leben eben, hab Mut, hab Mut.''

,, . . . Gewalt in den zwischen-   ,,Sie hatte ja gar nichts gegen ihren
menschlichen Beziehungen.''   Mann.''

„Am liebsten würd ich jetzt noch mit Dir schlafen, hier auf der Straße, vor allen Leuten.''

Waffenhändler: „Der Lauf ist natürlich aus bestem deutschen Krupp-Gewehrlauf-Stahl.''

Aglaia: „Ich bin unpäßlich oder wie Du das nennst. Die Tage halt.''

„'Natur hat mich entbunden.' Goethe.''

,,Ich hab's gemietet. Auf Deinen Namen."

,,. . . wird wie ein Unfall aussehen."

,,Ihr Mann ist der Liebhaber meiner Frau."

Ruth: „Er liebt mich." — Erich: „Mit 1200 Mark im Monat. Ein Lehrer."

Ruth: „Du denkst immer nur an Dich."

Erich: „Das ist ein guter Satz. Wird immer wieder gern gehört."

Franz: „Kunst kann nicht an der realen Gewalt vorbeigehen, will sie nicht zur Idylle verkommen." ▶

Filmstory

Ein Liebespaar in einem Wald, kleiner See. Franz liest aus einem Buch vor.

Franz   ,Die Selbstverwirklichung', schreibt Ibsen, ,ist das höchste, was ein Mensch in seinem Leben erreichen kann. Die Aufgabe haben wir alle, doch die wenigsten genügen ihr.' Das ist jetzt endlich als Taschenbuch erschienen.

Ruth peinigen derweil Riesenameisen. Sie hebt die Bluse.

Ruth   Suchst Du mal?

Franz sucht.

Franz   Wer von uns hat denn schon den Mut, sein Leben ganz nach dem Absoluten auszurichten?

Ruth   Im Auto ist es doch bequemer. Kommst Du?

Sie gehen zum Auto. Ruth beginnt, sich zu entkleiden, legt sich auf den Liegesitz. Franz küßt sie, streichelt ihren Hals, seine Hand gleitet auf ihren Busen, da fällt sein Blick auf die Uhr.

Franz   Oh, viertel nach fünf.

Ruth bricht das Liebesspiel abrupt ab.

Franz   Das ist schließlich nicht meine Schuld. Wenn es nach mir ginge, dann wären diese unwürdigen Verhältnisse längst beendet.

Sie setzen sich ins Auto, fahren in die Stadt zurück. Franz weiß, daß Ruth sich von ihrem Mann Erich, einem reichen Industriellen, aus Prestigegründen nicht scheiden lassen kann. Er steigt in die Straßenbahn, Ruth fährt mit ihrem Mercedes Coupé nach Hause.

Erich schwimmt in seinem Swimming-pool im Garten seiner Villa. Ein Lied von Joseph Schmidt, ,Es wird im Leben', Erichs Lieblingsmusik, klingt aus dem Haus. Ruth kommt mit einem Bademantel, Erich entsteigt dem Pool, Ruth hüllt ihn in den Frotteestoff. Ihre Tochter, Aglaia, nähert sich, begleitet von ihren Freunden, mit einer Schmalfilmkamera, filmt ihre Eltern. Erich schlägt Ruth vor, sich in Spanien zu erholen, er sei die nächste Zeit ohnehin mit der Umstellung im Betrieb beschäftigt.

Aglaia   Du glaubst doch nicht, daß ich noch einmal mit Euch dahin fahre, in dieses Faschistenland.

Ein Freund   Die auch noch filmen!

Aglaia   Lauter Dokumente. Die letzten Dinosaurier, einfach anachronistisch.

Unterricht. Franz Vogelsang erteilt Kunstunterricht in der Volkshochschule.

Franz   Das beherrschende Thema unserer Zeit ist die Gewalt, Gewalt in der Politik, Gewalt in der Gesellschaft, Gewalt in den zwischenmenschlichen Beziehungen. Die Kunst kann und darf diese Gewalt nicht ignorieren. ... Halb zehn. Das wär's für heute.

Die Frau von Franz, Doris, holt ihren Mann ab. Sie beobachtet, wie er von einer rothaarigen Frau angesprochen wird, die Franz von früher kennt und die auf seine Beziehung zu Ruth Halbfass anspielt.

Erich Halbfass liest seiner Frau aus einem Buch Aglaias vor. Aglaia hat einige Zeilen unterstrichen.

Erich ,Gerade weil sie eine Frau ist, wird sie, wenn sie mal in Fahrt ist, bis zum Äußersten gehen!'
Von Aglaia?
Also, wenn Du das fortschrittliche Lehren nennst, bin ich ganz beruhigt!

Ruth Halbfass ist bei ihrem Friseur Francesco. Sie unterhalten sich über einen Mordprozeß, von dem sie, unter der Haube sitzend, in der Zeitung liest. Franz holt sie ab, Ruth teilt ihm mit, daß sie heute nicht könne, da sie ihrem Mann nachfahren müsse.

Ruth Am liebsten würd' ich jetzt noch mit Dir schlafen, hier auf der Straße, vor allen Leuten.

Franz geht nach dem Abschied an einem Waffengeschäft vorbei, betrachtet die ausgelegten Pistolen.

Schulschluß. Ruth Halbfass holt Franz von der Schule ab.

Franz Bist Du verrückt?
 . . .
Ruth Wir haben den ganzen Tag für uns.

An einer Ampel kommt Aglaia, hinten auf einem Moped sitzend, vorbeigefahren.

Aglaia Einfach anachronistisch.

Franz kauft gemeinsam mit dem Friseur Francesco ein Gewehr.

Franz Wir brauchen es mehr zu künstlerischen Zwecken. . .
Es soll sich um eine Demonstration der Gewalt handeln.
Händler Gewalt? Jagd ist ein Sport, meine Herren.

Die beiden verlassen den Händler. Im Fahrstuhl:

Franz Und wie hat sie auf diese Illustriertengeschichte reagiert?
Francesco Eiskalt. Wie Frauen so sind.
Franz Du glaubst doch nicht, daß sie mitten im Frisiersalon mit Dir Mordpläne schmiedet?

Francesco verlangt von Franz eine Anzahlung. Offensichtlich steht Franz mit dem Friseur in Verhandlungen, Erich Halbfass zu ermorden.

Das mutmaßliche Opfer fährt ins Büro, verabredet sich mit seiner Frau für den Abend in der Oper. Ruth geht aufs Zimmer ihrer Tochter.

Aglaia ist nicht in der Schule.

Aglaia Ich bin unpäßlich oder wie Du das nennst. Die Tage halt.

Ruth probiert einige neue Kleider ihrer Tochter. Aglaia spielt auf die Beziehung ihrer Mutter zu ihrem Kunstlehrer an. Ruth reagiert nicht.

Ruth und Franz unternehmen einen Ausflug nach Heidelberg und eine Schiffsfahrt auf dem Rhein. Franz macht ein Polaroid-Foto.

Ruth Ich hatte nie einen Grund, erwachsen zu werden, bis Du kamst. Durch Dich habe ich eine ganz neue Beziehung zur Natur bekommen.

Franz	,Natur hat mich entbunden'. Goethe.
	. . .
	Freiwillig wird er Dich nie loslassen.
Ruth	Natürlich nicht von heut auf morgen. Aber man kann sich voneinander lösen. Ich werde es Dir beweisen.
Franz	Habt Ihr Gütertrennung?

Francesco und ein Freund, Bonaparte, beobachten Erich Halbfass in der Oper. Nach der Vorstellung fahren Ruth und Erich nach Hause. Unterwegs schlägt sie ihrem Mann vor, sie werde einen Beruf ergreifen, eine Boutique oder eine Galerie eröffnen.

Erich	Du hast sowas doch nicht nötig.

Ruth geht in eine Bank und läßt sich einen Kredit über 100 000 Mark geben, den sie aufgrund des guten Rufes ihres Mannes auch bekommt.
Ruth führt Franz in ihre auf seinen Namen gemietete Wohnung, die sie als Liebesnest zurechtgemacht hat. Sie trinken Sekt, er entdeckt seine Lieblingsbücher im Regal, sie macht Musik. Franz aber lehnt diese Halbheiten ab. Er fordert alles oder nichts, er will keine Absteige.
Ruth schreibt Franz einen Scheck über 3000 Mark aus, wenn er wolle, könne er die Wohnung jederzeit kündigen.
Als Ruth zu Hause ankommt, spricht Bonaparte sie vor dem Einfahrtstor an. Der Freund von Francesco tut so, als habe Ruth bei ihm und Francesco einen Mordanschlag auf ihren Mann bestellt, der wie ein Unfall aussehen werde. Ruth ist verwirrt. Aglaia hat alles gefilmt.
Ruth verbringt mit ihrem Mann einen gemütlichen Abend bei Wein und Richard-Tauber-Liedern. Erich hat einen neuen Hund gekauft, wieder einen Bernhardiner. Der Abend wird unterbrochen durch einen Kontrollanruf, der Anrufende meldet sich nicht. Bonaparte beobachtet das Haus.
Am nächsten Morgen in Erichs Büro. Erich schenkt einem seiner Mannequins Geld und einen Stoffpapagei. Er hat ein Verhältnis mit dem Modell. Erich ist Miederfabrikant.
Der Bankdirektor informiert Erich über den Kredit seiner Frau, um eine Rückversicherung zu bekommen. Über diese Nachricht vergißt Erich sein Mannequin. Er verabredet sich mit Frau Vogelsang und erzählt ihr von der Beziehung seiner Frau zu ihrem Mann und bittet sie, die Sache im guten zu bereinigen, d.h. sie solle für die Versetzung ihres Mannes sorgen.
Ruth kommt mit Aglaia vom Einkaufen nach Hause. Erich hat ihr einen Brief geschrieben, sie liest ihn.

Ruth	Du hast mich ja nie ernstgenommen. ...
	Er braucht mich.

Erichs Hand umklammert einen Leuchter, aber er läßt ihn wieder los. Sie essen zu Abend.

Ruth	Ich kann ja gehen.
Erich	Du wärst schnell wieder zurück.

Erich verkündet, daß sie 6 Wochen nach Spanien fahren würden, morgen aber noch zur Vernissage im Kunstverein gehen müßten, damit ihre Abreise nicht auffalle.

Vernissage. Franz führt eine Gewaltdemonstration vor: eine Gewehrkugel durchschlägt einen Farbbeutel. Franz gibt Ruth das Gewehr in die Hand, Ruth legt an, schießt, die Farbe spritzt.
Francesco und Bonaparte sind ebenfalls bei der Vernissage. Anschließend Essen im Ratskeller.
Auf der Toilette verhandelt Francesco mit Franz. Franz will den Plan zurückziehen. Francesco wendet sich daraufhin an Ruth und erpreßt sie mit dem Scheck, den sie Franz zur Kündigung des Appartements gegeben hatte.
Ruth fragt, woher sie den Scheck hätten, da unterbricht Erich das Gespräch, Ruth und Erich gehen.
Franz besucht Ruth in ihrer Villa.

Franz	Ich habe eine Entscheidung gefällt. Ich gehe an die Akademie nach Kassel.
Ruth	Du steckst doch hinter diesem Mann und Francesco. Du hast sie mit meinem Geld bezahlt. Ich hätte mir schon etwas anderes von Dir erwartet als diese billigen Verbrechermethoden.
Franz	*Dein* Friseur war es doch, der mich ausfindig gemacht hat. Du hättest ihn angestiftet. ...
	Und es war ja auch ganz konsequent von Dir gedacht, daß man sich, wenn überhaupt, nur durch einen Gewaltakt von einem solchen Milieu befreien kann.
	. . .
Ruth	Dann tu doch endlich was. Nimm mich mit, hol mich hier raus.
Franz	Soll ich Dich vielleicht entführen? Nach Kassel?
	. . .
	Du bist auch ohne Deinen Mann noch immer Frau Direktor Halbfass, mit denselben Wertvorstellungen, mit denselben Ansprüchen.
	. . .
	Ich würde Dich auch ohne Geld lieben, aber ohne Geld ist man nichts.
Ruth	Ich kann sehr gut ohne Geld auskommen. ...
	An Besitz liegt mir nichts. Von all dem hier bräuchte ich überhaupt nichts. Nicht mal diese Vase da. Das war das erste, was ich nach Aglaias Geburt vor mir sah.

Franz wirft die Vase auf den Boden. Ruth gibt ihm eine Ohrfeige, er schlägt zurück.
Francesco und Bonaparte suchen Direktor Halbfass auf. Sie zeigen ihm den Scheck seiner Frau.
Zur gleichen Zeit schlafen Ruth und Franz zusammen. Das Telefon klingelt, aber sie nehmen den Hörer nicht ab.
Erich legt den Hörer auf.

Erich	3000 Mark. Das gibt's doch gar nicht. Für diese Summe rührt doch ein Killer keinen Finger.

134

Den Vorschlag der Killer, ihn leben zu lassen, wenn er ihnen fünf Mille gebe, lehnt Erich strikt ab.

Frau Vogelsang hat sich telefonisch mit Erich in dem Appartement verabredet, das Ruth gemietet hatte. In der Wohnung, die Tür ist angelehnt, wird Erich angeschossen. Frau Vogelsang hat den Schuß abgegeben.

Franz Vogelsang wird aus der Unterrichtsstunde heraus verhaftet.

Insert   2 1/2 Monate später.

Erich und Ruth reisen ab nach Spanien. Aglaia kommt auf einem Mofa, mit einer Zeitung. Sie liest vor:

Aglaia   ,Geheimnis mit ins Grab genommen.

                     Gestern morgen wurde die Angeklagte im sogenannten Halbfass-Prozeß, Doris Vogelsang, tot in ihrer Zelle aufgefunden. Nach Aussage der Polizei deutet alles auf einen Selbstmord hin. Bis zuletzt hatte Doris Vogelsang jede Aussage über das Motiv ihrer rätselhaften Tat verweigert.'

                     Einfach anachronistisch.

Erich   Man muß sich doch nicht gleich das Leben nehmen.

Sie fahren los, Aglaia filmt die Abreise.

Schlußlied   Es wird im Leben, Dir mehr genommen als gegeben. Ja, das ist so im Leben eben, das merke Dir.

Erich: „Ist Ihre Frau auch da?"

Franz: „Du willst doch nicht, daß
ich dran bin. Und wenn ihm jetzt
das Geringste zustößt, ist das garan-
tiert der Fall."

„Dein Friseur war es doch, der
mich ausfindig gemacht hat."

„Von wem hast Du den Scheck?"

Francesco: „Wir lassen Sie leben und Sie geben uns fünf Mille."

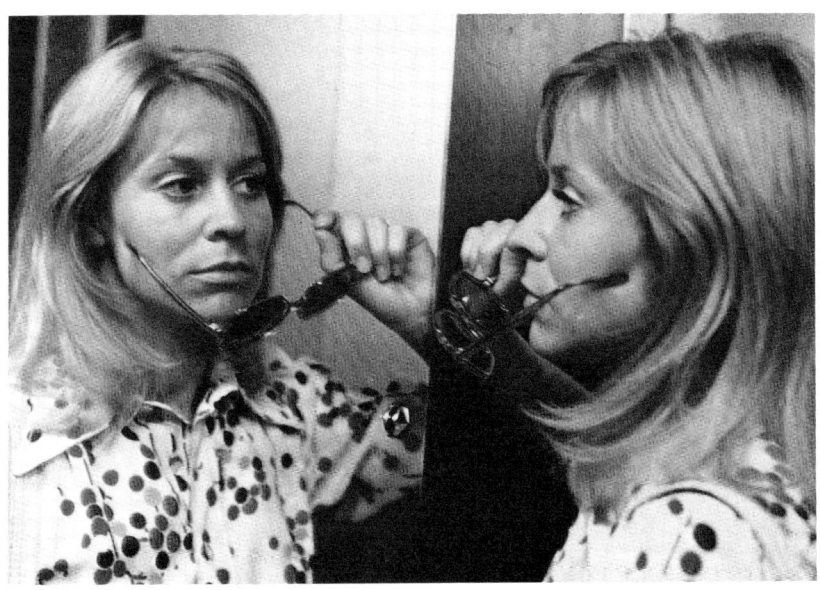

Doris Vogelsang: „Ich hab es mir überlegt."

Kommentar

Angeregt von einer Schlagzeile ,Killer erschießen Industriellen! Ehefrau und Liebhaber die Auftraggeber?' schrieben Peter Hamm und Volker Schlöndorff das Drehbuch zu ,Die Moral der Ruth Halbfass'. Die Schlagzeile gehörte zu Berichten über den damaligen Sensationsprozeß gegen die Industriellengattin Minouche Schubert, die 1971 in Düsseldorf unter Mordanklage vor Gericht stand.

Mit diesem Film, glaubt man den Presseberichten, zog Schlöndorff vehement gegen den Anspruch zu Felde, ihn in die ,Kunstecke' abzuschieben, er wollte den Beweis antreten, daß er auch Unterhaltungsfilme machen und daß Unterhaltung auch „anspruchsvoll" sein könne, „ohne langweilig zu werden. Die viel berufene Auseinandersetzung mit der Gesellschaft kann auch in den Unterhaltungsgenres stattfinden", wie er in einem Interview im Pressebegleitmaterial zu dem Film äußerte.

Die Banalität der Geschichte habe ihn nicht interessiert, es gehe nicht primär um eine neue Variante einer Dreiecksgeschichte mit kriminalistischem Einschlag, sondern es gehe um die Machart. „Die Machart macht den Film anspruchsvoll, nicht das Thema. . . Statt zu belehren, ist es besser, erst einmal ein Bündnis mit dem Zuschauer herzustellen und ihn zum Komplizen einer ironischen Betrachtungsweise zu machen," heißt es in dem gleichen Interview weiter.

Bezogen auf das Thema des Films heißt das: mehr als eine Dreiecksgeschichte war nicht intendiert — mehr ist es auch nicht geworden. Eine Dreiecksgeschichte in der High-Society: sie läßt sich herab zu einem Kunsterzieher, der soziale und ästhetische Theorien eines abstrakten Selbstverwirklichungs- und Emanzipationsinteresses vertritt, sich selbst aber keineswegs selbst verwirklicht oder emanzipiert, ebensowenig wie seine Geliebte. Ruth Halbfass bleibt in jeder Phase die Industriellengattin mit hohen Ansprüchen und Emanzipationsvorstellungen, die über das Geschäftliche laufen: Mit einem Kredit will sie eine Boutique eröffnen. Zwischen den beiden stehen Erich Halbfass, Aglaia und Doris Vogelsang.

Erich ist der Typ des Geschäftsmannes, der souverän weiß, was er will, der ganz in sich ruht und die klarste, unwidersprüchlichste, da mit dem Erreichten zufriedene Figur ist. Ihm wird übel mitgespielt, ihm ist Sympathie sicher, er ist das Opfer, er setzt sich dezent zur Wehr und kommt mit Glück (Doris schießt zu schlecht) als Sieger davon.

Aglaia, die Tochter, Schülerin Vogelsangs, vertritt Ansichten der linken Schickeria und betrachtet ihre Eltern als Überbleibsel einer vergangenen Zeit. Ihre Figur bleibt zu sehr Episode, als das man mehr über ihren Standpunkt und ihre Entwicklung sagen könnte.

Anders die Figur der Doris Vogelsang. Sie ist die Betrogene, das letzte Opfer in der Kette, sie begeht Selbstmord, aber sie ist auch die einzige, die zur Tat schreitet. Sie wendet die Gewalt, die Erich nicht wahrhaben will, vor der Ruth zurückweicht, über die Franz theoretisiert und sie ästhetisch wendet,

138

direkt an. Sie schießt, nicht für die Kunst, sie schießt für das Leben. Sie räumt Franz den Weg frei, nur schießt sie nicht gut genug, Erich genest. In diesem einen Punkt ist der Film realistisch: die Geschichte geht für die sozial Minderbemittelten schlecht aus. Doris ist tot, Franz, vom Mordverdacht befreit, bleibt allein an der Akademie in Kassel, Ruth und Erich leben weiter zusammen.

Diese Konstruktion der Fabel bleibt allerdings ziemlich im Hintergrund, auch dadurch, daß die Motive der Personen und ihre Verbindungen untereinander und zu den Killern weitgehend im Dunkeln bleiben. Wer nun die Mörder gedungen hat, wird nicht geklärt, welche Motive Doris Vogelsang letztlich bewegen, wird ebenfalls nicht deutlich, man muß ihre Tat faktisch nehmen. Bleibt die Machart des Films.

Schlöndorffs Ziel war es, den Trivialfilm mit den Mitteln des Trivialfilms zu ironisieren: Dabei wird allerdings nicht deutlich, wo er die gängigen Klischees offenlegen wollte und wo er auf sie hereingefallen ist, wo sich das Klischee als stärker und resistenter gegen das Mittel der Ironie erweist als gedacht. Schlöndorff kommt über kleine Ansätze nicht hinaus, und das hat seinen Grund. Seiner Methode liegt ein Denkfehler zugrunde, nämlich die Annahme, Form vom Inhalt trennen, mit ein und derselben Form einen anderen Inhalt transportieren zu können. Die Klischees, deren sich das Triviale bedient, können ohne Bearbeitung (Über-, Untertreibung, Ballung, Zitat etc.) nicht qualitativ verändert werden. Triviales mit den Mitteln des Trivialen herauszustellen, sei es noch so perfekt und kunstvoll, bleibt eine Reproduktion. Und genau das gilt für diesen Film. Schlöndorff geht mit seinen Mitteln in dieser Hinsicht zu zaghaft um. Das ironische Setzen des Joseph-Schmidt-Liedes ,Es wird im Leben' ist zu wenig, da es die zu kommentierende Situation nicht überzeichnet, sondern lediglich beschreibt. Das reicht zum Schmunzeln, nicht zur Erkenntnis, führt nicht zur Komplizenschaft mit dem Zuschauer hinsichtlich einer ironischen Betrachtungsweise. Was bleibt, ist ein Trivialfilm, wenn auch ein kunstvoller. Genau das hat der US-Verleih auch gewußt, als er – ein seltener Fall – den Film vor seiner Ausstrahlung im Fernsehen für eine Kinoauswertung aufkaufte.

STROHFEUER

FILM VON
VOLKER SCHLÖNDORFF
UND
MARGARETHE VON TROTTA

STROHFEUER (1972)

Daten

Drehzeit	Sommer 1972
Drehorte	München, Mailand, Aying, Bergamo
Uraufführung	1. 11. 1972
Verleih	Filmverlag der Autoren/atlas
Länge	98 min.
Format	35 mm/Farbe
Sendetermin	2. 11. 1972 (ARD)

Stab

Buch	V. Schlöndorff/Margarethe von Trotta
Regie	Volker Schlöndorff
Kamera	Sven Nykvist
Ton	Wolfgang Richter
Schnitt	Suzanne Baron
Produktionsleitung	Eberhard Junkersdorf
Produktion	Hallelujah-Film/HR
Musik	Stanley Myers
Ausstattung	Nicos Parakis

Darsteller	**Rolle**
Margarethe von Trotta	Elisabeth
Friedhelm Ptok	Hans-Helmut
Martin Lüttge	Oskar
Walter Sedlmayer	Pelzhändler
Walter Grasshoff	Verkäufer
Georg Marischka	Schmollinger
Dr. Konrad Farner	Kunsthistoriker
Else Domberger	Gesangslehrerin
Maria Brunner	Tanzlehrerin
u.v.a.	

Elisabeth Junker im Gerichtsgebäude. Scheidungsverhandlung.

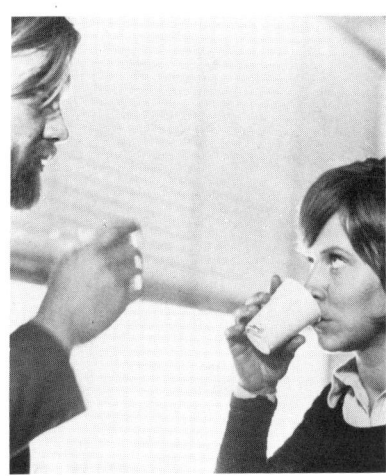

„Also dann, adieu.''

„Sind Sie geschieden?'' — „Seit heute morgen.''

,,So, so. Japanisch.''

,,Ich bin kein Lustobjekt und auch kein Repräsentationsstück.''

„Das lern ich nie.''

„Weißt Du, was für eine Blutgruppe Du hast?''

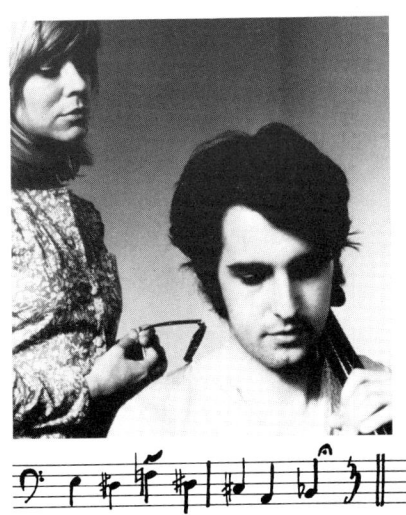

„Ihre Empörung ist nur ein Strohfeuer.''

„Jede im Gesicht ausgedrückte Affektiertheit ist hier fehl am Platze.''

„Das ist übrigens ein Thema der Kunstgeschichte: immer blickt der Mann in die Welt und die Frau blickt auf den Mann.''

„Ein Zurück gibt es nicht.''

„Holen Sie mir bitte ein Alka-Selzer.''

Filmstory

Elisabeth Junker fährt mit ihrem Mofa durchs Verkehrsgewühl, schlängelt sich vorbei an Autoschlangen, läuft eine breite Freitreppe hinauf, durch lange Gänge des Gerichtsgebäudes, vor einer Tür empfängt sie ihr Mann:

Helmut   Wenigstens heute hättest Du pünktlich sein können.

Die Scheidung geht reibungslos vonstatten: Elisabeth wird mit ihrem Einverständnis schuldig geschieden wegen böswilligen Verlassens. Mit ihrem ehemaligen Mann verläßt sie das Gerichtsgebäude.

Elisabeth   Also dann, adieu.

In der Kosmetikabteilung eines Kaufhauses erwirbt Elisabeth Make up, probiert Perücken, nimmt zwischendurch den Ehering vom Finger, kauft sich eine rote Perücke. In einem Lokal trifft sie sich mit Verlagsansgestellten, sie sucht als ehemalige Fremdsprachenkorrespondentin eine Arbeit. Hier trifft sie noch einmal kurz ihren Ehemann, der bei einem Verlag als Lektor arbeitet.

Helmut   Jetzt fängt wohl das ganz neue Leben an?

Elisabeth bittet Oskar Merz, den Schulfreund eines Verlagskollegen, sie mit nach Frankfurt zu nehmen. In einer Autobahnraststätte trinken sie Kaffee.

Oskar   Sind Sie geschieden?
Elisabeth   Seit heute morgen.
Oskar   Oh, Pardon.
Elisabeth   Ist doch kein Grund zum Kondolieren.

Sie fahren weiter, es regnet. Unterwegs wird Elisabeth übel, sie muß sich am Straßenrand übergeben. Oskar, leidenschaftlicher Mineralwassertrinker, reicht ihr einen Schluck.

In Frankfurt angekommen, geht er in eine große Firma, Hoch- und Tiefbau, Elisabeth wartet beim Pförtner. Sie telefoniert und teilt Oskar, als er wiederkommt, mit, daß sie zurück müsse nach München.

Elisabeth   Hab eben mit meiner Anwältin telefoniert. Es geht um
                      das Sorgerecht für mein Kind. Ich muß geordnete Verhältnisse nachweisen, sagt sie, sonst kann die Fürsorgerin
                      jeden Tag kommen und mich und meine Wohnung begutachten.

Sie fährt mit dem Zug zurück nach München, die Perücke trägt sie nicht mehr. Nach einem kurzen Besuch bei einer Freundin, bei der sie nach ihrer Scheidung wohnt, fährt sie mit ihrem Mofa in eine Villengegend. Sie besucht dort ihren Sohn Nicolas im Hause ihres geschiedenen Mannes.

Elisabeth unterhält sich in der Küche mit ihrer Mutter.

Mutter   Willst Du nicht wieder zurückkommen? Helmut würde
                    Dir bestimmt verzeihen.
Elisabeth   Du warst ja auch nicht verheiratet.
Mutter   Ja, weißt Du, ich hätt mich an keinen Mann gewöhnen
                    können.

Helmut kommt nach Hause. Er möchte nicht, daß Elisabeth da ist, wenn er kommt. Er macht ihr Vorwürfe, sie hätte sein Leben ruiniert, ohne sie wäre er Schriftsteller und nicht nur Lektor. Elisabeth will sich ein paar ihrer Bücher mitnehmen, Helmut verweigert ihr das. Sie wirft ihm die Bücher an den Kopf.

Am nächsten Morgen geht Elisabeth zur Arbeitsvermittlung. Man bietet ihr Jobs auf Zeit an, als Hostess bei der Olympiade, als Operator, als Kosmetikeinkäuferin, als Rundfunkstimme beim Wetterbericht. Aber Elisabeth möchte einen Beruf, in dem sie sich wirklich einsetzen kann.

Vermittler	Krankenpflegerin, Vorsorgerin, Kinderkrankenschwester. Wollen Sie sowas lernen? Echter Frauenberuf.
Elisabeth	Und was verdient man da?
Vermittler	900 bis 1000 Mark.
Elisabeth	Im Monat?
Vermittler	Ah ja, ist doch ein anständiges Gehalt für 'ne Frau.

Mit einem Dirndl bekleidet führt Elisabeth japanische Besucher über eine Messe. Alle Japaner, nacheinander, lassen sich mit ihr fotografieren.

Elisabeth nimmt Unterricht bei einer Gesangslehrerin. Sie singt ein Lied von Gustav Mahler. Außerdem nimmt sie Tanzunterricht. Sie erfährt, daß sie zur Perfektion wohl noch zwei Jahre brauchen werde. Ihre Mittanzenden, tagsüber arbeiten sie im Büro, träumen von den großen Broadwaystars und einer Karriere in Amerika.

Elisabeth läßt sich bei einem Pelzhändler anstellen.

Elisabeth	Ist Ihre Frau berufstätig?
Pelzhändler	Nein, mein Einkommen ist ausreichend.

Sie fängt als Hilfe im Verkauf an. Während der Frühstückspause im Geschäft liest ein Angestellter seine in der Freizeit verfaßten pornographischen Schriften vor.

In ihrem alten VW, den sie gebraucht gekauft hat, holt Elisabeth ihren Sohn vom Kindergarten ab, der ist aber den großen Wagen seines Vaters gewöhnt und mäkelt. Sie liefert Niki zu Hause ab. Helmut nimmt ihn kurz in Empfang. Elisabeths Mutter, die Niki betreut, wohnt gegenüber von Helmuts Haus. Elisabeth besucht sie.

Wieder bei ihrer Freundin angelangt, hört Elisabeth, wie ihre Freundin die Geschichte einer Bankräuberin aus der Zeitung vorliest, die sich für ihre Tat als Mann verkleidete.

Elisabeth	Sogar um beim Banküberfall ernstgenommen zu werden, muß man sich als Mann verkleiden.

Oskar ist auch da. Er hat sich bei Elisabeths Freundin Einlaß verschafft. Die beiden gehen in eine Disco. Anschließend begleitet er sie nach Hause, Elisabeth nimmt ihn aber nicht mit auf ihr Zimmer. Er muß in die Pension. Elisabeth lehnt auch sein Angebot, die Miete der Wohnung zu zahlen, mit heftigen Worten ab.

Elisabeth	Erst zahlst Du die Miete, dann ziehst Du selbst ein, und zum Schluß haben wir auch noch dankbar zu sein, daß wir einen Beschützer haben.

Schwarzweiß:
Elisabeth träumt während des Dienstes im Pelzgeschäft. Sie träumt von Oskar, der von pelzbekleideten Damen umschwärmt wird. Ihr Chef bietet ihr einen Pelz an.

Elisabeth   Du sollst mich nicht schmücken wie ein goldenes Kalb. Ich bin kein Lustobjekt und auch kein Repräsentationsstück.

Sie singt einen Song über ihren Wunsch, Frau zu sein, weder Hausfrau noch Betthäschen, weder Vamp, noch Blaustrumpf, einfach Frau zu sein wie ein Mann ein Mann.

Wieder in Farbe:
Ihr Chef drückt ihr einen Pelzmantel in die Hand, Elisabeth schreckt auf. Sie fragt einen Kollegen, ob sie bereits um einen Vorschuß bitten könne, dieser rät entschieden ab.

Elisabeth besucht wieder den Tanzunterricht. Sie übt diesmal Formationstanz.

Niki besucht sie. Sie spielt mit ihrem Sohn Klavier, ,Hänschen klein'. Das Telefon klingelt. Ihr Mann möchte das Kind, es solle nicht bei ihr übernachten. Er droht mit der Polizei. Sie bringt daraufhin von sich aus das Kind mit einem Taxi zu ihrem Mann, der Niki zwar ins Haus nimmt, sie selbst aber vor der Tür stehenläßt.

Elisabeth fährt mit dem Zug aufs Land: Aying. Über Felder und Kuhweiden nähert sie sich einem kleinen Haus, aus dem Musik eines Cellos dringt. Sie besucht den Cellisten.

Elisabeth   Helmut will mir das Kind nicht geben. Aber es gibt ein Gesetz, daß, wenn ich nachweisen kann, daß zur Zeit der Befruchtung ich nicht mit meinem eigenen Mann, sondern mit einem andern geschlafen habe, daß der Ehemann also gar nicht der Vater des Kindes ist, daß ich dann automatisch das Sorgerecht bekomme. Ich brauch also jetzt nur jemanden, der bezeugt, daß ich zur fraglichen Zeit mit ihm geschlafen habe und der die richtige Blutgruppe hat.

Aber der Cellist, etwas weltentrückt, geht nicht auf Elisabeths Ansinnen ein. Auch die Anwältin lehnt dieses Verfahren ab. Sie meint, Elisabeth solle sich noch einmal an Helmut wenden.

Elisabeth   Ich verstehe nicht, warum ich immer taktisch denken soll, warum kann ich nicht meine Gefühle und mein Recht vereinbaren? Sie reden wie ein Mann.

Anwältin   Ihre Empörung ist nur ein Strohfeuer. Wenn Sie wirklich unabhängig sein wollen, dann hätten Sie von Anfang an anders handeln müssen. Sie hätten ein Studium ergreifen und die entsprechenden Entbehrungen auf sich nehmen müssen.

In ihrem Auto lernt Elisabeth Italienisch von einem Kassettenrecorder. Bei ihrer Gesangslehrerin übt sie gerade italienische Kirchenlieder.

| Gesangslehrerin | Jede im Gesicht ausgedrückte Affektiertheit ist hier fehl am Platze... |

Von ihrer Lehrerin erfährt sie, daß Frauen damals in den katholischen Kirchen nicht singen durften.

Anhand einer Führung durch eine Bildergalerie, ihre Freundin begleitet sie, lernt Elisabeth etwas über die Emanzipation der Frau:

Kunsthistoriker	Das möchte ich Ihnen besonders ans Herz legen. Das ist
(Konrad Farner)	eine neue Sicht der Frau, die Frau als nur Hausfrau. Was
	Sie hier sehen, ist der Mann im Vordergrund, eindeutig
	der Blick in die Welt gerichtet, mit dem Jagdfalken, er
	weiß, was er will, er ist sehr zielgerichtet, und die Frau
	nebenbei, er hält sie dann als Zeichen der Verbindung,
	mit einer Hand hält er sie, während die Frau nur auf den
	Knaben schaut, die Frau hat nichts zu sagen, der Mann
	befiehlt, eindeutige Hierarchie der Familie, auch wieder-
	um nichts von Emanzipation.

Bei einem Tee setzen sie in Elisabeths Wohnung das Gespräch über Emanzipation fort. Dann begleitet Elisabeth den Kunsthistoriker an die Tür.

| Elisabeth | So einen Vater wie Sie hätte ich mir gewünscht. |
| Kunsthistoriker | Also wieder ein Übervater. |

Elisabeth badet ihren Sohn in der Badewanne. Sie ist bei ihrem Mann zu Besuch. Als Nicolas im Bett ist, unterhalten sie sich. Ihr Mann ist einverstanden, daß sie das Kind bekomme, wenn sie es gut unterbringen könne. Er werde das kontrollieren.

| Elisabeth | Ich wäre auch heute noch für Dich da, wenn Du Dich ein bißchen vernünftiger verhalten hättest... |
| Helmut | Ein Zurück gibt es nicht. |

Elisabeth badet ihren Sohn. Sie ist bei ihrem Mann zu Besuch. Als Nicolas im Bett ist, spricht sie mit Helmut. Ihr Mann ist einverstanden, daß sie das Kind bekomme, wenn sie es gut unterbringen könne. Er werde das kontrollieren.

Der dicke Galerist unterhält sich im Speisewagen mit ihr über neue Formen der Zweisamkeit. Er benutzt dabei moderne psychologische Theorien zur Vorbereitung seines Ehebruchs mit seiner Angestellten. Elisabeth aber weist ihn im Schlafwagenabteil kraß von sich.

| Schmollinger | Ich bin sehr enttäuscht von Ihnen. |

In Mailand angekommen, nehmen die beiden ein Taxi und fahren ins Hotel, sie bekommen Einzelzimmer: er eine Suite, sie ein Dienstmädchenzimmer unterm Dach. Elisabeth ruft Oskar in Frankfurt an, verabredet sich mit ihm in Mailand. Schmollinger besucht eine Gemäldeausstellung, Elisabeth übersetzt ihm die Angebote.

Inzwischen ist Oskar in Mailand eingetroffen, sie machen einen Ausflug aufs Land. An einer hohen Wiese halten sie, lieben sich im Gras, ein Bauer fährt mit einem Fahrrad, an dem eine Milchkanne hängt und klappert, vorbei. In einem Straßencafé machen sie Rast, dann nächtigen sie in einem Hotel.

| Elisabeth | ,,Keine echte sexuelle Bindung kann länger als 4 Jahre dauern.'' Sagt Schmollinger. |

Wieder in München, besucht Elisabeth ihre Anwältin. Ihr Mann hat inzwischen beantragt, ihr das Sorgerecht zu entziehen. Er werde in Kürze eine Kindergärtnerin heiraten, ein Umstand, der ihn gegenüber ihrer dubiosen Arbeit in der Galerie beim Vormundschaftsgericht in Vorteil setzt. Nach dem Besuch bei ihrer Anwältin begibt sich Elisabeth zu ihrem Mann ins Büro. Gleich nachdem er ihr die Tür öffnet, ohrfeigt sie ihn. Es kommt zum Handgemenge und zu einer heftigen Auseinandersetzung. Elisabeth teilt ihm mit, daß sie ihre Stelle bei dem Galeristen wieder aufgegeben habe.

Helmut   Ach, mach Dir doch nichts vor. Wir haben Dich doch nur gestört bei Deinen Emanzipationsbestrebungen.

Elisabeth   Du kannst die Entscheidung über unser Kind doch nicht solchen Bürokraten überlassen.

Helmut   Ich hab unsere Familie nicht zerstört. Vergiß das nie!

Elisabeth verabschiedet sich von Schmollinger. Er schenkt ihr ein Bild einer Nana. Konrad Farner ist auch da, er rät ihr, sich in Geduld zu fassen. Zuletzt arbeitet Elisabeth als Schreibkraft in einem Großraumbüro. Sie will in Helmuts Wohnung, aber Helmut hat die Türschlösser auswechseln lassen. Helmuts neue Freundin öffnet ihr. Elisabeth hat Niki ein kleines Spielzeugklavier mitgebracht, er spielt ,Hänschen klein'.

Telefonisch versucht Elisabeth, einen Termin beim Jugendamt zu bekommen, wird aber immer nur vertröstet. Sie verzweifelt. Sie geht zu Oskar, der gerade duscht, ins Badezimmer und weint. Oskar schlägt vor, daß sie heiraten sollten, dann bekomme sie auch Niki zurück. Elisabeth geht auf den Vorschlag ein, sie heiraten.

Der Film endet mit Bildern der Hochzeitsfeier.

Schlußlied   Als ich noch ein Kind war,
sagten sie, warte nur,
wenn du dann groß bist,
wirst du die, die du willst.
Hab Geduld, ordne dich ein,
jetzt bist du doch viel zu klein.

Nun bin ich groß,
bald bin ich alt.
Ich war milde, nur keine Gewalt.
„Du bist eine Frau,
und als Frau bist du schwach.
Hab Geduld ordne dich ein,
du schaffst es doch nicht allein."

Also bin ich brav gewesen,
wie sie sagten, hab viel gelesen,
hab vermieden die Gewalt,
hab nichts erreicht und bin alt.

„Milano! Milano!"

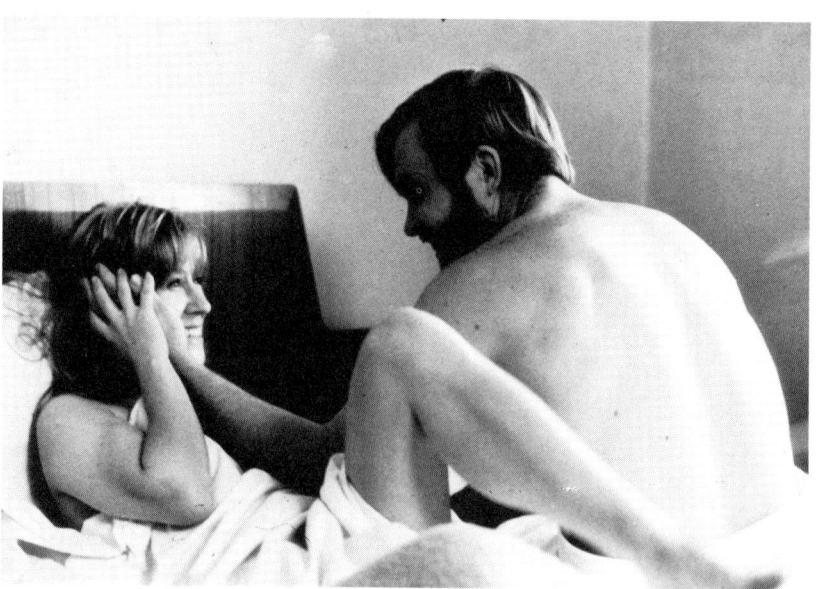

„Wenn ich 40 bin, nimmst Du Dir 'ne Jüngere."

„Aber imgrunde geht es ja nicht nur
um die Emanzipation der Frau, sondern auch um die Emanzipation des
Mannes."

„Laß uns doch ruhig erstmal heiraten. . . . . Dann kriegst Du auch Nicki
zurück."

„Hab Geduld, ordne Dich ein."

Kommentar

„Ihre Empörung ist nur ein Strohfeuer."
Dieser Satz ihrer Anwältin ist der Schlüssel zu dem Abschnitt des Lebens
von Elisabeth Junker, den der Film erzählt. Es ist eine Emanzipationsge-
schichte, die keine Emanzipation beinhaltet. Aus der Kunstgeschichte erfährt Elisabeth, daß die Frau dem Manne seit ewig untertan oder Lustobjekt
ist, daß ihre Hauptaufgabe der häusliche Bereich samt Kindererziehung
ist, während der Mann die Kontakte der Familie zur Außenwelt unterhält.
Auf dieser Stufe der Nur-Hausfrau hat Elisabeth bisher ihr Leben gefristet,
hat das, was sie zuvor lernte, Fremdsprachenkorrespondentin, verlernt, als
sie durch einen Ehebruch ihre Befreiung aus den Fesseln der Ehe vorbereitet. Ihr Mann Helmut steht ihrem Verhalten fassungslos gegenüber, möchte
den Rest der Familie, das Kind und ihn, mit allen Mitteln, hauptsächlich
juristischen, zusammenhalten. Das Jugendamt steht dabei auf seiner Seite,
da er ‚geordnete Verhältnisse' nachweisen kann. Elisabeth kann das nicht,sie
wohnt bei einer Freundin, ihre Bemühungen, Arbeit zu finden, bringen sie
nicht so weit, daß sie ‚geordnete Verhältnisse' erreichen könnte: Frauen
werden schlecht bezahlt, in ihrer Hausfrauenzeit hat sie — wie gesagt — vieles ihrer Berufsausbildung vergessen, ihre Stellung als Galerieassistentin soll
damit einhergehen, daß sie die Geliebte des Galeristen werden soll. Das lehnt
sie ab, und schon bekommt sie nur ein schlechtes Hotelzimmer: ohne Lust-
objektanteil verharrt die Frau auf Dienstbotenebene.
Das einzige, was ihr bleibt, ist der Traum vom großen Künstlertum,vom Star,
sie nimmt Tanz- und Gesangsunterricht, aber Elisabeths Fähigkeiten reichen
zur Erfüllung ihrer Träume nicht aus.
Elisabeths Kräfte werden hauptsächlich aufgezehrt in den juristischen Auseinandersetzungen um das Sorgerecht für ihren Sohn, und genau an dieser
Klippe verzweifelt und scheitert sie auch. Ihre Befreiungsenergie kann nur
ausreichen, ein Strohfeuer zu entfachen, da die Familiengesetzgebung eine
Emanzipation der Frau nicht zuläßt. Das bürgerliche Recht erkennt nur bürgerliche Normen an, eben ‚geordnete Verhältnisse', und erst als Elisabeth in
ihrer Verzweiflung wieder bereit ist, diese Verhältnisse durch eine neue Heirat herzustellen, hat sie wieder Aussicht auf ihr Sorgerecht. Elisabeths Versuch, die Frauenrolle der Mutter mit Selbständigkeit und Unabhängigkeit
zu koppeln, was der bürgerlichen Frauenrolle widerspricht, mußte an den sie
umgebenden moralischen und juristischen Verkehrsformen scheitern. In
diesem Sinne ist der Film ein realistischer, er kennzeichnet die augenblick-
liche Situation, auch heute ist der Film in diesem Punkt noch aktuell.
  Schlöndorff, seine Frau Margarethe von Trotta hat am Drehbuch mitgearbeitet und spielt die Hauptrolle, erzählt die Geschichte des Films teilweise recht sprunghaft und aus- und abschweifend. Lange Passagen, zum
Beispiel Impressionen in einem italienischen Straßencafé, die lange Taxi-
fahrt durch Mailand, bringen den Film nicht voran, ziehen ihn in die Breite.
Das wäre nicht weiter erwähnenswert, wenn diese Ausschweifungen nicht

auf Kosten der Präzisierung der Charaktere gingen. Beim Sprung in die nächste Station der Handlung können die Figuren nur wie Streiflichter erscheinen, d.h. sie werden entweder Typen wie Schmollinger, der leichtlebige, schmierige Galerist, oder wie Helmut, der tyrannische, mit sich unzufriedene (er wäre gern Schriftsteller, nicht nur Lektor) Ehemann, der kein Verständnis aufbringt, oder sie bleiben verwaschen, wie Oskar, der neue Ehemann Elisabeths, oder wie ihre Mutter, die offensichtlich auch ohne Mann gelebt und es geschafft hat. Aber darüber erfährt der Zuschauer nichts. Belehrungen akademischer Art werden recht hilflos in das Geschehen eingebettet. Zwar sieht man Elisabeth und ihre Freundin in einer Bildergalerie, wo ihnen anhand von Gemälden ein Vortrag über Emanzipation gehalten wird, aber wer der Vortragende ist, in welcher Beziehung er zu ihnen steht, zumal er später noch bei ihnen zu Hause Tee trinkt, bleibt unklar.
Mit dieser sprunghaften Erzähltechnik verschenkt Schlöndorff nicht nur einige Dimensionen des Themas, der Film wird dadurch unkonkret, ihm fehlt eine stringente Direktheit. So verbleibt ,Strohfeuer' in einer gewissen Beliebigkeit, kommt über einen gefälligen Unterhaltungscharakter nicht hinaus.

ÜBERNACHTUNG IN TIROL (1973)

Daten

Drehzeit	Herbst 1973
Drehorte	Südtirol, Brixen
Uraufführung	8. 10. 1974 (ARD)
Länge	78 min.
Format	35 mm/Farbe

Stab

Buch	Volker Schlöndorff/Peter Hamm
Regie	Volker Schlöndorff
Kamera	Franz Rath
Ton	Klaus Eckelt
Schnitt	Suzanne Baron
Produktionsleitung	Eberhard Junkersdorf
Produktion	HR
Musik	Stanley Myers
Kostüme	Ruth Gilbert

Darsteller	**Rolle**
Margarethe von Trotta	Katja
Reinhard Hauff	Eduard
Rita Scherrer	Anna
Ivry Gitlis	Pavel
Louise Martini	Wirtin
Heinrich Schweiger	Carlo Strupp
Herbert Achternbusch	Dorfschullehrer
u.v.a.	

,,Ich freue mich auf heut Nacht.''

,,Unmöglich. Wir können doch da jetzt nicht wieder raufklettern.''

,,Ich komm nicht raus!''

„Der Städter weiß nichts von der
Fürchterlichkeit eines im Hochgebirge plötzlich hereinbrechenden Unwetters."

Leichenschmaus.

Gegenlicht, durch buntes Herbstlaub gefilmt, flimmert auf dem Wasser. Auf einem See schwimmt ein Kahn. Katja, Pavel, Anna und Andreas, ein Kind, schöpfen Wasser, der Kahn schwankt. Aus einem tragbaren Plattenspieler erklingt ein kitschiger italienischer Schlager. Eduard, Katjas Mann, er ist Arzt, kommt im Wald entlang in Ufernähe. Katja geht, am Ufer angelangt, zu ihm. Sie erzählt ihm, daß sie ihn eigentlich habe verlassen wollen, daß sie es sich jetzt allerdings anders überlegt habe und sich auf die kommende Nacht freue. Eduard reagiert nachträglich eifersüchtig, läßt Katja stehen. Alle fahren in Eduards Auto über eine enge Bergstraße. Sie sind unterwegs nach Verona. Um den Weg abzukürzen, fährt Eduard eine schmale, steile Nebenstraße. In einer Kurve kommt der Wagen ins Schleudern, überschlägt sich und bleibt gerade noch auf einem Felsvorsprung hängen. Eduard ist hinterm Steuer eingeklemmt, die anderen können aus dem Wagen herausklettern. Schnuffi, Andreas' Hund, hat den Unfall nicht überlebt. Auch mit vereinten Kräften können sie Eduard nicht befreien, und schließlich machen sie sich auf den Weg, Hilfe zu holen. Nach langem, beschwerlichem Fußmarsch über Bäche, Stock und Stein gelangen sie in ein tiroler Dorf. Der Ort scheint verlassen, niemand reagiert auf Rufen oder Anklopfen. Plötzlich kommen alle Dorfbewohner aus der Kirche, sie waren bei einer Trauerfeier. Katja, Anna, Pavel und Andreas erklären ihre Situation und bitten um Hilfe, aber niemand fühlt sich zuständig. Die Verunglückten gehen in ein Gasthaus, um zu telefonieren. Es regnet, Gewitter. Die Gaststube ist leer und dunkel. Durch das Gewitter ist der Strom ausgefallen. Ein dicker Mann kommt nach einiger Zeit mit einer Kerze. Katja erklärt ihm, was geschehen ist.

| Strupp | Ich sehe enorme Schwierigkeiten voraus. Aber — kein Grund zur Beunruhigung. Gestatten, Carlo Strupp. |

Sie nehmen sich Zimmer, um sich zu trocknen und aufzuwärmen. Strupp geht mit Katja durch den strömenden Regen zu dem anderen Gasthaus, in dem die Dorfbewohner die Trauerfeier abhalten.

| Strupp | Es ist alles in Ordnung, der Abschleppwagen ist bestellt. |

Anschließend gehen sie zur Gendarmerie. Der Gendarm ist aber leider nicht zu Hause, seine Frau notiert den Notfall. Telefonieren kann Katja nicht, das Telefon ist defekt. Unterdessen sitzt Eduard bei dem Gewitter im Wagen, noch immer eingeklemmt. Ins Gasthaus zurückgekehrt, wärmt sich auch Katja auf. Sie äußert den Verdacht, Eduard könnte den Unfall absichtlich herbeigeführt haben. Anna weist diese Vermutung zurück.

| Katja | Ich kann es nur nicht ertragen, daß er alles immer so verdrängt. ... Bevor er sich mit mir auf eine Auseinandersetzung einläßt, fährt er uns lieber in den Abgrund. |

Anna	Quatsch! Eduard doch nicht.
Pavel	Wenn ich recht verstehe, bin ich das Opfer einer Ehekrise. ...

Katja erleidet einen Schwächeanfall, ihr wird übel, sie fällt hin, der Wirt trägt sie aufs Zimmer, Anna begleitet sie. Pavel bleibt in der Gaststube und beobachtet Bauern beim Kartenspiel. Die Spieler geraten in Streit, Pavel will schlichten, da bekommt er einen Fausthieb und fliegt quer durch den Raum. Die Wirtin kümmert sich um ihn, gibt ihm auch seine inzwischen getrockneten Kleider zurück.

Wirtin	Sie schauen mir nit nach'm Münchner aus.

Inzwischen gehen Andreas, Anna und eine Frau, die alte Theres, auf einen Dachboden. Fledermäuse gibt es dort, Speckseiten hängen an Haken. In einer Truhe finden sie Hüte und alte Kleider der Wirtin.

Ein LKW fährt vor.

Pavel	Endlich! Der Abschleppdienst.

Es ist aber nicht der Abschleppdienst, es sind nur Fernfahrer, die hier essen wollen. Pavel will mit dem LKW den Weg zu Eduard hinauf, Strupp rät jedoch ab. Strupp und Pavel spielen daraufhin mit Kreiseln Tischkegeln.

Strupp	Ihre Begleitung, Frau Katja, gewaltig!
Pavel	Ihre Frau Wirtin, die Lilli Rauschmeier, enorm!

Andreas und Anna kommen in die Gaststube, Anna trägt ein tief ausgeschnittenes Kleid aus der Truhe vom Boden. Strupp serviert Essen.

Strupp	Kalbsfüße. Kommen direkt aus erster Hand.

Alle essen. Strupp fragt Anna aus.

Strupp	Möchten Sie lieber mit Bewußtsein sterben oder vom Tod überrascht werden? ... Immer wollen die intellektuellen Großscheißer alles verkomplizieren, alles zersetzen. . . deshalb sind ihre menschlichen Beziehungen so seelenlos geworden. Ich hab ihr Gespräch genau verfolgt. . . . Man muß dem Menschen wieder die Seele zurückgeben.

Eduard gelingt es inzwischen, sich aus dem Wagen zu befreien, er kann aber einen Lastwagen, der die Straße passiert, nicht erreichen. Inzwischen steigt Strupp bei Katja mit einer Leiter durchs Fenster ein. Er will sie mit Hilfe spiritistischer Sprüche verführen. Da fährt ein Polizeifahrzeug vor, die Sirene weckt Katja auf. Sie verläßt das Haus. Die Polizei hat die Unfallstelle gefunden, von Insassen aber keine Spur. In der Gaststube tanzen Pavel und die Wirtin Walzer. Die Wirtin will Katja die Nachricht der Polizei überbringen, klopft an Katjas Zimmertür und entdeckt Strupp in Katjas Bett. Pavel versucht inzwischen, die Polizei zu bereden, Rettungsmaßnahmen zu ergreifen, der Gendarm lehnt das aber, solange es dunkel ist, ab. Katja will jetzt allein die Suche aufnehmen, die Wirtin verrät ihr, daß Strupp einen Geländewagen besitzt. Katja und Strupp fahren mit dem Wagen los. Es ist nebelig, das Fahrzeug hat einen Suchscheinwerfer, das Licht gleitet gespenstisch durch den Wald. Der Geländewagen fährt sich schließlich fest. Sie gehen zu Fuß weiter. Unterwegs vergewaltigt Strupp Katja.

Strupp   Kannst Du Dich dem Zauber dieser Nacht entziehen?

Katja und Strupp kommen zurück ins Dorf. In der Gaststube wird gesungen und gefeiert. In der Küche ertappt Strupp die Wirtin und Pavel. Strupp ißt erst einmal kräftig.
In der Gaststube sitzt Katja mit einem verstört wirkenden Dorfbewohner. Es ist der Lehrer. Die Wirtin kommt, wirft den betrunkenen Lehrer hinaus. Da entdeckt Katja Eduard vor dem Fenster des Gasthauses.

Katja   Ich sehe Gespenster.

Als Eduard das Haus betreten will, kommt der Lehrer aus der Tür. Eduard begleitet den Betrunkenen nach Hause.

Lehrer   Wenn Dich die Leute auslachen, kannst' nur noch hier Lehrer werden.

Katja, Pavel, Strupp und die Wirtin sind in der Küche. Anna kommt mit einem Geburtstagskuchen für Pavel singend die Treppe herunter und betritt den Raum. Sie trinken Sekt auf das Geburtstagskind. Pavel ist mißgestimmt. Es kommt zum Krach zwischen allen, da erscheint Andreas, von dem Lärm angelockt. Pavel und Strupp prügeln sich. Die alte Theres kommt und berichtet, daß an der Kirche ein Toter gefunden worden sein soll. Alle sind bestürzt, machen sich auf den Weg. Angekommen, entdecken sie Eduard, der bei dem Toten kniet. Der Tote ist der Lehrer.

Eduard   Er wollte nicht weiter. Er sah keinen Ausweg.

Der Gendarm will nun die Suchaktion für den Verunglückten in den Bergen beginnen.

Pavel   Das erübrigt sich. Er hat sich bereits eingefunden. ... Vielleicht kannst Du ihnen erklären, wo Du herkommst?

Eduard   Irgendwann ist es mir gelungen, aus dem Wagen herauszukommen. Als ich ins Dorf kam, war alles dunkel. Da hab ich dort im Gasthaus ein Zimmer genommen. Weil ich Arzt bin, haben sie mich hierhergeholt. . .

Der LKW, der am Abend zuvor angekommen war, setzt seine Fahrt fort, will vorbei. Der tote Lehrer wird beiseite gehoben.
Pavel telefoniert von der Polizeistation aus nach der ersten Maschine nach London.
Katja will sich inzwischen auf ihrem Zimmer mit Eduard aussprechen.

Eduard   Wenn Du meinst. Aber nicht jetzt.

Das Gespräch wird wieder mal verschoben. Pavel reist ab, er verläßt Anna. Strupp chauffiert Pavel mit seinem Jeep. Als er abfahren will, kommt ein Abschleppwagen mit dem geborgenen Fahrzeug Eduards.

Andreas   Papi, Du mußt ein neues Auto kaufen.

Der Jeep fährt ab, Anna blickt ihm nach, Eduard, Katja, Andreas und die Wirtin betrachten das Autowrack. Der Jeep fährt über den Dorfplatz, vorbei an der Stelle, wo der tote Lehrer lag, die Schüler kommen aus dem Schulgebäude, sie haben heute schulfrei.

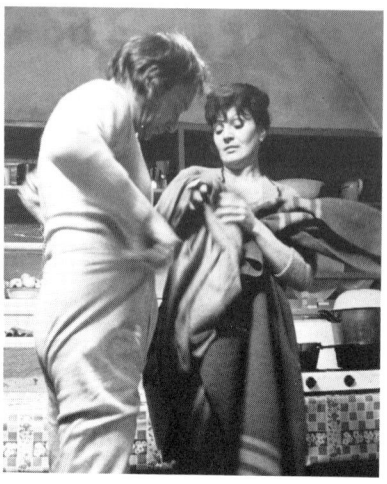

„Sie schauen mir nit nach'm Münchner aus."

„Kaufst Du's mir? Es gehört der Wirtin."

„Ich bin's, Carlo Strupp."

„Kannst Du Dich dem Zauber dieser Nacht entziehen?"

Lehrer: „Da bist Du ja wieder."

Eduard: „Wenn Du meinst. Aber jetzt nicht."

Kommentar

„Der Alptraum, wo man vom vorgezeichneten Weg abbiegt und ins Abenteuer flieht, in die zurückliegenden Regionen des Bewußtseins. Wo all das Dämonische, Unheimliche, Traumhafte wahr wird, das man in einem solchen Abstecher hineinprojizieren kann," ein „Gruselfilm ohne Gespenster, in dem das Gruseln verursacht wird von der Wirklichkeit." [1]
So beschrieb Schlöndorff in einem Kommentar den psychologischen Hintergrund dieses Films, der ausschließlich für das Fernsehen (HR) gedreht wurde, nachdem das Innenministerium das Drehbuch für eine Förderung ablehnte, ZDF und WDR ebenfalls nicht produzieren wollten. Die, die zu einer für sie unheimlichen Übernachtung in Tirol vom Wege abweichen, sind Zivilisationsmenschen, ein Arztehepaar mit seinem Sohn, ein Londoner Geschäftsmann und ein Fotomodell. Stadtgewohnt, dem Natürlichen entwöhnt, treffen sie nach einem Unfall auf Urgewalten der Natur, auf Bäche, die zu überqueren sind, auf Schluchten, die zu ersteigen sind, auf widrige Witterungsverhältnisse und Dunkelheit, die einem Städter als unheimlich gelten, auf naturgebundene, dörfliche Lebensweisen, die beunruhigend wirken, auf sexuelle Begehren, die sie aus der Bahn werfen. All das wird personifiziert in Menschen, die — wie Strupp — ihre ländlich abgeschiedene Lebensweise zu einer Philosophie verbrämt haben.

Strupp   Der Städter weiß nichts von der Fürchterlichkeit eines im Hochgebirge plötzlich hereinbrechenden Unwetters . . . Die Lawinen sind ein königlicher Rest der Urzeit, die Lawine ist der direkte Eingriff des Kosmischen in unser Leben. Das Irrationale enormer Steinfluten und Schlamm-Massen, die nunmehr ihrer eigenen Dynamik unterliegen. . . Die Schreie der Menschen gehen darin unter. In den Lawinen mordet die Natur sich selbst. Ich bin Maler, Lawinenmaler.

Aber die Verunglückten treffen auch auf Menschen, die sich nicht konform verhalten, aber in dieser gruseligen Idylle ausweglos gefangen sind, daran leiden, schließlich daran sterben, wie der Dorfschullehrer.

Lehrer   Als ich ein Kind gewesen bin, hat mir meine Mutter jeden Tag die Schultasche zur Schule getragen. Jeden Tag hat sie mir die Schultasche bis vors Portal getragen. Die anderen Kinder haben mich ausgelacht. Aber gescheit bin ich gewesen. Ich bin gescheit gewesen.

Die Szenerie des Films ist die eines Heimatfilms, die sich jedoch vom Kitsch, wie er im Heimatfilm vorgeführt wird, unterscheidet. Heimatfilm-Kitsch läßt Schlöndorff nur in der ersten Sequenz (am See) entstehen. Da hinein bricht die Realität einer Ehekrise, Katja hat Eduard verlassen wollen. Am Schluß

---

1) Bronnen, B., Gruseln in Tirol, Münchner Abendzeitung, 30.11.1973

bleiben sie nach ihrem „Abenteuer in die zurückliegenden Regionen des Bewußtseins" — Katja im Dorf, Eduard, eingeklemmt im Auto — zusammen, während das andere Paar sich trennt: Pavel flieht vor Anna.

Der Film nimmt die dem tiroler Dorfleben eigene Idylle, die es dominierenden Naturgewalten und die daraus resultierenden Sozialformen ernst und gewinnt ihnen damit etwas Ungewohntes, etwas Unheimliches ab, das aber zugleich, in seiner Verdichtung, komisch wirkt. Deshalb erscheint der Film in manchen Sequenzen nahezu als Parodie eines Heimatfilms, er läßt kein Klischee aus (Gewitter, Sturm, salbadernde Naturphilsophie, Dorftypen), führt diesen Ansatz aber nicht weit genug, so daß das parodistische Moment dann doch wieder realistischem Geschehen weicht, das sogar Gruselelemente enthält, jedoch wieder nicht so viele, daß die Bezeichnung Gruselfilm berechtigt wäre. In dieser Mischung bleibt der Film formal unentschieden und somit auch in seinem inhaltlichen Ziel. Die Ehekrise zwischen Katja und Eduard bleibt Episode, ebenso wie ihre (scheinbare?) Versöhnung am Schluß und die Trennung Pavels von Anna. Seine stilistische und inhaltliche Unentschiedenheit macht diesen Film unbestimmbar, so daß passagenweise der Eindruck entsteht, die Richtigkeit der Naturphilosophie zu beweisen, sei sein Kern, die schicksalhafte Naturgewalt sei stärker als alle menschliche Zivilisation. Gegen diese Tendenz verlieren die ironisch-parodistischen Momente, da sie sich nicht konsequent durch den ganzen Film ziehen, an Gewicht. Schlöndorff ist es nicht gelungen, da er sich am Grundthema, Stadt-Zivilisation und Land-Natur, nicht abarbeitet, sondern phänomenologisch nimmt — „all das Dämonische, Unheimliche, Traumhafte. . ., das man in einen solchen Abstecher hineinprojizieren kann" — den Stoff zu einem klaren inhaltlichen Gefüge zu verdichten. So geht die Erfahrung des Zuschauers nicht wesentlich über die der ins Geschehen verwickelten Figuren hinaus. Der Zuschauer kann deren Eindrücke zwar nachvollziehen, erhält aber zu wenige Ansatzpunkte der Phantasie, die es ihm ermöglichen, über einen bloßen Nachvollzug hinauszukommen.

GEORGINAS
GRÜNDE

GEORGINAS GRÜNDE (1974)

Daten

Drehzeit	August 1974
Drehort	Bavaria Atelier GmbH
Uraufführung	27. 4. 1975 (ARD)
Länge	65 min.
Format	35 mm/Farbe

Stab

Buch	Peter Adler
Regie	Volker Schlöndorff
Kamera	Sven Nykvist
Ton	Klaus Eckelt/Christian Schubert
Schnitt	Hilwa von Boro
Aufnahmeleitung	Rolf Müller
Produktionsleitung	Richard Deutsch
Produktion	Bavaria i.A. WDR und ORTF
Musik	Friedrich Meyer
Kostüme	Nicos Perakis

Darsteller	Rolle
Edith Clever	Georgina Gressie
Ingeborg Kloiber	Mrs. Gressie
Erich Aberle	Mr. Gressie
Joachim Bissmeyer	Raymond Benyon
Eva-Maria Meineke	Mrs. Portico
Margarethe von Trotta	Kate Theory
Carin Braun	Mildred Theory
Beles Adam	Agnes
Friedrich von Thun	Percival
Werner Kliess	Georginas 2. Ehemann
u.v.a.	

„Es ist kein Wunder, wenn ich dieses Gefühl auch am Anfang hatte."

„Georgina, ich möchte Dich bitten, Mr. Benyon mitzuteilen, daß ich seinen Besuch in unserem Hause nicht gerne sehe."

„Georgina war ein schmales Mädchen mit wunderbar kühlen Augen."

„Oder sie fahren mit mir ein Jahr nach Europa."

„Oh ja, ich werde Dich heiraten.''

„Das heißt doch, Dein Vater unterhält, wenn auch nur für ein paar Tage oder Wochen, meine Frau.''

„Du darfst mich niemals vor anderen Leuten Deine Frau nennen, solange ich das nicht will.''

„Ich verspreche es.''

„Du hast mir immer noch nicht erklärt, warum Du ihn geheiratet hast.''

,,Trotz allem waren wir nie vollkommen vertraut miteinander.''

,,James.''

,,Mrs. Portico ist ganz verliebt in die Stadt.''

Filmstory

Benyon	Sie war schon ein eigenartiges Mädchen. Wenn ich am Ende das Gefühl habe, sie weder zu kennen noch zu verstehen. Es ist kein Wunder, wenn ich dieses Gefühl auch am Anfang hatte, nur am Anfang empfand ich ihre Eigentümlichkeit nur als Zauber, und es war unmöglich, diesem Zauber zu entgehen oder ihn fortzuhexen. Manchmal hatte ich den Eindruck, daß es für uns beide besser wäre, uns rasch zu trennen und uns beide nie wiederzusehen.

Raymond Benyon sitzt im Abendlicht an Deck seines Schiffes und erinnert sich an die Geschichte mit Georgina Gressie, die sein Leben erheblich geprägt hat. Diese Geschichte wird erzählt in Rückblenden, unterbrochen von Zwischenkommentaren des sich rückbesinnenden Benyon.

Benyon	Georgina war ein schmales Mädchen mit wunderbar kühlen Augen. Sie sah aus wie eine Herzogin. Sie nahm unsere Bekanntschaft sehr ernst. Das war sehr schmeichelhaft für mich, denn ich war nur Leutnant zur See auf einem Posten im Kriegshafen von Brooklyn.

Benyon besucht Georgina im Elternhaus.

Georgina	Ich liebe Sie nicht, weil Sie Leutnant sind, sondern weil Sie ein bißchen so aussehen, wie der große Napoleon ausgesehen haben muß.
Benyon	Erst später wurde mir klar, daß ich mein kurzes Glück ihrem Widerstand verdankte, ihrem Widerstand gegen Vater, Mutter, Onkel und Tanten.

Benyon trifft Georgina im Garten des Elternhauses.

Georgina	Ich fürchte, ich kann Dich nur noch selten sehen, Raymond.
Benyon	Macht er Dir Szenen?
Georgina	Mein Vater macht das anders. Ich fürchte, daß er nach Washington schreibt ans Kriegsministerium, um Dich auf See schicken zu lassen. . . Oder sie fahren mit mir ein Jahr nach Europa.
Benyon	Na und? Du würdest mich hier genauso wiederfinden wie Du mich verlassen hast.

Eine Gesellschaft bei den Gressies. Sie haben einen schwarzen Bedienten und führen gerade eine Konversation über eine Dame, die Negersklaven hilft, als Georgina und Raymond eintreten. Peinliche Stille. Georginas Mutter bittet ihre Tochter ins Nebenzimmer.

Mrs. Gressie	Georgina, ich möchte Dich bitten, Mr. Benyon mitzuteilen, daß ich seinen Besuch in unserem Hause nicht gerne sehe. . . Was besitzt denn Mr. Benyon? Seinen Sold, mein Kind. Vielleicht fühlt er selbst, daß dieses Einkommen etwas zu mittelmäßig ist, um es Dir anzubieten.

175

Georgina begleitet Raymond hinaus. Er weiß, daß er unerwünscht ist, und geht, Georgina läuft ihm nach.

Benyon   Deine Eltern lehnen mich endgültig ab.
Georgina   Es wäre wirklich besser, wenn wir uns nicht mehr so oft sehen würden, damit es ein bißchen so aussieht, als gäbe ich Dich auf...
Benyon   Was soll uns das helfen?
Georgina   Nichts... Ich glaube auch nicht, daß wir sehr glücklich sind.
Benyon   Ich verstehe nicht, wie Du die Dinge siehst. Ich dachte, Du würdest jetzt sagen, daß Du mich heiraten willst.
Georgina   Oh ja, ich werde Dich heiraten.

Sie dreht sich um, geht weg, Raymond folgt ihr.

Benyon   Hast Du Dir das auch wirklich überlegt? Weißt Du auch, wie arm wir sein werden?
Georgina   Aber das macht mir nichts aus. Wenn uns nichts hindert, dann laß uns heiraten, so schnell wie möglich.

Raymond küßt sie, sie wendet sich ab, läuft ins Haus zurück, begibt sich auf ihr Zimmer im oberen Stock. Die Gesellschaft geht zu Ende, die ersten Gäste gehen, aus Gesprächsfetzen entnimmt sie, daß ihre Eltern Georgina mit Mrs. Portico nach Europa schicken wollen.

Raymond und Georgina treffen sich am Hafen. Es regnet.

Benyon   Du bist ein anderes Leben gewohnt, als ich es Dir bieten kann.
Georgina   Das macht mir nichts aus. Ich werde weiterhin bei meinem Vater wohnen.
Benyon   Warum heiraten wir dann überhaupt? Was haben wir davon?
Georgina   Wenn Du es nicht begreifst, ich kann es Dir nicht sagen. Die Trauung muß natürlich heimlich stattfinden.
Benyon   Aber irgendwann müssen wir doch sagen, daß wir Mann und Frau sind.
Georgina   Überlaß das mir.
Benyon   Das heißt doch, Dein Vater unterhält, wenn auch nur für ein paar Tage oder Wochen, meine Frau!

Georgina lacht.
Sie gehen am Hafenbecken entlang. Raymond begleitet Georgina nach Hause.

Georgina   Das hat einen großen Vorteil. Ich bin dann ganz sicher.
Benyon   Sicher? Wovor?
Georgina   Daß ich keinen anderen heiraten muß.

Die Hochzeit findet statt. Der Zahlmeister ist Trauzeuge. Während der Priester die einleitenden Worte spricht, nimmt Georgina Benyon ein Versprechen ab.

Georgina   Raymond, bitte quäle mich nie mit Fragen, wann wir unser Geheimnis lüften.
Benyon   Bestimmt nicht.

Georgina	Du darfst mich niemals vor anderen Leuten Deine Frau nennen, solange ich das nicht will.
Benyon	Niemals, Liebes.
Georgina	Auch wenn ich es jahrelang oder für immer geheimhalten möchte?
Benyon	Ich verspreche es.
Georgina	Du wirst alles mir allein überlassen. Willst Du mir darauf Dein Ehrenwort geben?
Benyon	Ich gebe es, und ich werde es niemals brechen. Eher gehe ich durchs Feuer.

Das Ehepaar trifft sich im Stundenhotel. Benyon bittet Georgina inständig, ihr Geheimnis zu lüften. Georgina lehnt ab.

Georgina	Ich habe meine Gründe, sehr gute Gründe sogar.

Georgina wendet sich an Mrs. Portico um Hilfe. Sie teilt ihr mit, daß sie verheiratet sei. Mrs. Portico ist entsetzt.

Georgina	Ich bin Georgina Benyon, und bald werden Sie sehen, daß das natürliche Folgen hat. . . Niemand darf davon erfahren. Ich möchte, daß Sie mich mit nach Europa nehmen.

Georgina ist entschlossen, alles zu tun, daß ihr Zustand unentdeckt bleibt.

Mrs. Portico	Was sagt Mr. Benyon dazu?
Georgina	Ich würde lieber sterben, als mit ihm darüber sprechen.

Beim Tee fragt Mrs. Portico noch einmal nach.

Mrs. Portico	Du hast mir immer noch nicht erklärt, warum Du ihn geheiratet hast, vielleicht hast Du es vergessen.

Georgina lacht auf.

Georgina	Ich liebte ihn.
Mrs. Portico	Warum lebt ihr dann nicht zusammen?
Georgina	Wie kann man denn mit einem Mann zusammenleben, der sein halbes Leben in der Südsee verbringt? Nur wegen der Vorstellung, eine verheiratete Frau zu sein? Nein, Mrs. Portico, ich finde, das ist nicht der Mühe wert. Ich habe auch nicht den Mut dazu.

Mrs. Portico entschließt sich, alles Georginas Mutter zu erklären. Georgina bleibt unbeeindruckt. Sie weiß genau, daß sie ihr helfen werde. Sie hilft mit Tränen nach.

Georgina nimmt Abschied von ihren Eltern, ihr Vater gibt ihr einen Kreditbrief mit auf die Reise.

Benyon	Wenn ich zurückdenke und versuche, Georgina zu begreifen, erscheinen verblaßte Bilder. . . Ich wußte damals nicht, was sie Mrs. Portico erzählt hatte, ich hatte keine Ahnung, daß sie ein Kind erwartete, und nach Genua fahren wollte. Sie schrieb mir nie.

Mrs. Portico und Georgina treffen in Italien ein. Um nicht zufällig Amerikanern zu begegnen, will Georgina die nächsten Monate im Hause bleiben. Sie schreibt ihren Eltern einen Brief. Mrs. Portico setzt Grüße darunter.

Mrs. Portico	Wenn das Kind da ist, werden Deine Eltern mit Mr.

Georgina	Benyon bestimmt einverstanden sein. Ich habe nicht die Absicht, Mr. Benyon wiederzusehen.
Mrs. Portico	Und das Kind?
Georgina	Das Kind wird in Italien bleiben.
Mrs. Portico	Wenn Mr. Benyon davon erfährt?...
Georgina	Von wem?... Ich weiß, woran ich mit Benyon bin.
Mrs. Portico	Dieser Mann muß genauso wahnsinnig sein wie Du. Hat man je davon gehört, daß ein Mann freiwillig seinen Kopf in eine solche Schlinge steckt? Was hat er denn davon gehabt?
Georgina	Mich! Und das wollte er... Er wollte nur...
Mrs. Portico	Was?
Georgina	Oder hätte ich ihn vielleicht nicht vorher heiraten sollen?

Georgina entbindet von einem Jungen, James. Das Kind wird getauft, ohne die Anwesenheit seiner Mutter.

Georgina läßt sich nach der Entbindung ein neues Kleid anmessen. Sie hat das Kind in ein Bergdorf gegeben, die Pflegeeltern werden von ihr mit Geld versorgt. Mrs. Portico erleidet einen Schwächeanfall, wird krank.

Mrs. Portico gesteht dem Priester, der zur letzten Ölung kommt, ihre ausweglose Lage. Der Priester rät ihr, Mr. Benyon zu unterrichten. Mrs. Portico stirbt.

Georgina reist zurück zu ihren Eltern. Im Regen kommt sie mit einer Kutsche vor dem Elternhaus an.

Benyon	Nach vielen Schwierigkeiten und Verzögerungen erhielt ich endlich Urlaub, fuhr nach Italien, suchte nach dem Kind, während ich Mißerfolge und Niederlagen hinnehmen mußte, hatte ich das Gefühl, ein Monstrum geheiratet zu haben, eine menschliche Ausnahme.

Benyon kann das Kind nicht finden.

Inzwischen hat Raymond Kate und Mildred kennengelernt. Mildred ist schwer krank, Kate pflegt sie.

Mildred	Ich wäre glücklich, wenn Du den Captain heiraten würdest.
Kate	Vielleicht wäre es besser, wenn er mich fragt, Milli.
Benyon (im off)	Kate and Mildred Theory, die beiden Schwestern kannten mich beinahe, bevor ich sie kennenlernte. Sie wohnten in einer bescheidenen Pension direkt am Meer und konnten mein Schiff draußen vor Anker liegen sehen.
Benyon (auf seinem Schiff)	Seit zehn Jahren hatte ich Bekanntschaften mit unverheirateten Damen gemieden und auf die Erregungen verzichtet, die uns das Geschlechtliche verschaffen kann. Es war sinnlos, in eine Situation zu geraten, aus der ich nur noch den Rückzug antreten konnte.

In einem Gespräch legt Mildred Raymond nahe, sich nach ihrem Ableben um Kate zu kümmern. Raymond zieht sich von nun an von den Schwestern zurück.

Auf einem Spaziergang treffen Raymond und Kate zufällig wieder zusammen, Kate wird von ihrem Bruder Percival und ihrer Schwägerin Agnes begleitet. Bei einer Besichtigung des königlichen Palastes gesteht Benyon Kate seine Liebe, aber er könne sie unmöglich heiraten. Auf ihrem weiteren Rundgang entdecken sie ein Porträt Georginas. Agnes kennt Georgina und erzählt, daß Georgina inzwischen geheiratet habe.

Agnes	Mr. Benyon, wie würden Sie eine Frau nennen, die ihren Schwager in zweiter Ehe geheiratet hat?
Benyon	In zweiter Ehe?
Agnes	Wenn Ihr Schwager noch einmal heiratet.

Nachdem Raymond von Georginas zweiter Ehe erfahren hat, glaubt er, er könne frei werden, frei, Kate zu heiraten. Er sucht Georgina auf, um ihre Einwilligung in eine Scheidung zu erhalten. Georgina tritt ihm in einem langen, roten Kleid entgegen.

Georgina	Raymond.
Benyon	Ich bin nicht zu meinem Vergnügen hier. Warum lassen Sie mich so lange warten?
Georgina	Wissen Sie, ich habe einen kleinen Sohn, einen reizenden kleinen Jungen, ich mußte mich um ihn kümmern, die Amme war gerade nicht da. Ich bin so verliebt in das Kind, Sie können sich gar nicht vorstellen, wie.
Benyon	Ich frage mich, ob Sie nicht wahnsinnig sind.
Georgina	Ich sage Ihnen, wie es ist, Raymond. Ich bin älter, ich bin klüger, ich liebe mein Kind. Das andere war ein Irrtum. Es hatte kein Recht, auf der Welt zu sein.
Benyon	Warum haben Sie es nicht eigenhändig umgebracht?
Georgina	Warum habe ich mich nicht selbst umgebracht? Sie sehen sehr gut aus. Wollen wir uns nicht setzen?
Benyon	Ich bin nicht hier, um Konversation zu machen.
Georgina	Ich weiß. Sie sind hier, um mir irgendwas Schreckliches zu sagen. Also bitte. . . Es war ziemlich bitter, daß ich so lange nichts von Ihnen gehört habe.
Benyon lacht.	
Georgina	Du lachst wie früher.
Benyon	Haben Sie nie daran gedacht, daß ich mich nicht mehr an mein Versprechen gebunden fühlen könnte?
Georgina	Natürlich habe ich daran gedacht, sehr oft, aber ich habe einen solchen Gedanken immer sofort beiseite geschoben. Man verspricht, oder man tut's nicht. Das weiß ich ebenso gut wie Du.
Benyon	Ich bin zu Ihnen gekommen, um mich von Ihnen scheiden zu lassen. Ich brauche Ihre Einwilligung dazu.
Georgina	Zur Scheidung? Darauf wäre ich nie gekommen.
Benyon	Damit ich eine andere Frau heiraten kann.
Georgina	Warum machen Sie es nicht so wie ich?

Benyon	Weil ich nicht will, daß meine Kinder...
Georgina	Sei still! Ich weiß natürlich, was Du sagen willst, ich habe auch nichts anderes von Dir erwartet.
Benyon	Das hoffe ich.
Georgina	Aber sie werden es nicht sein, wenn niemand davon weiß.
Benyon	Wenn es Dir nichts ausmacht, in Bigamie zu leben. Wenn Du Dich daran gewöhnen kannst, bitte. Für mich ist dieser Gedanke nicht reizvoll. Ich möchte heiraten, heiraten.
Georgina	Dann heirate doch, und laß mich zufrieden.
Benyon	Du weigerst Dich?
Georgina	Sieh mich nicht so an. Du bist nicht so schnell befördert worden, wie ich dachte. Du hast Dich nicht besonders ausgezeichnet?
Benyon	Ich werde dieser Tage zum Admiral ernannt. Du hast keine Ahnung. Meine Beförderung ist sogar außerordentlich schnell gegangen.
Georgina lacht.	
Benyon	Überleg Dir's. Und denk daran, mit welchen Gefühlen ich Dich darum bitte.
Georgina	Was hast denn Du mit Gefühlen zu tun! Vor Jahren, ja. In Deinen Briefen, da rastest Du nach Herzenslust zu Deiner eigenen Befriedigung. Aber das ist nun vorbei. Du hast Dich getröstet, ich hab es ja aus Deinem eigenen Mund gehört. Sprich nicht von Gefühlen. Was habe ich denn getan, außer Dich allein zu lassen.
(Sie lacht.)	Du solltest froh sein, eine Frau wie mich nicht öffentlich Deine Frau nennen zu müssen. Du denkst wahrscheinlich, ich bin glücklich gewesen. Du denkst, ich hab mein Leben genossen. Hast Du erwartet, daß ich als alte Jungfer ende?
Benyon	Ich wundere mich, daß Du es so lange ausgehalten hast.
Georgina	Ich mich auch! Stell Dir vor, wie ich Jahr für Jahr mit meinen Eltern in der 12. Straße, Du erinnerst Dich doch (sie schluchzt) als Fräulein Gressie gelebt habe? (Sie weint.)
Benyon	Ich habe Dich nie verstanden, ich versteh Dich auch jetzt nicht.
Georgina	Ich habe Dich angebetet.
Benyon	Mit einem einzigen Wort könnte ich Dich vernichten.

Georgina läuft ihrem Mann, der gerade kommt, entgegen. Sie stellt ihm Raymond vor.

Georgina	Mr. Benyon möchte dringend ein paar Worte mit Dir reden.

Benyon jedoch verrät Georgina nicht. Der Gatte entfernt sich wieder.

Georgina	Du bist genau der Mann, für den ich Dich gehalten habe.
Benyon	Wenn ich mit Dir hätte leben müssen!
Georgina	Er betet mich an.
Benyon	Um so besser. Es kann ihm nur recht sein, wenn er Dich nach unserer Scheidung rechtmäßig heiraten kann.
Georgina	Du bist rührend.

Stell Dir nur vor, wie ich so eine gräßliche Geschichte über mich selbst erzähle. Ich, über mich. (Sie lacht.) Du bist so intelligent wie früher, auch ohne mir Szenen zu machen, weißt Du, daß ich mich nicht umstimmen lasse? Ich möchte Dir gern noch etwas Freundliches sagen, bevor wir uns trennen. Ich bewundere Dich so sehr. Woher soll sie es denn erfahren, wenn Du es ihr nicht sagst? Sie ist doch so sicher wie ich. Und ich weiß, was das heißt.

Raymond geht zur Tür, öffnet sie.

Benyon   Ich hoffe nur noch auf Deinen Tod.

Er geht. Georgina schließt die Tür hinter ihm.

Benyon   Das Versprechen, daß ich Georgina vor mehr als 10 Jahren gegeben hatte, konnte ich nicht brechen. Es war unabänderlich mit mir verbunden, wie die Pforten meiner Augen. Aber die Versuchung, Kate zu heiraten, sie glauben zu lassen, ich sei so frei wie sie, die Vorstellung, wir könnten vollkommen sicher in Ehren leben und sterben, behexte mich für ein paar wilde Tage und Nächte. Danach wußte ich genau wie vorher, daß es keine Lösung gab.

Während Benyons Kommentar kniet Kate am Grab ihrer Schwester.
Ehrlich war nur der Verzicht.

Benyon (auf seinem Schiff)
Ich bin nach Boston gefahren und habe Kate erklärt, daß wir warten müßten. Ich konnte ihr nicht sagen, warum, aber sie vertraute mir. Einige Tage nach meinem Besuch in Boston wurde ich zum Admiral befördert. Ich stellte beim Sekretariat der Kriegsmarine ein dringendes Gesuch, auf eine weite Reise abkommandiert zu werden.

Überblendung, ein Schiff segelt langsam dem Horizont entgegen.

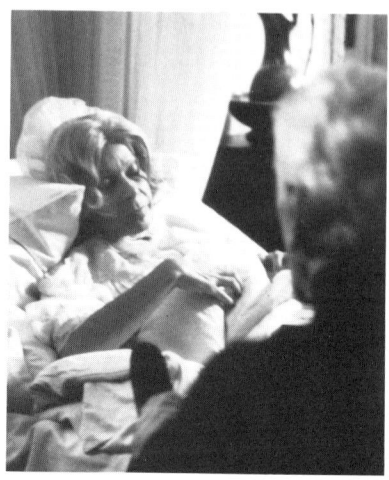

„Ich sorge für das Kind, Mrs. Portico. Machen Sie sich keine Gedanken. Es ist gut untergebracht und ich werde ihm regelmäßig so viel Geld schicken, daß es keine Not zu leiden braucht."

„Am besten, Sie schreiben Mr. Benyon, Madam."

„Ich wäre glücklich, wenn Du den Captain heiraten würdest."

„Mr. Benyon, wie würden Sie eine Frau nennen, die ihren Schwager in zweiter Ehe geheiratet hat?"

„Es war ziemlich bitter, daß ich solange nichts von Ihnen gehört habe.''

„Mr. Benyon möchte dringend ein
paar Worte mit Dir reden.''

Benyon:
„Es kann ihm nur recht sein, wenn er
Dich nach unserer Scheidung recht-
mäßig heiraten kann.''

„Danach wußte ich genau wie vorher,
daß es keine Lösung gab.''

Kommentar

Der Westdeutsche Rundfunk produzierte 1974 in Zusammenarbeit mit dem französischen Fernsehen ORTF einen vierteiligen Zyklus von Henry-James-Verfilmungen. Zwei Beiträge dazu stammten von Claude Chabrol, je einer von Paul Sedan und Volker Schlöndorff. Schlöndorff wählte die Erzählung ‚Georgina's Reasons', die 1880 erschien. Das Buch schrieb Peter Adler. Bei den Dreharbeiten griff Schlöndorff immer wieder auf den Originaltext zurück, dessen Dialoge zunächst erarbeitet wurden, um sie dann in Teamarbeit auf die Fernsehbedingungen einzurichten. Entstanden ist ein äußerst dichter Film, der in seinen Figuren in ihren psychologischen Grundlagen auch ein Bild der Gesellschaft, in der sie leben, vermittelt. Dabei hat sich Schlöndorff auf keine Aktualisierung des Stoffes eingelassen, was bei einem Emanzipationsthema naheläge, und gerade das macht die Stärke dieses Films aus, da seine Figuren in der Zeit bleiben, handelnd und denkend, in der sie erfunden wurden.

Schlöndorff geht aber noch ein bißchen weiter: auch Dekor und Kostüm bleiben in der Zeit, zumindest, was deren Ästhetik anbelangt. Kulissen und Kostüme sind in viktorianischem Stil, genauer, im Stil der Präraffaeliten, einer englischen Künstlervereinigung des vorigen Jahrhunderts, zu deren Anhängern sich auch Henry James zählte. So ist über eine bestimmte ästhetische Ausdrucksform eine Einheit zwischen Erzählung und deren Umsetzung ins Optische hergestellt worden, die bis in die Einhaltung der Gesten und Blicke Georginas hineingeht, wie sie Henry James beschreibt. Einzig die Kostüme der Georgina entsprechen einer Mode, wie sie erst 20 Jahre nach der Zeit, die erzählt wird, getragen wird. Ein dezenter (fast unmerklicher) Hinweis auf Georginas Fortschrittlichkeit.

Sven Nykvist, der schwedische Kameramann der Bergmann-Filme, Oscar-Preisträger, hat die Personen und ihre Umgebung adäquat ins Bild gesetzt und trägt nicht unwesentlich zur Dichte und Stimmigkeit des Films bei, ebenso wie die hervorragende Ausstattung.

‚Georginas Gründe' ist zwar eine reine Fernsehproduktion, wurde aber auf 35 mm Farbe gedreht, so daß eine Kinoauswertung möglich ist, die bisher allerdings noch nicht in nennenswertem Umfang stattgefunden hat.

Was macht neben seiner vorzüglichen Gestaltung diesen Film so interessant? Er erzählt die Geschichte einer Emanzipation, und er erzählt, unter welchen Bedingungen sie stattfindet. Georgina setzt sich über das gesellschaftlich vorbestimmte Frauenlos der Hausfrau und Mutter hinweg, nicht, indem sie es ablehnt, verweigert, sondern indem sie durch es hindurchgeht, es für sich überwindet, nicht gegen die Konvention der Gesellschaft, sondern mit deren Hilfe. Sie benutzt ihre erste Heirat, um in einer zweiten ihre ehelichen und mütterlichen Sozialpflichten zu erfüllen, erfüllen zu können mit dem Bewußtsein, daß sie auch anders könnte. Das ist für sie eine Form von Freiheit, die aber nur funktioniert, wenn sie die gesellschaftlich geltenden Normen als bindend akzeptiert, nicht als bindend für sich, sondern für ihren Katalysator, ihren ersten Ehemann, dem der Ehrenkodex gesellschaftlicher Pflichten einzuhalten wert ist. Deswegen kann die Geschichte auch nicht aktualisiert werden, weil das Funktionieren der sozialen Verkehrsformen ihre Vorbedingung ist. Ein Mann der Marine, Soldat und Bürger, ist für Georginas Zwecke genau der richtige.

So wie sie sich von der Ehe freimacht, indem sie durch sie hindurchgeht, so befreit sie sich auch vom Mutterlos, indem sie für sich den Beweis antritt, daß sie nicht Mutter sein muß, daß sie das Kind einfach weggeben kann.

Die Frau, die in einer patriarchalisch dominierten Gesellschaft die Unterprivilegierte ist, die Frau, Georgina, dreht in derselben Gesellschaft den Spieß um, macht ihre Männer von sich abhängig. Den ersten, der nicht wieder heiraten kann, solange er sich an den sozialen Kodex gebunden fühlt, den zweiten, der gesellschaftlich ruiniert wäre, käme heraus, daß er mit einer Bigamistin verheiratet ist. Sie sind beide, der eine wissend, der andere unwissend, Gefangene ihrer von ihnen befürworteten sozialen Verkehrsformen. Die Freiheit der Georgina hingegen besteht nicht in einer blaustrümpfigen Gegenposition, die ihre Kräfte sinnlos aufzehren würde, da sie gegen die herrschenden Konventionen nicht ankäme, ihre Freiheit besteht darin, daß sie das Abhängigkeitsverhältnis für ihre Partner verstärkt, indem sie sie in ihr eigenes soziales Netz verstrickt. Das ist eine nahezu dialektische Umkehrung der herrschenden Verhältnisse, der Versuch, durch die Gesellschaft hindurch eine persönliche Freiheit der Frau aufzubauen. Das gelingt Georgina, das sind die Gründe ihres Handelns, das gelingt ihr aber nur, weil die Sozialkonventionen noch von beiden Seiten strikt eingehalten werden. Insofern ist ihr Weg kein Modell für Emanzipationsversuche heute. Georgina führt ein soziales Experiment durch, das an ihre Zeit gebunden ist, das dort radikal war, weil es die Wurzeln der Gesellschaft für sie positiv wendet.

Nicht das Resultat ihres Handelns ist heute interessant, sondern ihre Methode: nicht gegen die Gesellschaft, sondern durch die Gesellschaft hindurch, Aufhebung der inneren Fesseln starrer gesellschaftlicher Normen, individuelle Befreiung, und Emanzipation ist zunächst ein individueller Akt.

Ein aktueller Film
Der neue Schlöndorff

ein
Farbfilm
von
Volker
Schlöndorff

Bölls DIE
VERLORENE
EHRE
DER
KATHARINA
BLUM

DIE VERLORENE EHRE DER KATHARINA BLUM (1975)

Daten

Drehzeit	Januar - März 1975
Drehorte	Köln/Bonn
Uraufführung	Festival San Sebastian
Dt. Erstaufführung	9.10.1975 Berlin
Prädikat	besonders wertvoll
Verleih	Cinema International Corporation
Länge	106 min.
Format	35 mm/Farbe
Sendetermin	28. 5. 1978 (ARD)

Stab

Buch	V. Schlöndorff/M. von Trotta (H. Böll)
Regie	V. Schlöndorff/M. von Trotta
Kamera	Jost Vacano
Ton	Gerhard Birkholz
Schnitt	Peter Przygodda
Aufnahmeleitung	Herbert Kerz
Herstellungsleitung	Eberhard Junkersdorf
Produktion	Paramount Orion/Bioskop-Film
Musik	Hans Werner Henze

Darsteller	**Rolle**
Angela Winkler	Katharina Blum
Mario Adorf	Kommissar Beizmenne
Dieter Laser	Tötges
Heinz Bennent	Dr. Blorna
Harald Kuhlmann	Moeding
Karl-Heinz Vosgerau	Prof. Alois Sträubleder
Jürgen Prochnow	Ludwig Götten
Regine Lutz	Else Woltersheim
Rolf Becker	Staatsanwalt Hach
Werner Eichhorn	Konrad Beiters
Hannelore Hoger	Trude Blorna
Herbert Fux	Journalist Weniger
Henry von Lyck	Scheich Karl
u.v.a.	

Ludwig Götten.

,,Alle fühlen sich wohl.''

· ,,Das war kein Kennenlernen, das war
ein Wiedersehen. Besetzt!''

Donnerstag, 6. Februar. Weiberfastnacht.

„Achtung! Achtung! Dies ist eine offizielle Polizeiaktion. Leisten Sie keinen Widerstand!"

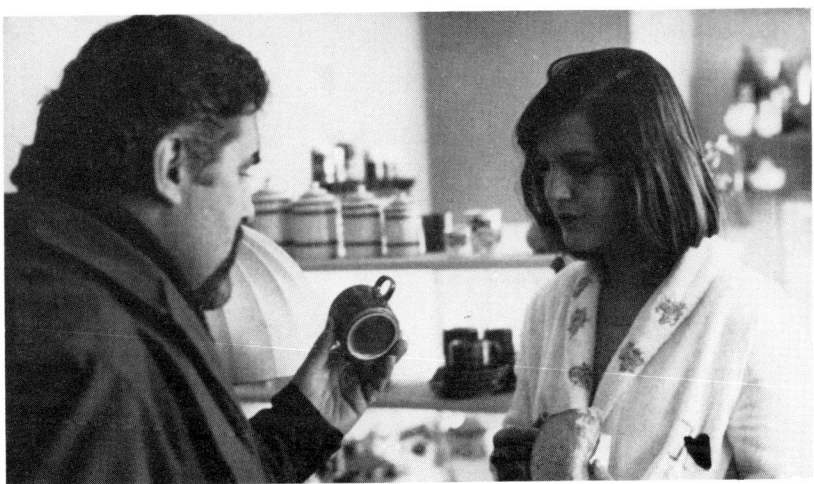

„Wo isser?" — „Er ist weg."

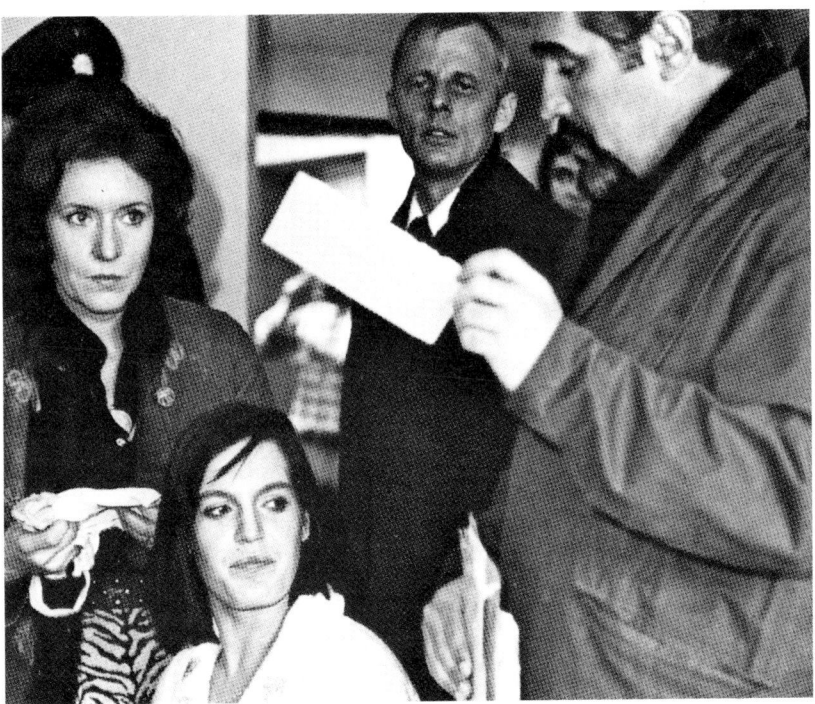

„Ziehen Sie sich bitte an. Es macht keinen guten Eindruck, wenn Sie sich unseren Beamten halbnackt zur Schau stellen."

„Wir müssen den Kollegen von der Presse Gelegenheit geben, ihrer Informationspflicht nachzugehen."

„Ich unterschreibe kein Protokoll, in dem statt ‚zärtlich' ‚zudringlich' steht."

„Komm, greif zu, Mädchen. Der Appetit kommt beim Essen."

Beamtin: „Da hat sich einer schein-
bar nicht wohlgefühlt."

„Das scheint ein sexuelles Notstands-
gebiet zu sein, vielleicht können wir
hier noch einen wegstecken."

„Halten Sie eigentlich Ihr Dienstmäd-
chen eines Verbrechens für fähig?"

„Unser Haus hat interessantes Hintergrundmaterial zusammengetragen."

Filmstory

Im dünnen Morgennebel überquert eine Autofähre den Rhein. Ein Mann mit einer Schmalfilmkamera beobachtet einen der Passagiere: Bild einer Schmalfilmkamera mit Leuchtrahmen im Sucher, schwarzweiß, grobkörnig. Am anderen Ufer steht ein Porsche. Der Passagier steigt ein, fährt los. Der Porsche wird verfolgt. Funkverkehr im verfolgenden Polizeiwagen. Durch ein geschicktes Wendemanöver gelingt es dem Verfolgten, Ludwig Götten, an einer sich schließenden Schranke die Verfolger abzuschütteln. Gespräch: „Wer ist'n die Schöne?' – ‚Katharina Blum.' – ‚Die Nonne, ja?' Auf dem Klo spricht ein Scheich in ein Funkgerät:

> „Das war kein Kennenlernen, das war ein Wiedersehen. Besetzt! Woltersheim, Else. Mergentheimerstr. 3. Tel. 34 94 62; Blum, Katharina, Adresse noch unbekannt, ich melde mich wieder. Ende.

Der Agent spült, verläßt die Toilette, antwortet, auf seine Verweildauer im Klo angesprochen:

> Ich hab' mir nur ein paar Witze erzählt, die ich noch nicht kannte.

Sein Funkspruch ist in einem Wagen empfangen worden, in dem Kommissar Beizmenne sitzt. Er gibt den Auftrag weiter, zwei Personenüberprüfungen vorzunehmen:

> n' Abend, Herr Doktor. Beizmenne. Stör' ich beim Abendessen? Ich brauche mal meine Zäpfchen. Zwei Stück. Gefahr im Verzuge. Ja. Woltersheim, Else und Blum, Katharina. Ja. Danke, Doktor. Gute Nacht.

Die Party geht weiter. Katharina Blum und Ludwig Götten kommen sich näher. Sie tanzen, unterhalten sich abseits der übrigen Gäste, sie fahren in Katharinas Wohnung. Ihre Ankunft wird von Polizeikameras gefilmt: schwarzweißes Bild mit Leuchtrahmen im Sucher.

Zwischentitel   Donnerstag, 6. Februar. Weiberfastnacht.

Männer mit gepanzertem Kopfschutz mit Sehschlitzen, Maschinenpistolen in der Hand, nähern sich einzeln und in kleinen Gruppen dem Hochhaus am Rande der Stadt, in dem Katharina Blum wohnt. Scharfschützen nehmen in Hauswinkeln Aufstellung, von denen aus die Wohnung zu überblicken ist. Beizmenne, mit zwei Gepanzerten, kommt aus dem Fahrstuhl. Katharina bereitet sich im Morgenmantel Frühstück. Sie ist allein. Es klingelt. Die Polizei wartet aber nicht ab, ob geöffnet wird, sie schlägt schon vorher die Tür ein. Megaphone ertönen, Katharina wird an eine Wand gedrückt, Möbel werden umgeworfen.

Beizmenne	Wo isser?
Katharina	Er ist weg.
Beizmenne (cholerisch)	
	Das gibt's doch gar nicht!
Katharina	Wieso?
Beizmenne	Das Haus wird seit gestern abend observiert. Wenn er

194

nicht hier ist, weit kann er nicht sein. Wir kriegen ihn
bald. Und wenn Du nicht willst, daß er zum Krüppel
geschossen wird, dann sag uns lieber gleich, wo er ist.
Die Wohnung wird weiter durchsucht, genauer gesagt: demoliert.

Beizmenne   Hat er dich denn gefickt?
Katharina   Ich würde es nicht so nennen.
Der Staatsanwalt kommt dazu.
Staatsanwalt   Wir kennen uns doch? Wir haben uns doch schon mal ir-
    gendwo gesehen.
Katharina   Ja, bei Blornas, wo ich arbeite.
Der Staatsanwalt schluckt, lenkt vom Thema ab:
Staatsanwalt   Ziehen Sie sich bitte an. Es macht keinen guten Ein-
    druck, wenn Sie sich unseren Beamten halbnackt zur
    Schau stellen.
Katharina sucht sich ein paar Sachen zusammen, diese werden abgetastet,
eine Polizistin begleitet Katharina ins Bad und nimmt eine Leibesvisitation
vor, selbst im Intimbereich. Katharina Blum weiß noch immer nicht, was ihr
vorgeworfen wird. Die Beamtin verweist sie an den Staatsanwalt.
Einige Beamten beschlagnahmen Inventar: einen Wecker, einige Rollen
Draht und Werkzeuge, Buchklubausgaben von Liebesromanen, keine Waf-
fen. In einem Krimi liegt ein Zettel. Beizmenne liest:
    ‚Ich bin ein schlechter, gewissenloser, gottloser Mensch,
    aber das Geld ist geehrt, also auch sein Besitzer.‘ Aha.
    ... Ist das von dem Götten?
Katharina   Nein, das hat nichts mit Ludwig zu tun.
Staatsanwalt   ‚Das Geld ist geehrt, also auch sein Besitzer!‘ Als Zitat
    von einem Bankräuber, das kann ich mir schon vorstel-
    len.
Katharina   Das ist von Karl Marx.
    Das hat mir mal Pater Urbanus aufgeschrieben, ein
    Dominikaner.
Staatsanwalt   Wollen Sie uns weismachen, Sie hätten Marx ausgerech-
    net durch die Dominikaner kennengelernt?
Katharina wird abgeführt. Vor dem Haus drängen sich Menschenmengen und
Reporter. Beizmenne reißt den Kopf Katharinas hoch, so daß jeder ihr Ge-
sicht sehen kann.
Beizmenne   Wir müssen den Kollegen von der Presse Gelegenheit ge-
    ben, ihrer Informationspflicht nachzukommen.
Unter den Kollegen von der Presse ist auch Tötges, ein Reporter von der
‚Zeitung‘. Als dieser vom Staatsanwalt keine Einzelheiten erfährt, kommen-
tiert er: „Flasche!"
Katharina wird im Präsidium verhört. Ihr wird vorgehalten, Ludwig Götten
bereits vor diesem Abend gekannt zu haben und durch verschiedene Anrufe
ein abgekartetes Spiel gespielt zu haben, um Ludwig bei Else Woltersheim
einzuführen. Schließlich hätten sie ja innig miteinander getanzt.

Katharina	Es stimmt nur, daß ich mit Ludwig getanzt habe.
Beizmenne	Tanzen Sie öfter mit wildfremden Männern?
Katharina	Nein.
Beizmenne	Und mit dem Götten haben Sie eine Ausnahme gemacht. Sie, die Sie sonst nie tanzen?
Katharina	Doch. Früher hab ich manchmal getanzt. . . bei Dr. Blorna. . . wenn ich da abends bei Gesellschaften ausgeholfen hab. . . Auch mit dem Herrn habe ich ein paar Mal getanzt.
Staatsanwalt	Wir wollen doch nicht persönlich werden, Frau Blum.
Beizmenne	Zudringlichkeiten von Götten haben Sie nicht gestört?
Katharina	Ludwig war nicht zudringlich, er war zärtlich.
Beizmenne	Das kommt aufs selbe 'raus.
Katharina	Nein, aber nicht. Zudringlichkeit ist eine einseitige Handlung, und Zärtlichkeit, das ist etwas ganz anderes, das geht von beiden aus.
Beizmenne	Ach, das interessiert doch keinen Menschen.

Das Verhör wird fortgesetzt. Dabei werden ganz selbstverständliche Überlegungen und Handlungen Katharinas von Beizmenne und dem anwesenden Staatsanwalt in vorgefertigte Theorien, den Tathergang betreffend, und in normierte, angeblich ‚normale' Verhaltensweisen eingepaßt. So müssen Widersprüche entstehen, Widersprüche und Mißverständnisse, die in den unterschiedlichen Denkweisen der am Gespräch Beteiligten liegen, nicht in den Aussagen Katharinas.

Essenspause. Alle essen, kumpelhafte Freundlichkeit kommt auf, Katharina lehnt ab mitzuessen, Beizmenne läßt sie in eine Zelle bringen. Die Zelle ist verunreinigt, der Lokus mit Kot und Kotze verdreckt. Katharina macht ihn mit Toilettenpapier sauber. Als sie sich setzt, fällt vom Fest in der Kleidung hängengebliebenes Konfetti herunter.

Die Polizei geht generalstabsmäßig vor. Alle Bekannten und Unbekannten, die Katharina an jenem Tage getroffen hat, werden überprüft. Fazit:

Polizistin	Keines der mit jeder einzelnen Person gewechselten Worte läßt Rückschlüsse auf einen Code zu.
Staatsanwalt	Wir stehen vor einem Rätsel.

Die polizeilichen Maßnahmen Beizmennes sind inzwischen mit der Sicherheitsgruppe Bonn und einem Krisenstab abgestimmt.

Tötges ist indessen unterwegs, begleitet von einem ständig fotografierenden Mitarbeiter, und versucht, in der Nachbarschaft der Mutter Katharinas Auskünfte über Katharina einzuholen. Sie suchen auch Katharinas geschiedenen Ehemann auf. Tötges, bevor er seinen Bericht telefonisch an die Redaktion durchgibt, verteilt an eine vorbeigehende Mädchengruppe die Blumen, die für Katharinas Mutter bestimmt waren. Er läuft zurück in die Telefonzelle:

> Scheint hier sexuelles Notstandsgebiet zu sein. Vielleicht können wir noch einen wegstecken.

Dann klemmt er sich mit Beinen und Rücken in halber Höhe in der Telefonzelle fest und gibt seinen erfundenen Bericht durch:

Vernichtendes Urteil im ganzen Dorf. Der ehemalige Ehemann, der biedere Arbeitsmann Wilhelm Brettloh, von dem die Blum wegen böswilligem Verlassen schuldig geschieden ist, sagte, die Tränen mühsam zurückhaltend: ,Jetzt weiß ich endlich, warum sie mir flutschen gegangen ist. Unser bescheidenes Glück genügte ihr nicht, sie wollte hoch hinaus. Und wie soll ein redlicher, bescheidener Arbeiter je zu einem Porsche kommen?' So müssen falsche Vorstellungen vom Sozialismus ja enden!

Ein anderer Reporter der Zeitung sucht inzwischen das Ehepaar Blorna auf, das sich im Winterurlaub befindet. Blornas äußern sich nur positiv über Katharina, aber das Urteil des Reporters steht bereits vorher fest. Die ,Zeitung' versucht nun, etwas über die Geschäfte des Anwalts Blorna, der u.a. Syndikus der Firma von Prof. Sträubleder ist, herauszubekommen. Blorna verweigert die Aussage, aber auch das genügt dem Reporter der ,Zeitung'.

Beizmenne trifft sich mit Tötges: Information gegen Information. Beizmenne teilt mit, Katharinas Appartement sei eine konspirative Wohnung, wo möglicherweise außer Götten noch andere Unterschlupf gefunden hätten, Tötges liefert Hintergrundmaterial des Hauses, unter anderem die Information, daß ,,unser Blümelchen'' seit zwei Jahren regelmäßig Herrenbesuch empfange. Beizmenne überläßt Tötges ,,für ein Stündchen'' ein Photo Katharinas. Dann erkundigt er sich nach den Blornas.

| Tötges | Tja. Das ist noch so ein Zufall. Er ist nämlich zufällig im selben Augenblick, in dem Götten auftaucht, in Urlaub gefahren. |

Tötges zeigt Beizmenne ein Foto.

Tötges	Seine Frau. Ist Architektin. . . die rote Trude.
Beizmenne	Ach so.
Tötges	Nein, nicht wegen der Gesinnung, wegen der Haarfarbe.

Katharina wird abermals zum Verhör gebeten. Fensterputzer pfeifen ihr anzüglich nach.

Eine kurze Gegenüberstellung findet statt. Auf Fragen über ihren Herrenbesuch lehnt Katharina die Antwort ab, er habe nichts mit Ludwig zu tun. Sie verrät auch nicht, wer ihr einen wertvollen Ring geschenkt habe.

Katharina darf zu Hause übernachten. Man hofft, sie nimmt Kontakt zu Götten auf.

Zu Hause duscht sie, räumt die Wohnung ein wenig auf, sie erinnert sich (Rückblende) an ihr zärtliches Gespräch mit Ludwig Götten auf der Party bei Else Woltersheim. Dann kommt der erste anonyme Anruf. Gleich darauf bemerkt sie, wie ihr ein Brief unter der Tür durchgeschoben wird. Katharina gerät in Panik, sie läuft aus dem Haus, überall stehen singende und schunkelnde Karnevalisten, sie rast mit dem Auto durch die Stadt. Ein Polizist verfolgt sie.

Zwischentitel   Freitag, 7. Februar 1975

Katharina liest den Artikel der ,Zeitung' Dr. Blorna am Telefon vor. Blornas beschließen, ihren Urlaub abzubrechen.

Katharina trifft im Kloster, in das sie Pater Urbanus bestellt hat, nicht nur den Pater, sondern auch Prof. Alois Sträubleder, den Herrenbesuch. Er bedankt sich, daß sie ihn nicht in Skandale verwickelt habe, er versichert ihr seine Liebe und verspricht ihr Hilfe, möchte aber tatsächlich nur den Schlüssel für sein Landhaus zurückbekommen. Katharina beendet das Gespräch daraufhin vorzeitig, ohne ihm den Schlüssel auszuhändigen.

Tötges sucht inzwischen Katharinas totkranke Mutter mit dem Handwerkertrick auf der Intensivstation auf. Dann teilt er Beizmenne mit, was die Mutter gesagt habe:

Tötges	,So mußte es ja kommen, so mußte es ja enden!'
Beizmenne	Hat sie das wirklich gesagt?
Tötges	Man muß einfachen Leuten nur etwas Artikulationshilfe geben.

Außerdem übergibt er Beizmenne Informationen über Else Woltersheim, deren Mann 1932 Mitglied der KPD war und in die Sowjetunion emigrierte. Tötges gibt einen weiteren Telefonbericht durch:

Tötges	Hintermänner in der ,DDR'. Natürlich Anführungszeichen.

Else Woltersheim begleitet Katharina zum Verhör. Als sie sich über Katharinas Behandlung durch die Polizei und durch die Zeitung beschwert, erklärt man ihr, die Arbeitsweise der ,Zeitung' ginge die Polizei nichts an („Im übrigen darf die Pressefreiheit nicht leichtfertig angetastet werden."), außerdem wird sie mit der Vergangenheit ihres Mannes, dessen Gesinnung sie ja offensichtlich teile, verunsichert und eingeschüchtert.

Katharina fragt eine Beamtin, ob der Staat nichts tun könne, um sie gegen den „Schmutz" der ,Zeitung' zu schützen. Die Beamtin stellt fest, es läsen ja nicht alle die ,Zeitung'.

Beizmenne setzt das Verhör fort. Er hält Katharina Autofahrten vor, die sie zur Entspannung benötigte, berechnet ihre monatlichen Kosten, vielleicht könne er ja noch lernen, wie man an eine Eigentumswohnung komme. Er konstatiert, daß etwa 50 000 km „ungedeckt" bleiben.

Beizmenne	Wo sind Sie so oft hingefahren? Was haben Sie ausgekundschaftet? Wen haben Sie wo getroffen?

Katharina kann keine schlüssige Antwort geben.

Frau Woltersheim und ihr Lebensgefährte begleiten Katharina wieder nach Hause. Unterwegs entdeckt Katharina in der ,Zeitung' den neuen Artikel über ihre Mutter. Zu Hause kommen erneut anonyme Anrufe, auch obszöne Briefe hat sie erhalten, Katharina will alle lesen, denn sie hofft auf eine Nachricht von Ludwig.

Katharina (liest)	,Gut gefickt ist halb gewonnen.'
	,Was Stalin nicht geschafft hat, wirst du auch nicht schaffen!
	,Ich bin der beste Spritzer. . .'

Katharina demoliert — äußerlich gefaßt — ihre Wohnung: Sie wirft Marmeladengläser an die Wand, Kaffeebecher, stürzt Geschirr um. Dann zieht sie zu Woltersheims.

Nachts ruft sie Ludwig an: „Ich hab dich so lieb."

Zwischentitel   Samstag, 8. Februar

Blornas kommen zurück. Sie fahren zu dem ihnen bekannten Staatsanwalt, der Katharinas Sache untersucht. Es kommt zum Streit, der Staatsanwalt lehnt eine Diskussion über Boulevardjournalismus ab, Blorna will eine Dienstaufsichtsbeschwerde erheben, er will wissen, ob die Polizei mit der Presse zusammenarbeitet.

Sträubleder sucht die zurückgekehrten Blornas auf, um ihre Hilfe zu erbitten. Er vermutet, Ludwig Götten sei in seinem Landhaus, zu dem Katharina einen Schlüssel habe, untergeschlüpft. Blornas lehnen jede Hilfe ab, sie finden seine Haltung gegenüber Katharina unakzeptabel.

Inzwischen hat die Polizei — vermutlich durch Katharinas Anruf — Götten in Sträubleders Landhaus ausfindig gemacht. Unter nahezu militärischem Polizeiaufgebot wird Götten, leicht verletzt, gefaßt. Katharina kommt dazu, erfährt, daß es Ludwig gutgeht.

Blornas feiern mit Woltersheims und Katharina den glücklichen Ausgang der Untersuchung. Götten hat die Kasse mit dem Wehrsold zweier Regimenter gestohlen, er ist durch die Heizungsanlage des Hochhauses entkommen, die Katharina aus den Zeichnungen Trude Blornas kannte.

Zwischentitel   Sonntag, 9. Februar

Katharina hat sich mit Tötges zum Exklusivinterview in ihrer Wohnung verabredet. Als Tötges kommt („Siehste, Blümelein, du bist berühmt geworden."), Geld bringt und sie dann auffordert: „Ich schlage vor, daß wir jetzt erstmal ein bißchen bumsen," erschießt sie ihn.

Im Verhör Beizmenne:
                     Am südlichen Stadtrand ist Schönner gefunden worden, der Fotograf der ‚Zeitung', erschossen. Hast Du den auch umgebracht?

Katharina   Warum eigentlich den nicht auch?

In den Kellern des Gefängnisses begegnen sich Katharina und Ludwig. Sie reißt sich von den Beamten los, rennt zu Ludwig, umarmt ihn.

Zwischentitel   Nachspiel

Tötges wird beerdigt. Alle Honorationen sind versammelt.

Ein Verleger   Die Schüsse, die Werner Tötges tödlich getroffen haben, haben nicht nur ihn getroffen, sie galten der Pressefreiheit. ... Wer spürt nicht den Atem des Terrors und die Wildheit der Anarchie, wer spürt nicht die Gewalt, mit der hier an der freiheitlich-demokratischen Grundordnung gerüttelt wurde, die uns allen so am Herzen liegt. . . Und wieder einmal gilt: Wehret den Anfängen. Seid wachsam, denn mit der Pressefreiheit steht und fällt alles. ... Und wer die Zeitung angreift, greift uns alle an.

Schlußtitel   Personen und Handlung sind frei erfunden. Ähnlichkeiten mit gewissen journalistischen Praktiken sind weder beabsichtigt, noch zufällig, sondern unvermeidlich.

„Ist Ihnen dieser Ring bekannt? —
Dieser Ring ist 8 - 10 000 Mark wert."

„Du heißt Katharina?"
„Hm. Und Du?"
„Ludwig."

„Katharina, ich danke Ihnen, daß Sie
gekommen sind."

„Ich würde alles tun, um Ihnen zu
helfen, alles . . . was Ihnen hilft."

Beizmenne: „Wie sind Sie denn an die Mutter gekommen?" – Tötges: „Handwerkertrick."

„Nein! Ich les das jetzt. ‚Gut gefickt ist halb gewonnen', ‚Was Stalin nicht geschafft hat, Du wirst es auch nicht schaffen'."

„Ich schmeiß denen 'ne Bombe in die Redaktion!"

„Ich bin sicher, daß sie den Schlüssel diesem Götten gegeben hat, und daß der Kerl jetzt in meinem Haus hockt."

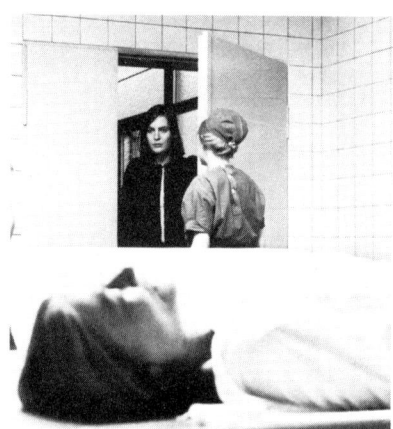

„Bitte warten Sie einen Augenblick. Ihre Mutter wird gerade fertig gemacht." − „Ich möchte dabei sein."

„Wo ist Ludwig?" − „Wir haben ihn bereits abtransportiert. Er hat nur 'ne kleine Schußwunde abgekriegt. Am Oberschenkel."

„Nur müssen wir jetzt gleich was nachschießen. Nachschießen, Mädchen, immer nachschießen."

Katharina schießt etwas nach.

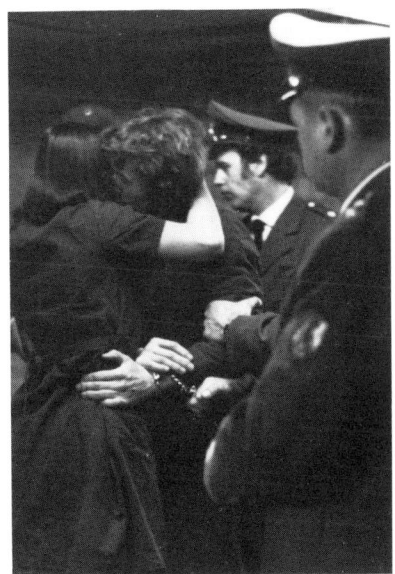

„Ludwig!"

„Wer spürt nicht den Atem des Terrors, wer spürt nicht die Gewalt, mit der hier an der demokratischen Grundordnung gerüttelt wurde, die uns allen so am Herzen liegt."

Kommentar

Am 22. Dezember 1971 wurde in Kaiserslautern eine Bank überfallen, 134 000 Mark geraubt. Bei dem Überfall kam ein Polizeibeamter ums Leben. Indizien deuteten auf ein Verbrechen der Baader-Meinhof-Gruppe hin. Am 23. Dezember lautete die Schlagzeile in ‚Bild': ‚Baader-Meinhof-Bande mordet weiter!'

Am 10. Januar 1972 wandte sich Heinrich Böll in einem Artikel im ‚Spiegel' gegen die rechtsstaatlichen Prinzipien widersprechende Berichterstattung der Zeitung, die allein aufgrund von Indizien Tatsachenfeststellungen vorgibt. „Das ist Faschismus, Verhetzung, Lüge, Dreck" schrieb Böll. Die Rechtspresse von ‚Bild' bis ‚Quick' bezichtigte Böll daraufhin der ‚Komplizenschaft' und des ‚geistigen Mittätertums'. Höhepunkt der Kampagne gegen Böll war eine polizeiliche Durchsuchung seines Landhauses.

Diese Vorgänge und Erlebnisse vor Augen, schrieb Böll die Erzählung ‚Die verlorene Ehre der Katharina Blum', die 1974 erschien. Diese Erzählung ist literarischer Ausdruck der Betroffenheit Bölls über die damaligen Ereignisse und eine Bloßlegung der Methoden der Berichterstattung der ‚Bild'-Zeitung. Böll arbeitet in seinem Text sehr viel mit Rückblenden, Berichten, Zitaten, die teils mit zornigem Ernst, teils mit Ironie montiert sind.

Noch bevor das Buch erschien, schickte Böll Volker Schlöndorff und Margarethe von Trotta die ersten Druckfahnen. Schlöndorff/Trotta arbeiteten derzeit an einem Drehbuch für eine Verfilmung von Bölls ‚Gruppenbild mit Dame', das sie nicht realisiert haben.

Das Thema der Böllschen Erzählung aber, die Betroffenheit, die daraus sprach, animierten Trotta/Schlöndorff, den Stoff für einen Film zu bearbeiten. Gemeinsam mit Böll schrieben sie ein Drehbuch, das die vorgegebenen Ereignisse streng chronologisch ordnete und die Stationen dokumentierte, die Katharina Blum an 4 Tagen polizeilicher Ermittlung und 3 Tagen Behandlung in der Presse durchläuft. Die Projektkommission der Filmförderungsanstalt hat den Film zwar gefördert, jedoch mit 200 000 Mark weniger, als von Schlöndorff/Trotta beantragt.

Der Film erzählt die Geschichte der unbescholtenen, „keuschen" Haushälterin Katharina Blum, die sich während einer Karnevalsfeier in einen polizeilich gesuchten Mann, Ludwig Götten, (er hat desertiert und die Regimentskasse mit dem Sold zweier Kompanien mitgehen lassen) verliebt, die Nacht mit ihm verbringt, ihm nicht nur die Flucht vor der Polizei ermöglicht, sondern ihm auch einen Unterschlupf besorgt, und der Film zeigt, wie alltägliche Begebenheiten sich in den Händen der Staatsanwaltschaft zu Indizien verdichten, zeigt, wie Polizei und Presse zusammenarbeiten, ehrverletzend: die Polizei greift Katharina in die Haare, um den Pressefotografen ihr Gesicht zu präsentieren (gleiches ist mit Ulrike Meinhof geschehen), die Presse verbreitet erfundene Details aus Katharinas Leben, arbeitet mit gefälschten Aussagen von Personen, die sie oberflächlich befragt, der Reporter dringt sogar in die Intensivstation, in der Katharinas Mutter liegt, ein und beschleunigt dadurch ihren Tod. Die Polizei: das sind Kommissar Beizmenne und einige Vertreter der Staatsanwaltschaft, die Presse: das sind die Reporter Werner Tötges und sein Fotograf.

In der Zeichnung der Charaktere verfährt der Film sehr einfach, schwarz-weiß malend, was nicht bedeutet, daß es die von ihm gezeigten Menschen nicht geben könne. Beizmenne ist der Typ des scharfen, verbohrten Polizisten, dem es weniger um Ermittlung als um Überführung und Verdachtsbestätigung geht, der gerade dann besonders widerwärtig wird, wenn er ,die menschliche Tour' anwendet, auf Du und Du macht, Verständnis heuchelt. Hinter seinem Verständnis verbirgt sich stets eine Falle, besonders deutlich in der Szene, in der er Katharina ungedeckte 50 000 km Autofahrt vorrechnet.

Tötges ist ein ekelerregender Reporter, wenn er im gelben Ledermantel, dem Porsche entsteigend, eine vorübergehende Mädchenklasse ,anmacht' und gezwungen zwanglos in einer Telefonzelle klemmt, ein Typ, dem nichts an widerwärtigen Merkmalen fehlt. Tötges ist Träger aller Klischees, die abstoßend wirken.

Diesem Widerwärtigen gegenüber steht Katharina Blum, genannt ,,die Nonne'', die verletzlich ist und trotzdem stark, kränkbar und trotzdem stolz, bescheiden, hilfreich und gut.

Die ganze Sympathie des Zuschauers wird ihr zuteil, noch verstärkt durch ihre Fähigkeit zur reinen Liebe, zur Zärtlichkeit, die ihr Ludwig wie ein vorüberziehender Märchenprinz schenkt. In ihrer Liebe zu Ludwig Götten findet Katharina die Stärke, die Verhöre zu erdulden, findet sie die Kraft, die sie zur Rache befähigt. Als Tötges von ihr fordert: ,,Du bist jetzt berühmt, wir müssen gleich etwas ,nachschießen' '', schießt sie nach ihm.

Alle anderen Figuren des Films bleiben mehr oder minder konturenlos, gekennzeichnet nur durch wenige Details oder bestimmte typisierte Verhaltensweisen. Die Welt der Katharina Blum ist einfach gegliedert. Ludwig Götten, der Auslöser der Geschichte, wird als Person am wenigsten deutlich, er ist nur Reflex der jeweiligen Gefühle und Reaktionen, die die beiden Parteien ihm entgegenbringen.

Der Film, handlungsreich, ist auch in seinen Mitteln der Darstellung sehr einfach. Jeder Zuschauer kann sich leicht zurechtfinden; er tut es auch. Der Film ist ein großer Erfolg für Schlöndorff/Trotta, von der Kritik teilweise allerdings als ,Durchbruch' des neuen deutschen Films überschätzt. Dennoch: Erstmals wurde in dieser Deutlichkeit die um 1975 grassierende Terroristenhysterie in der Bundesrepublik dargestellt, fixiert an einem individuellen Opfer, dessen Leidensweg emotional nachzuempfinden ist (großen Anteil an der Emotionalität des Films hat auch die Musik von Hans-Werner Henze). Gezeigt wird außerdem, daß die Verhältnismäßigkeit der Mittel nicht immer gewahrt wird, nicht beim Polizeieinsatz, schon gar nicht in den Mitteln der Presseberichterstattung. Diese bis dato tabuisierten Themen aufgegriffen zu haben, darin liegt das Verdienst des Films, auch (oder gerade) wenn er auf soziologisch-analytische Ansätze verzichtet. Er erzählt, unter welchen alltäglichen Umständen ein unbescholtener Mensch schuldig werden kann, schuldig mit der Schußwaffe, als einzige Möglichkeit, persönlich Gerechtigkeit zu finden, die individuelle Ehre zu verteidigen. Die Gegenseite erscheint dabei unüberwindbar, durch bürokratische Mechanismen verbunden, die undurchdringbar scheinen, da sie sich allgemeingültig geben. Über seinen individuellen Gegenstand geht der Film in einem Nachspiel hinaus: Tötges wird beerdigt, alle Beteiligten, auch Sträubleder, in dessen Landhaus Götten versteckt war, sind anwesend, der Vertreter der Presse, wie kabarettistisch-karikaturistisch auch immer, stellt die Erhaltung eines Prinzips, die Pressefreiheit, die bis zur Freiheit zur Lüge reichen soll, einem persönlichen Ehrbegriff gegenüber, und das Prinzip, nicht der Mensch, scheint ihm in Gefahr.

Damit wird der Film zur Parabel, zum politischen Modell, das sich zur Verdeutlichung seines Ziels einfacher ästhetischer, um nicht zu sagen trivialer Mittel bedient.

‚Die verlorene Ehre der Katharina Blum' ist ein durchaus kommerzieller Film, der, gut gearbeitet, zur Zeit seines Erscheinens, zum Teil auch noch heute, ein Publikum erreichte und erreicht, das über den Kreis der Programmkinogänger hinausgeht.

Deutschland im Herbst

DEUTSCHLAND IM HERBST (1978)

Daten

Drehzeit	November/Dezember 1977
Drehorte	Stuttgart/München
Uraufführung	3. 3. 1978 (Berlin)
Prädikat	besonders wertvoll
Verleih	Filmverlag der Autoren
Länge	124 min.
Format	35 mm/Farbe, sw

Stab (Antigone)

Buch	Heinrich Böll
Regie	Volker Schlöndorff
Kamera	Colin Moulnier
Ton	Klaus Eckelt
Schnitt	Mulle Goetz-Dickopp
Aufnahmeleitung	Herbert Kerz
Produktionsleitung	Eberhard Junkersdorf
Produktion	Pro-ject Filmproduktion/Hallelujah-Film/Kairos-Film

Darsteller	Rolle
Angela Winkler	Antigone
Franzisca Walser	Ismene
Helmut Griem	Kreon
Wolfgang Bächler	Theiresias
Sprecherin	Corinna Spies
und	
Heinz Bennent	
Joachim Bissmeyer	
Dieter Laser	
Mario Adorf	Kommissionsmitglieder
Horatius Haeberle	
Enno Patalas	

Stab (Dornhalden-Friedhof/Daimler-Benz)

Regie	Volker Schlöndorff
Kamera	Jörg Schmidt-Reitwein
Ton	Klaus Eckelt
Schnitt	Beate Mainka-Jellinghaus

„Mich quält, daß Kreon einem unserer Brüder das Grab versagt, . . .

. . . das er dem andern gönnt."

Intendant: „Der Sendetitel der Reihe heißt: Jugend begegnet Klassikern."

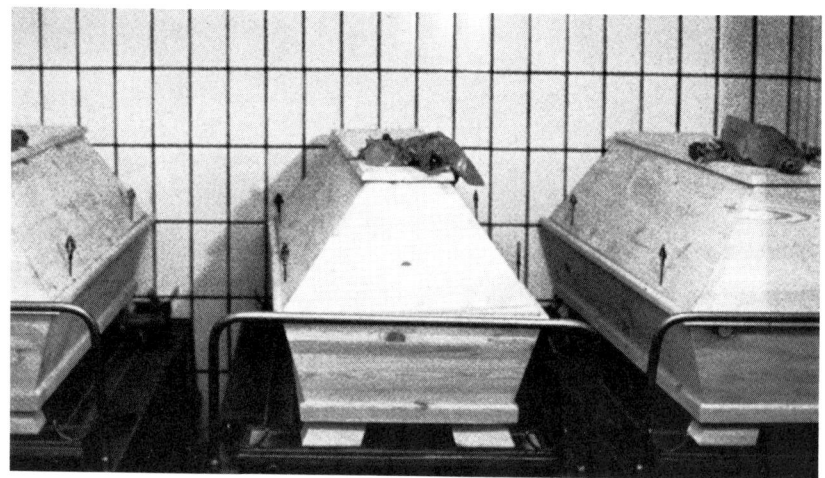

Die Särge von Gudrun Ensslin, Andreas Baader und Jan Carl Raspe.

Antigone heute

Satire von Heinrich Böll
Drehvorlage. Aus: Theater heute, 3/1978, S. 4

In einem Filmvorführraum sitzen die Mitglieder einer Kommission (Parteien, Kirchen etc.), außerdem der Regisseur, der Redakteur, der Intendant. Die Parteizugehörigkeit der Kommissions-Mitglieder wird nicht angesprochen. Der Film läuft an. Die beiden Schauspielerinnen, die Ismene und Antigone spielen, treten in klassischen Gewändern auf und sagen: „Gewaltiges kündend, künden wir doch nicht Gewalt." Danach der Anfang der „Antigone". Sobald der Film abgelaufen ist, zunächst tiefes Schweigen, die Kommissions-Mitglieder blicken einander an.

1. Mitglied	Die Distanzierungsszene ist nicht deutlich genug. Sie ist zu klassisch. Das muß deutlicher herauskommen, setzt sich nicht genug ab.
2. Mitglied	Der Ausdruck „Gewaltiges" ist zu mißverständlich, unter „gewaltig" kann man auch groß verstehen, schicksalhaft — das bringt uns in größte Schwierigkeiten — dieses rebellische Weib, diese Antigone — der Distanzierungstext klingt zu edel. . . (Zum Regisseur) Haben Sie diesen Vers hinzugedichtet?
Regisseur	Es schien mir angebracht, den Distanzierungsvers dem Text von Sophokles anzugleichen — ihn sozusagen stilgerecht dem Stück — fast wie einen Chor — voranzusetzen.
3. Mitglied	Aber gerade dadurch wird die Distanzierung undeutlich: Diese Anspielungen — verweigerte Beerdigung — terroristische Weiber.
Redakteur	Das Stück ist im 5. Jahrhundert vor unserer Zeitrechnung geschrieben. Sophokles.
3. Mitglied	Es ist kein Trost, auf diese Weise zu erfahren, daß es schon im 5. Jahrhundert nun — sagen wir — terroristische Weiber gegeben hat.
Regisseur	Ich habe noch eine zweite Distanzierungsversion. (Gibt Zeichen, Film läuft an.)
Schauspielerinnen,	wieder in klassischen Gewändern: Nicht bestimmt war's uns, Gewaltiges zu künden, Gewalt aber zwang uns, Gewaltiges zu künden.
Wieder Schweigen.	
2. Mitglied	Es müßte mindestens heißen: ‚Gewalttätiges' anstelle von ‚Gewaltiges'.
Regisseur	Das würde den Vers zerstören.
1. Mitglied	Welche Gewalt übrigens sollte die Damen gezwungen haben, Gewalt zu verkünden?
Redakteur	Die Gewalt Kreons, der Polyneikes die Beerdigung verweigert.

1. Mitglied	Die Gewalt eines Gesetzes also?
Intendant	Meine Herren, ich glaube, es ist hier nicht der Ort, über Sophokles zu diskutieren — diskutiert werden muß lediglich, ob die Distanzierung glaubwürdig ist. (Zum Regisseur) Mir scheint auch, daß der Ausdruck ‚Gewaltiges' mißverständlich ist — es müßte schon ‚Gewalttätiges' heißen — dann würde klar, daß in dem Stück zwar Gewalt vorkommt, die beiden Damen selbst aber sich davon distanzieren — diese stilistische Angleichung an Sophokles ist verwirrend.
Regisseur	Ich habe noch eine dritte Distanzierungsversion drehen lassen. (Gibt Zeichen, Film läuft an.)

Die beiden Schauspielerinnen in Alltagskleidung; sprechen im Chor:

Es ist unvermeidlich, auch unübersehbar, daß in manchen Stücken, auch klassischen, Gewalt dargestellt wird — wir distanzieren uns aufs schärfste von jeglicher Form der Gewalt, und wir sagen dies auch im Namen der Regie, der Verwaltung, des gesamten Ensembles, der Bühnenarbeiter, der Kassierer, im Namen aller, die direkt oder indirekt an der Inszenierung mitwirken.

4. Mitglied	Das klingt schon besser, ich finde aber, daß es doch den Sophokles-Text — ich möchte fast sagen — erniedrigt. ...
3. Mitglied	Ja, es wirkt albern, künstlich, ich möchte fast sagen ironisch, es wirkt einstudiert, nicht überzeugend. ... und Ironie ist das, was wir am wenigsten gebrauchen können.
Redakteur	Und wenn wir ganz auf die Distanzierungsszenen verzichten? Einfach nur den Sophokles-Text — ich meine, wenn wir nicht einmal mehr Sophokles inszenieren dürfen...
2. Mitglied	(sehr ärgerlich) Das nächste Wort wird Zensur sein, das übernächste Wort Faschismus (mehr nervös als ärgerlich), verstehen Sie doch unsere Situation: wir kämpfen mit dem Rücken zur Wand — ich frage mich, ob es wirklich notwendig ist, ausgerechnet jetzt Antigone zu inszenieren — verweigerte Beerdigung — aufsässige Weiber — und dieser düstere Seher, dieser Teiresias — ein Vorläufer der Propheten, ein — ein — eine Art vorweggenommener Intellektueller — die Jugend wird das mißverstehen, als eine Aufforderung zur Subversion.
Intendant	Der Sendetitel der Reihe heißt: Jugend begegnet Klassikern.
Regisseur	Die Produktion wird also eingestellt, immerhin stecken schon Produktionskosten drin.
1. Mitglied	Am Geld wird es nicht scheitern — die Produktion — mein Vorschlag — fertigstellen, den Film auf Eis legen,

	bis ruhigere Zeiten kommen.
Intendant	Und was senden wir stattdessen?
4. Mitglied	Wiederholung der Dramatisierung des Bellum Gallicum von Höckner — das war ein sehr instruktives Stück.
Redakteur	Gewalt gegen Gallier, Gewalt der Gallier, römische Gewalt, gallische Gewalt — Vercingetorix, Cäsar.
2. Mitglied	Immerhin ist es ein Kriegsstück, kein Terrorstück.
1. Mitglied	Ich möchte doch hinzufügen, daß es eine sehr gute Inszenierung ist, (zum Regisseur) sehr gut — nur nicht der rechte Zeitpunkt, sie zu senden .

Intendant, Regisseur und Redakteur schauen sich an.

DER KANDIDAT

Film von
lker Schlöndorff
efan Aust
exander von Eschwege
exander Kluge

ILMVERLAG
ER AUTOREN

Gemeinschaftsproduktion der
ect Filmproduktion im Filmverlag
utoren/Bioskop-Film/Kairos-Film

FJS

DER KANDIDAT (1980)

Daten

Drehzeit	Herbst 1979 — Frühjahr 1980
Drehorte	Passau, Hannover, Kreuth, Karlsruhe, Bonn
Uraufführung	18. 4. 1980 (Bundesstart in 40 Städten)
Prädikat	besonders wertvoll
Verleih	Filmverlag der Autoren
Länge	129 min.
Format	35 mm/Farbe, sw

Stab

Buch	Stefan Aust, Alexander von Eschwege, Volker
Regie	Schlöndorff, Alexander Kluge
Kamera	Igor Luther, Werner Lühring, Jörg Schmidt-Reitwein, Thomas Mauch, Bodo Kessler
Ton	Manfred Meyer, Vladimir Vizner, Anke Apelt, Martin Müller
Schnitt	Inge Behrens, Beate Mainka-Jellinghaus, Jane Sperr, Mulle Goetz-Dickopp
Produktion	Pro-jekt Filmproduktion im Filmverlag der Autoren / Bioskop-Film / Kairos-Film

,,Als wäre es nicht tragisch, daß in Deutschland die Alten den Jungen den Platz weg-
nehmen.''

,,Das erste Gewehr der Bun-
deswehr.''

,,Bedingt abwehrbereit''

,,Ein Nachmittag bei Ernst Albrecht.''

„4 Momente aus 20 Jahren, die alle einmal Leben waren.''

„Auf dem Parteitag der Wünsche.''

Die Gemeinschaftsfilme

,Deutschland im Herbst' und ,Der Kandidat'

Zweimal schon hat Volker Schlöndorff — außer mit seiner Frau — gemeinsam mit anderen deutschen Filmemachern Beiträge zu einem Gemeinschaftsprojekt geliefert: 1977/78 zu ,Deutschland im Herbst' mit Alexander Kluge, Alf Brustellin, Rainer Werner Fassbinder, Edgar Reitz, Bernhard Sinkel, Katja Rupé und Hans Peter Cloos und 1979/80 zu ,Der Kandidat' mit Alexander Kluge, Stefan Aust und Alexander von Eschwege.
Bei beiden Projekten ging vom Filmverlag der Autoren die Initiative aus, zu einer bestimmten gesellschaftlichen Situation der Bundesrepublik mit dem Medium Film Stellung zu beziehen, sie zu dokumentieren mit Bildern und Beiträgen, wie sie ein ausgewogenes, d.h. um seine Möglichkeiten und Fähigkeiten beschnittenes Fernsehen nicht zeigen kann. Beide Male erfüllte das Kino wieder eine Funktion als Öffentlichkeitsmedium, als Aufklärungsmedium, als historisches Bewußtsein und Gedächtnis, wie es sie seit seiner Entstehung nur selten gehabt hatte.
,Deutschland im Herbst' behandelt den deutschen Herbst 1977, der die gesamte Nation aufschreckte, nach der Entführung des Präsidenten des Arbeitgeberverbandes Hanns Martin Schleyer, nach der verstärkten Terroristenjagd, nach der Befreiung von Geiseln in Mogadischu am 18. Oktober durch eine Spezialeinheit des Bundesgrenzschutzes, nach den Selbstmorden am gleichen Tage von Jan Carl Raspe, Gudrun Ensslin und Andreas Baader in der Gefängnisanlage in Stuttgart-Stammheim, nach der Entdeckung der Leiche Hanns Martin Schleyers am 19. Oktober.
Schon eine Woche später machten Schlöndorff und Kluge Aufnahmen bei zwei Ereignissen in Stuttgart: beim Staatsakt für Hanns Martin Schleyer am 25. und bei der Beerdigung der in Stammheim gestorbenen Terroristen am 27. Oktober. Die Bilder des Staatsakts, auffahrende schwarze Mercedes-Limousinen, im Hintergrund stolz wehende Esso-Fahnen, stehen am Anfang des Films, Bilder von vermummten Trauergästen an den Terroristengräbern, im Hintergrund eine berittene Polizeistaffel am Waldrand, beendet ihn. Interessant der Hinweis, den Kluge mit einer Wochenschau-Erinnerung gibt: Die Beerdigung Generalfeldmarschalls Erwin Rommel, der auf höchsten Befehl aus Staatsräson Selbstmord beging. Der Sohn Rommels, Bürgermeister in Stuttgart, war es, der den drei Terroristen ein menschenwürdiges Begräbnis verschaffte.
Verwirrende Entsprechungen, verwirrende Unterschiede. Nicht, sie zu klären, versucht dieser Kollektivfilm über diesen deutschen Herbst, sondern sie darzustellen, offenzulegen, Fragen zu stellen. Darin liegt die Stärke des Films, daß er sich offenhält, offen auch für Beiträge ganz unterschiedlichen Stils und unterschiedlicher Qualität.
Schlöndorffs Beitrag zu diesem Film ist — neben den hervorragenden Aufnahmen der Stuttgarter Beerdigung — wiederum eine ,Literaturverfilmung'. Heinrich Böll schrieb die Vorlage: der Programmbeirat einer Fernsehanstalt

diskutiert die Produktion von Sophokles' ‚Antigone' und beschließt, den Film trotz Distanzierung des Regisseurs im Vorspann („Gewaltiges kündend, künden wir doch nicht Gewalt") nicht zu senden. Selbst eine Generalabsicherung genügt nicht: „Es ist unvermeidlich, auch unübersehbar, daß in manchen Stücken, auch klassischen, Gewalt dargestellt wird, — wir distanzieren uns aufs schärfste von jeglicher Form der Gewalt, und wir sagen dies auch im Namen der Regie, der Verwaltung, des gesamten Ensembles, der Bühnenarbeiter, der Kassierer, im Namen aller, die direkt oder indirekt an der Inszenierung mitwirken."

Schlöndorff, zu jener Zeit selbst als ‚Sympathisant' verdächtigt, nicht zuletzt wegen seines Films ‚Die verlorene Ehre der Katharina Blum' und einiger politischer Äußerungen und Aktivitäten (er unterstützte den Rechtshilfefond für die in Stammheim einsitzenden Terroristen), hat die satirische Vorlage Bölls unter Mitwirkung seiner Stammschauspieler (Angela Winkler, Mario Adorf, Dieter Laser u.a.), die typischen Verhaltensweisen der Kommissionsmitglieder ausstellend, ins Bild gesetzt. Das hat ihm den Vorwurf eingebracht, er klischiere, mehr noch, er karikiere.

Tatsächlich jedoch bildet Schlöndorff nur ab, aber er bildet Personen und ein Gremium ab, die real bereits wie ihre eigene Karikatur funktionieren. Solche Kommissionen tagen zuhauf, solche Beschlüsse fallen zuhauf, die Realität hat die satirischen Möglichkeiten längst eingeholt, hat den Überspitzungen vorhandener Tendenzen, Prinzip des Satirischen, längst jede Spitze abgebrochen. Daß Satire zur Realität wird, ist eine gesellschaftliche Entwicklung, auf die Böll und Schlöndorff in ihrem Beitrag zu ‚Deutschland im Herbst' aufmerksam machen.

Ganz anders zwei Jahre später in ‚Der Kandidat'. Hier liefert Schlöndorff nur Dokumentaraufnahmen, dabei erweist er sich als sensibler Beobachter und Dokumentarist. Bis auf wenige Stellen enthält sich dieser Film der Satire, obwohl sein Stoff dazu herausfordert, da seine Hauptperson durchaus in den Bereich der Realsatire vorstoßen kann: Franz Josef Strauß, der Kandidat für das Amt des Bundeskanzlers bei den Bundestagswahlen 1980. Und gerade durch dieses Prinzip, sich der bewußten Satire zu enthalten, verdeutlicht dieser Film, daß die Realität die satirische Überspitzung innerhalb der letzten zwei Jahre nur noch weiter eingeholt hat. Szenen von den Kundgebungen Franz Josef Strauß', vom Aschermittwoch in Passau, vom „seitlich des Elbeseitekanals" wandernden Bundespräsidenten, dem es nicht gelingt, sich volkstümlich zu geben, der in großbürgerlich-bremischer Steifheit verharrt, die Minuten vom Treffen des niedersächsischen Ministerpräsidenten Albrecht mit dem bayrischen Ministerpräsidenten, die für Presseaufnahmen bestimmt sind, ihre peinlich (un)gezwungene Unterhaltung über Arbeitszimmer und die Versicherung, einander nie Rivalen zu sein: all das besitzt eine Komik, die eine Denkweise der Beteiligten verrät, die sich nicht einmal bewußt ist, satirisches Abbild der eigenen Person zu sein. War vor zwei Jahren noch die Inszenierung einer satirischen Drehvorlage notwendig, so genügt heute das Abfilmen von realen Vorgängen.

Neben solchen Szenen einer inneren Komik berichtet ‚Der Kandidat' in

220

sachlich-raschem Panoramastil über die Affären des Franz Josef Strauß: über die Fibag-, Starfighter-, HS-30-, Onkel-Alois- und Spiegel-Affäre, stellt die politischen Ansichten des Kandidaten in Redetexten, öffentlichen Veranstaltungen und ‚privaten' Szenen aus Wochenschaumaterial, also doch öffentlichen Szenen, dar. Daß daraus eine Warnung vor diesem Mann entsteht, ist nicht primär den Autoren und ihrer Montage des Films anzulasten, sondern dem Porträtierten, über den nur juristisch Nachweisbares berichtet wird.

‚Der Kandidat' geht einen Schritt weiter als ‚Deutschland im Herbst'. Ging es damals darum, die politischen Verwirrungen und die Rat- und Hilflosigkeit der Filmemacher zu dokumentieren, so versucht dieser Film, durch gezielte Aufklärung Einfluß zu nehmen auf eine bevorstehende demokratische Entscheidung: die Bundestagswahl 1980. Film als parteiliches Öffentlichkeitsmedium, Film also in einer Funktion, die das Fernsehen durch Ausgewogenheit und Pluralismus nicht besitzt.

Beide Filme sind, wenn auch nach ästhetischen Kriterien nicht in allen Passagen gute Filme, so doch wichtige Versuche, dem deutschen Film eine öffentlich-aufklärerische Dimension zu verleihen.

DER FANGSCHUSS

DER FANGSCHUSS (1976)

Daten

Drehzeit	Winter 1976
Drehort	Burgenland
Uraufführung	22. 10. 1976 (Hamburg)
Prädikat	besonders wertvoll
Verleih	Filmverlag der Autoren
Länge	95 min.
Format	35 mm/sw
Sendetermin	7. 1. 1979 (ARD)

Stab

Buch	Geneviève Dorman, M.v.Trotta, Jutta Brückner
Regie	Volker Schlöndorff
Kamera	Igor Luther
Tonschnitt	Alexander Rupp
Schnitt	Jane Sperr/Henri Colpi
Aufnahmeleitung	Willi Wulf
Produktionsleitung	Herbert Kerz
Herstellungsleitung	Eberhard Junkersdorf
Produktion	Bioskop-Film/Argos-Film, Paris/HR
Musik	Stanley Myers
Kostüme	Sybille Danzer

Darsteller	Rolle
Margarethe von Trotta	Sophie von Reval
Rüdiger Kirschstein	Konrad von Reval
Mathias Habich	Erich von Lhomond
Valeska Gert	Tante Praskovia
Matthieu Carrière	Volkmar
Franz Morek	Grigori Loew
u.v.a.	

Der Film ist Jean-Pierre Melville gewidmet.

Preise

Preis Vittorio De Sica, Neapel 1976
Bundesfilmpreis für Regie

,,Erbarmung, Erbarmung!"

Konrad: ,,Stell Dir einfach vor, wir seien Gäste eines Jagdfestes, das bis Kriegsende dauert."

Konrad: ,,Weißt Du, man kann noch so gut vorbereitet sein, es ist immer wieder dasselbe Grauen."

Konrad: ,,Wir werden schon wieder alles in Ordnung bringen, so wie es einmal war."

„Du sagst ja gar nichts, Tantchen."

„Alarm!"

„Freundschaft ist mir wichtiger."

„Ist nicht Erich von Lhomond auch hier?"

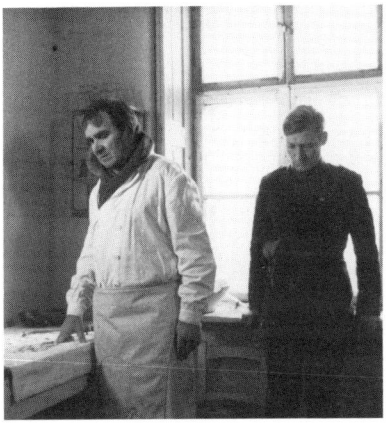

„Ich muß es Ihnen sagen: Ich hab mich in Sie verliebt."

„Er war besoffen und hat sie sich vorgenommen."

„Legt an!"

„Wenn Sie eine andere Frau wirklich
lieben würden, fiele es mir leichter zu
verzichten."

Franz: „Ich würde Ihnen so gerne
helfen. Kann ich nichts für Sie tun?"

„Schnee im Getriebe ist schlecht für
die Liebe."

Filmstory

Insert	An der Ostsee zwischen Polen und Rußland liegen die Länder Estland, Livland, Kurland. Diese Provinzen — auch Baltikum genannt — waren seit dem 13. Jahrhundert vom deutschen Ritterorden kolonisiert, herrschende Sprache und Kultur waren deutsch, politisch gehörten sie zum Reich der Zaren. Am Ende des 1. Weltkriegs und in der Folge der russischen Revolution errangen Esten und Letten in einem langen Bürgerkrieg ihre Unabhängigkeit von ,deutsch-baltischen' Baronen.

In der dunklen, nebeligen Nacht ziehen zwei Männer mit einem Pferd durch eine öde Landschaft, überqueren eine Brücke, Granaten schlagen ein.

Insert	Baltikum 1919/20

Die beiden Männer geben einen Leuchtschuß ab, vor ihnen liegt das Herrenhaus eines Gutes, Schloß Kratovice.

Stimme Erich von Lhomonds	Ich erinnere mich nur dunkel an die wirren Episoden jenes Bürgerkrieges gegen die Bolschewisten, den wir in Livland und Kurland führten. ,Die Toten reiten schnell', heißt es in einer alten Ballade, die Lebenden tun's manchmal auch.

Die beiden Heimkehrer betreten das Herrenhaus.

> Für Konrad muß es die Rückkehr in die Welt seiner Kindheit gewesen sein. Schloß Kratovice lag an der Grenze, an jenem verlorenen Winkel Osteuropas, dessen russische, lettische und deutsche Ortsnamen heute niemandem mehr etwas sagen.

Der junge Herr, Konrad von Reval und sein Begleiter, Erich von Lhomond, werden freudig empfangen, oben auf der Treppe kreischt Tante Praskovia zur Begrüßung. Ein Diener teilt mitten in einer kurzen Beschreibung der politischen Lage des Partisanenkrieges mit, daß er die Nachthemden zum Anwärmen schon in die Ofenröhre gelegt habe, wie früher.

Die Offiziere, die in dem Herrenhaus Quartier genommen haben, speisen, Sophie ißt auf ihrem Zimmer. Sie besucht ihre Tante, wünscht ihr eine gute Nacht, sie unterhalten sich teilweise auf französisch.

Konrad und Erich gehen zu Bett, im gleichen Zimmer, eine feste Männerfreundschaft. Sophie legt sich ebenfalls schlafen.

Stimme Erichs	Sophie war verändert. Bis zu unserer Rückkehr mußte sie in ihrem eigenen Haus wie eine Gefangene gelebt haben.

Sophie geht mit ihrem Bruder spazieren. Er berichtet ihr von den Schrecken des Krieges.

Sophie	Unsere Leute sind alle weg, bis auf Mila und den alten Michel.
Konrad	Wir werden schon wieder alles in Ordnung bringen, so, wie es einmal war.

Sie treffen Erich.

Erich   Wo wart Ihr? Spazieren?

      . . .

      Komm, wir müssen dafür sorgen, daß die Unterkünfte
      entlaust werden, die Leute sind unglaublich verdreckt.

Nach dem Essen, diesmal waren Sophie und die Tante anwesend, begibt sich
die Gesellschaft in den Salon. Erich sitzt am Klavier, gehobene Stimmung.
Ein Diener bringt Kaffee. Sie stimmen das Klavier, Musik spielt auf, da unterbricht Alarm das gemütliche Beisammensein.
Am nächsten Morgen werden an die Freiwilligen und die Dorfbewohner Ver-
haltensmaßregeln zur Bekämpfung der roten Partisanen ausgegeben. Ein
Deutscher, der zu den Roten übergelaufen ist, ist gefangen worden, Erich
spricht kurz mit ihm. Aus Darmstadt komme er, sagt der deutsche Partisan.
Erich sitzt am Schreibtisch, Sophie bringt ihm zu essen.

Sophie   Warum sind Sie ausgerechnet nach Kratovice gekommen,
      Erich?

      . . .

Erich   Vielleicht steh ich gern auf verlorenem Posten.

      . . .

Sophie   Unsere Tradition wird die neue Zeit nicht aufhalten.
Erich   Niemand kann sich seine Geschichte aussuchen.
Sophie   Doch.
Erich   Sie sollten jetzt schlafen gehen, Sophie.
Sophie   Haben Sie eine Geliebte?
Erich   Nein. . . Frauen suchen immer nach einer Beziehung auf
      Dauer. Freundschaft ist mir wichtiger.
Sophie   Als Liebe?
Erich   Vor allem, weil sie zuverlässiger ist.

Sophie bei einer Kleideranprobe.

Stimme Erichs Sophie sympathisierte offen mit den Roten im Dorf.
      Besonders Grigori Loew, der Sohn der jüdischen Schnei-
      derin und Hebamme, war ihr Freund.

Sophie besucht Grigori, läßt sich dabei ein Kleid anmessen. Er versucht, sie
über Kriegspläne auszuhorchen und analysiert die Lage Erichs, der in Berlin
ein arbeitsloser Offizier wäre, hier aber noch den Herren spielen könne. Sophie fährt mit dem Rad ins Schloß zurück.
In einem Gartenhaus trifft sie mit Erich zusammen.

Sophie   Ich muß es Ihnen sagen, ich hab mich in Sie verliebt.
      Wenn Sie wollen. . .
Erich   Ich habe keinerlei Hoffnung, irgendwo in Europa mein
      Einkommen zu verdienen. . .
      Sie kennen mich doch überhaupt nicht.
Sophie   Wir waren doch als Kinder immer zusammen.
Erich   Ich erinnere Sie an Ihren Bruder. . .
      Ich bin kein Mann für Sie.
Sophie   Es muß ja nicht ernst sein.

| Erich | Mit Ihnen ist es immer ernst. |

Sophie bringt Grigori die Zeitungen, die sie geliehen hatte, zurück. Sie möchte neue Lektüre. Grigori fragt sie, weshalb gerade sie das lese und fährt fort:

Grigori	Was hält Dich im Schloß? Dein Bruder oder Lhomond?
Sophie	Soll ich mit Euch kommen?
Grigori	Was würde Lhomond dazu sagen?

Grigori schenkt Sophie zum Abschied einen Gedichtband von Georg Trakl. ‚Folge immer der Stimme deines Herzens', lautet seine Widmung.

Im Schloß herrscht wieder ein gemütliches Beisammensein, man spielt Karten, Sophie sitzt am Kamin, Erich setzt sich dazu, warnt sie, nicht immer zwischen den politischen Fronten hin- und herzugehen, das sei gefährlich.

| Erich | Und wenn man Sie eines Tages als Geisel behält, um uns zur Übergabe zu zwingen? |
| Sophie | Würden Sie übergeben? |

Im Lazarett herrscht Typhus. Erich besucht den Arzt, sie kommen auf Sophie zu sprechen. Der Arzt berichtet ihm, Sophie sei einst von einem betrunkenem Soldaten vergewaltigt worden. Konrad habe das niemals erfahren. Sophie geht mit zum Lazarett. Der gefangene Deutsche wird vorbeigeführt. Die Soldaten unterhalten sich mit ihm, bis Konrad kommt und den Befehl zur Erschießung gibt.

Sophie pflegt Kranke im Lazarett. Erich kommt vorbei, will auf Patrouille, Sophie begleitet ihn. Sie gehen an Schützengräben entlang. Unterdessen dichtet Konrad ein Glasdach ab. Es regnet in Strömen. Sophie und Erich stellen sich in einer Hütte unter. Sophie zieht sich aus, um ihre Sachen über einem Ofen zu trocknen.

| Sophie | Wenn Sie eine andere Frau wirklich lieben würden, fiele es mir leichter zu verzichten. |
| Erich | Da kennen Sie sich aber schlecht. |

Auf dem Rückweg kommen Erich und Sophie in einen Angriff der Partisanen. Loew ist einer der Angreifer. Erich und Sophie bringen sich im Schützengraben in Sicherheit.

Sophie liegt im Bett, steht auf, schaut aus dem Fenster, wäscht sich, geht frühstücken. Das Eßzimmer ist leer, nur am Klavier sitzt ein Mann und spielt. Sophie singt ein Lied, er begleitet sie.

Ein Auto fährt durch die Schneelandschaft, während der Fahrt wird gejagt, gelacht, man ist guter Stimmung.

| Stimme Erichs | Wir waren nach Riga gefahren, um die Einzelheiten der nächsten Offensive zu besprechen. Im Hauptquartier erfuhren wir, daß die Alliierten die neue Regierung der Sowjets begünstigten und damit unserem verbohrten Widerstand jeden Sinn nahmen. |

Das Auto trifft beim Schloß ein. Abends werden Sekt und Pralinen aufgetischt, gemütliches Beisammensein. Man spricht über alte Frauenbekanntschaften. Franz, er hatte Sophie auf dem Klavier begleitet, kommt hinzu. Sophie begrüßt ihn, flirtet mit ihm. Erich macht sich Sorgen um den Sinn des Kämpfens, da die Bevölkerung gegen ihre Hilfe sei und aus Deutschland auch keine Unterstützung käme. Sophie wünscht eine gute Nacht und zieht sich mit Franz zurück, bringt ihrer Tante noch Konfekt vorbei. Sophie sieht aus dem Fenster, beobachtet Erich und Konrad, die im Schnee spielen. Franz liegt auf Sophies Bett, sie schminkt sich. Er erzählt einen Traum, in dem er sich auf dem Friedhof mit durchschnittener Kehle gesehen habe. Einige Männer tragen einen Toten ins Haus. Es ist Franz, seine Kehle ist durchschnitten. Sophie nimmt es sehr gefaßt auf. Ein Totengräber hackt in die vereiste Erde ein Grab.

Erich beobachtet Sophie, wie sie in dem Gartenhaus einen Soldaten liebt. In der Küche findet ein Fest statt, Sophie tanzt und trinkt mit Soldaten und Gesinde. Erich, der sich gestört fühlt, geht in die Küche herunter. Sophie ist betrunken, balanciert aber noch auf einem Stuhl, mit einem Fuß am Tisch die Waage haltend. Sie stürzt, Erich fängt sie auf, sie gehen auf Sophies Zimmer, auf der Treppe muß sie sich übergeben. Erich bringt sie ins Bett.

Sophie   Gehen Sie weg, ich schäme mich so.

Erich   Ich tue für Sie nur, was ich für Konrad und für jeden unserer Kameraden auch getan hätte.

Am nächsten Tag verbrennt Sophie im Lazarett die Laken und Kleider der Typhus-Patienten. Sie hofft, sich anzustecken.

Erich ißt in der Küche, das Mädchen bedient ihn. Sophie kommt hinzu, reagiert eifersüchtig.

Erich   Eines sehen Sie bei aller Hysterie völlig richtig, wenn mir jemals nach einer Frau zumute wäre, wären Sie die letzte, an die ich denken würde.

Sophie verläßt den Raum.

Bei einem abendlichen Spaziergang im Park entdeckt Erich, daß bei Sophie noch Licht brennt. Er geht in ihr Zimmer und verdunkelt das Fenster.

Sophie   Verantwortung und Disziplin. Alles andere haben Sie doch in sich getötet. Zur Leidenschaft sind Sie doch völlig unfähig. Sie hängen sehr am Leben, Erich.

Erich tritt nah an Sophie heran, nimmt sie mit auf den Balkon nach draußen, ein Flugzeug greift an, Schüsse rattern, die Scheune des Gutes wird getroffen, brennt. Sophie und Erich laufen wieder in ihr Zimmer, Sophie umarmt Erich, sie zieht ihn auf den Boden herab, sie küssen sich, aber Erich stößt Sophie von sich. Feueralarm. Tante kreischt aufgeregt, Soldaten rennen umher, Löscharbeiten.

Am nächsten Morgen kommt ein Trupp Soldaten. Ein Bekannter Erichs, Volkmar, begleitet ihn.

Erich   Wieviel Mann bringen Sie uns?

Volkmar   Bitte, das ist nicht meine Mission. Von Wirtz schickt mich, um Sie abzuholen. Wir müssen das Baltikum räumen. Die letzten deutschen Einheiten müssen bis Jahreswende die Grenze überschritten haben. Alliierte Vertreter werden den Rückzug kontrollieren.

Erich besucht Tante Praskovia auf ihrem Zimmer. Die Tante erzählt ihm,

Sophie sei mit Volkmar ausgeritten und fragt ihn, ob es wahr sei, daß Sophie Volkmar heiraten wolle. Die Tante und Erich schneiden während ihres Gespräches mit einem Messer Zeitungen auf Toilettenpapiergröße zurecht. Erich schneidet eifrig.

Tante   Hör doch auf mit dem Schneiden, macht mich ganz verrückt. Soviel brauchen wir doch gar nicht.

Erich betritt das Zimmer Sophies. Volkmar ist da.

Volkmar   Zigarette?

Erich   Danke.

Sie rauchen, peinliches Schweigen. Erich verläßt den Raum.

Lagebesprechung. Ein General ist mit seinen Leuten eingeschlossen, Erich schlägt vor, ihn „rauszuhauen" und entwirft einen Schlachtplan.

Erich   Hauptprobe am 1. Weihnachtstag.

Das Weihnachtsfest wird vorbereitet. Der Baum wird geschmückt. Erich und Konrad haben einen Mistelzweig von einem Baum im Garten gepflückt, die Feier findet statt mit Musik und Tanz, Tante Praskovia singt einen Walzer, das Klavier spielt dazu, Sophie tanzt. Erich feiert nicht mit, er ist auf seinem Zimmer, Konrad holt ihn. Als er das Festzimmer betritt, sieht er Sophie verschiedene Männer unter dem Mistelzweig küssen, ohrfeigt sie, Sophie stürzt, Volkmar fordert Satisfaktion, Tante Praskovia setzt sich ans Klavier und beruhigt die Gemüter mit ihren Akkorden, die sie auf den Tasten hämmert.

In seinem Zimmer packt Erich seine Sachen. Er will ins Feld. Sophie schleicht an seine Zimmertür, flüstert:

Sophie   Erich, hören Sie mich? Ich liebe Sie. . . Ich bitte Sie um Vergebung.

Erich flüstert von innen.

Erich   Liebe Sophie, ich packe gerade, warten Sie, bis wir aus Kola zurück sind.

Sophie   Ich liebe Sie.

Erich setzt sich aufs Bett des schlafenden Rudolf, drückt ihm zum Abschied die Hand.

Am nächsten Morgen ist Abmarsch. Der Zug setzt sich in Bewegung. Überblendung.

Volkmar kommt als Meldereiter auf der gleichen Straße zurück. Er ist verwundet, meldet, daß Erich mit seinen Leuten eingeschlossen sei. Volkmar soll Hilfe holen. Sophie verbindet ihm die Wunde.

Volkmar   Man hat mir eine Stellung angeboten. Ich werde meinen Abschied von der Armee nehmen. Sophie, wollen Sie meine Frau werden?

Sophie   Das geht nicht.

Volkmar   Ich dachte es mir. Er nimmt die Schwester in Kauf, um den Bruder zu kriegen. Sie wissen doch von der Geschichte in Riga?

Sophie geht ins Haus zurück, Volkmar reitet weiter. Sie geht zu ihrem Bruder, der in der Kommandozentrale am Telegrafen sitzt, streichelt, küßt ihn.

Erich kommt mit dem Rest seiner Leute zurück. Er geht sofort zu Sophie, die ihm schon auf der Treppe entgegenkommt.

Sophie   Ich gehe.
Erich   Wo wollen Sie hin?
Sophie   Das geht Sie nichts an.
Erich   Sophie, es ist mir klargeworden, daß das Leben, das ich bis jetzt geführt habe. . .
Sophie (unterbricht ihn)   Ich habe es satt. . . Ihr und eure Männerfreundschaft. Den Krieg braucht ihr doch nur, um euch auszuleben. Wenn Sie solche Gelüste haben, dann nehmen Sie sich einen Stallburschen und befriedigen Sie sich. Aber nehmen Sie nicht mich als Alibi.
Erich   Ich nehme an, diese Gemeinheiten haben Sie von Volkmar.
                . . .
                Die Straßenmädchen haben nicht die Rolle der Sittenpolizei zu spielen.

Sophie spuckt Erich ins Gesicht, läuft weg. Sie entfernt sich auf einer verschneiten Straße.

Stimme Erichs   Ich kannte Sophie zu gut, um zu wissen, daß wir sie nie wieder lebend in Kratovice sehen würden. Trotzdem blieb ich überzeugt, daß wir uns eines Tages wieder begegnen würden. Ich glaube, ich hätte sie auch dann unbehelligt davonziehen lassen, wenn ich die genaueren Umstände unseres Wiedersehens vorausgesehen hätte.

Im Haus von Grigori Loew findet eine Hausdurchsuchung statt. Erich leitet die Durchsuchung. Grigoris Mutter verbrennt noch schnell ein paar Flugblätter im Ofen, aber Erich entdeckt das. Die Mutter erzählt, daß Sophie bei ihr gewesen sei und einen Männeranzug haben wollte.

Konrad ist überzeugt, daß Sophie alle ihre Pläne an Loew verraten habe.

Erich   Mata Hari ist sie nicht.

Eine Ordonanz bringt die Meldung, daß ein Entlastungszug an die Bahnstation geschickt worden sei.

Stimme Erichs   Seit Sophie verschwunden war, herrschte in dem harmlosen Haus die Grabesstille eines Klosters. . .
                Dann war auch diese Stellung nicht mehr zu halten, und wir brachen auf, um Deutschland zu erreichen, solange der Rückzug noch offen war.

Auf dem Rückzug wird Konrad von einer Granate getroffen. Auf dem Pferdewagen, der ihn transportieren soll, stirbt er.

Schießerei in einer Ziegelei. Die Partisanen verteidigen ihr Versteck, aber Erichs Truppe siegt, indem sie von hinten in das Gebäude eindringt. Grigori Loew will fliehen, wird erschossen. Sophie, in Partisanenmontur, kommt aus dem Haus. Sie wird gefangengenommen.

Verhöre. Erich verhört auch Sophie. Sie verweigert jede Aussage.

Erich   Sie wissen, daß keine Gefangenen mehr gemacht werden, auf beiden Seiten?

Sophie	Ja, ich weiß.

Erich erzählt, Grigoris Mutter habe ihm berichtet, Sophie habe Loew geheiratet.

Sophie	Nein.
Erich	Aber Sie haben mit ihm geschlafen?
Sophie	Sie haben sich ja auch eingebildet, ich sei mit Volkmar verlobt.
	...
Erich	Lebt jemand von Ihrer Familie in Deutschland?
Sophie	Sie wollen mich nach Deutschland zurückbringen? Ist das auch Konrads Vorstellung?
Erich	Konrad ist tot.
Sophie	Das tut mir leid für Sie, Erich.

Erich umarmt Sophie, verspricht, für sie und ihre Kameraden sein Möglichstes zu tun.

Sophie	Soviel verlange ich gar nicht von Ihnen.
Erich	Sie wollen mir wohl nichts schuldig bleiben?
Sophie	Es ist nicht einmal das.

Sophie geht hinaus, sie hat Erichs Zigarettenetui mitgenommen. In einem Eisenbahnwaggon, der als ihr Gefängnis dient, rauchen Sophie und ihre Kameraden von Erichs Zigaretten, die letzten. Als der Entlastungszug für den Rückmarsch kommt, werden die Gefangenen erschossen. Sie knien der Reihe nach hin, Genickschuß.

Sophie ist die letzte. Sie verabschiedet sich durch Blicke von Erich, der etwas entfernt steht. Dann kommt der alte Diener des Gutes zu ihm gelaufen.

Diener	Das Fräulein bittet. Sie möchte, daß Sie es machen.

Erich geht zu Sophie und erschießt sie.

Erich und seine Leute fahren — nach einem Gruppenfoto — mit dem Zug ab.

Der alte Diener bleibt zurück, einen Spaten in der Hand.

Der Zug entfernt sich langsam von der Bahnstation.

Erich: ,,Wenn wir jetzt aufgeben, war alles sinnlos.''

,,Konfekt. Das eß ich gern.''

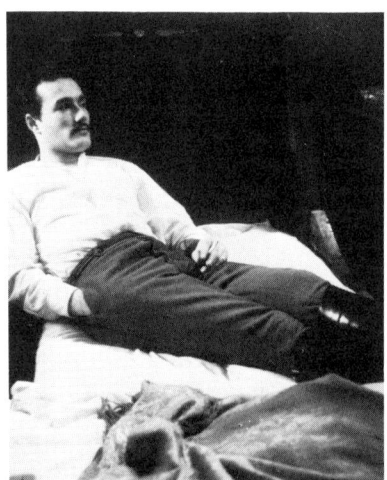

,,Ich werde in den nächsten Tagen sterben, Sophie.''

Sophie vergnügt sich in der Küche.

„Die will sich doch nur an-
stecken hier."

„Zigarette?"

Erich und Konrad pflücken Misteln zum Fest.

Weihnachten.

„Ich hatte auf dem Weg hierher hundert Möglichkeiten umzukommen.
Wahrscheinlich hat Erich deswegen
gerade mich geschickt."

Grigori Loew.

Der Fangschuß.

Kommentar

Nach dem großen Erfolg seines Films ‚Die verlorene Ehre der Katharina Blum' (eine halbe Million Zuschauer in 12 Wochen) hat sich Volker Schlöndorff an die Verfilmung eines Stoffes gemacht, den er schon lange hatte verfilmen wollen, den Roman der 1903 geborenen Autorin Marguerite Yourcenar ‚Le Coup de grâce', der 1939 erschienen ist. Seit 1962 erst gibt es eine Übersetzung mit dem Titel ‚Der Fangschuß'. Das Buch zu diesem Film schrieben Jutta Brückner, Geneviève Dorman und Margarethe von Trotta, die auch die Hauptrolle spielt.

Der Film beginnt im Herbst 1919 und endet im Winter 1920. Im Baltikum sammeln sich zwei Jahre nach der Oktoberrevolution freiwillige Freicorps meist deutscher Herkunft, die gegen die Unabhängigkeitsbestrebungen der baltischen Bevölkerung von der Herrschaft des Nachhut des Feudaladels kämpfen. Der Bürgerkrieg, meist ein Partisanenkampf, ist gegen die Erhaltung der alten ständischen Ordnung der Großgrundbesitzer gerichtet, die seit Jahrhunderten die Bevölkerung knechtet. Dieser Bürgerkrieg gibt ausgedienten deutschen Offizieren die Möglichkeit, nach dem Ende des Ersten Weltkriegs, weiterhin Krieg zu führen, um in der Heimat dem Schicksal des arbeitslosen Offiziers zu entgehen. Erich von Lhomond gehört zu ihnen. Er schließt sich Konrad von Reval an und beteiligt sich am Kampf um die alte Ordnung auf Schloß Kratovice und Umgebung.

Diese historische und soziale Situation spielt in Schlöndorffs Film eine untergeordnete Rolle. So weiß man selten genau, wer nun eigentlich auf wessen Seite kämpft und warum, die Kriegssituation dient mehr als handlungsreicher und bewegter Hintergrund mit Donner, Krachen und Granatenschlag, wobei die Stimmung des Kameradschaftsabends auf Schloß Kratovice auch nicht fehlt. Erhellt wird die politische Lage auch nicht gerade dadurch, daß Sophie von Reval munter zwischen den Fronten hin- und herpendelt, Lesestoff und Zuneigungsbeweise ihres Freundes Grigori Loew, der zu den Bolschewiki gehört, annimmt, um dann doch auf Schloß Kratovice zu bleiben. Sophies endgültiger Wechsel auf die Seite der Aufständischen ist dann auch nicht politisch motiviert, er ist Resultat einer heftigen, aber enttäuschten Liebe zu Erich von Lhomond. Die Liebesgeschichte ist es, die bei diesem Film im Mittelpunkt steht, die politische Lage ist Kulisse, austauschbar. Es ist nicht einmal die Geschichte einer Emanzipation, denn Sophie geht aus Trotz, Resignation und Enttäuschung auf die aufständische Seite, nicht aus politischer Überzeugung oder gar aus Einsicht in den historisch notwendigen Untergang ihrer Klasse. Was bleibt, ist eine Liebesgeschichte, trivial und theatralisch: Der Geliebte, der die Liebe zurückweist, ist es, der den tödlichen Schuß abgibt. Das Problem der homoerotischen Beziehung zwischen Konrad und Erich und deren Verhältnis zu Frauen bleibt ausgeblendet, im Gegenteil, für Sophie ist das, ganz im Sinne des Klischees, der endgültige Auslöser, für ihre abgewiesene Liebe und Erniedrigung Rache zu nehmen, aber eine Rache, die nicht primär Erich als vielmehr sie selbst trifft. Der Wechsel zu den Partisanen ist eine Form langsamen Selbstmordes, nachdem eine Typhusansteckung im Lazarett nicht gelang. Das ist alles andere als überlegtes emanzipatorisches Verhalten, als das es verbal manchmal daherkommt („Unsere Tradition wird die neue Zeit nicht aufhalten."), das ist naive Trotzreaktion.

Auch der Umstand, daß Erich von Lhomond selbst den Todesschuß abgeben muß, im ersten Moment die tragische Ungeheuerlichkeit, kann so tief nicht nachempfunden werden, da der Film die sexuelle Veranlagung Erichs und damit die daraus resultierenden Probleme im unklaren läßt. Erich erscheint konfliktlos, als konsequent agierender Offizier, dem Ehre, Ordnung, Disziplin über alles gehen. Stellt sich Sophie gegen diese Ordnung, ist sie sein Feind. Das ist borniert, aber nicht tragisch. Der Todesschuß wird hohles Pathos.

Sophie und Erich, die beiden Hauptfiguren, sind in ihren Problemen nicht voll ausgeschöpft. Auch die anderen Figuren bleiben konturenlos, allen voran Konrad, der Bruder Sophies. Er ist ebenso farblos wie Grigori oder Volkmar, der nur Stichwortgeber für eine neue Stufe der Entwicklung ist. Eine Ausnahme bildet Tante Praskovia, Valeska Gert, die ein- und aufdringlich wirkt, in kein Schema paßt, die allerdings im Film ohne Aufgabe bleibt. Die Szenen mit ihr bringen die Handlung nicht voran, sind leider (bis auf eine Situation, den Hinweis auf Sophies Freundschaft zu Volkmar) ohne Funktion. So bleiben sie Zutat, sind keine Notwendigkeit. Daß der Film dennoch einen gewissen Eindruck beim Zuschauer hinterläßt, verdankt er seinen Bildern, der präzise eingefangenen Stimmung einer öden, kalten Winterlandschaft. Gedreht wurde im Burgenland, wo schon ‚Der junge Törleß' entstand. Die Kraft seiner schwarzweißen Bilder, seiner ästhetischen Atmosphäre hält diesen Film zusammen, nicht nur die Geschichte, die er erzählt.

Bester Film Festival 1979

GOLDENE PALME CANNES

Die Blechtrommel

Film von Volker Schlöndorff nach dem Roman von Günter Grass

Höchster Deutscher Filmpreis

GOLDENE SCHALE

Eine deutsch/französische Gemeinschaftsproduktion der Franz Seitz Film/Bioskop-Film/Artemis-Film/Hallelujah-Film/GGB 14.KG Argos-Films Paris   ᴛ United Artists

DIE BLECHTROMMEL (1979)

Daten

Drehzeit	Juli - November 1978
Drehorte	Berlin, Danzig, Paris, Normandie, Kaschubei
Uraufführung	4. 5. 1979
Prädikat	besonders wertvoll
Verleih	United Artists
Länge	144 min.
Format	35 mm/Farbe

Stab

Buch	Jean-Claude Carrière, Franz Seitz, Volker Schlöndorff (G. Grass)
Regie	Volker Schlöndorff
Kamera	Igor Luther
Ton	Peter Kellerhals u.a. (synchronisiert)
Ton- und Bildschnitt	Suzanne Baron
Aufnahmeleitung	Luis Mayr, Günther Stocklöv, Ute Ehmke
Produktionsleitung	Siegfried Hofbauer, Herbert Kerz
Herstellungsleitung	Eberhard Junkersdorf
Produktion	Franz Seitz/Bioskop-Film/Artemis Film/Hallelujah-Film/ GGB 14. KG/Argos-Films-Paris
Musik	Maurice Jarre/Friedrich Meyer
Kostüme	Dagmar Niefind
Art Director	Nicos Perakis
Ausstattung	Bernd Lepel
Requisite	Franz Bauer
Maske	Rino Carboni, Alfredo Tiberi
Pyrotechnik	Georges Jaconelli

Darsteller

Darsteller	Rolle	Darsteller	Rolle
Mario Adorf	Alfred Matzerath	Roland Teubner	Joseph Koljaiczek
Angela Winkler	Agnes Matzerath	Berta Drews	Oma Anna
David Bennent	Oskar Matzerath	Fritz Hakl	Bebra
Daniel Olbrychski	Jan Bronski	Mariella Olivieri	Roswitha Raguna
Katharina Thalbach	Maria	Ernst Jacobi	Löbsack
Heinz Bennent	Albrecht Greff	Henning Schlüter	Dr. Hollatz
Andréa Ferréol	Lina Greff	Joachim Hackethal	Hochwürden Wiehnke
Werner Rehm	Alexander Scheffler	Gerda Blisse	Fräulein Spollenhauer
Ilse Pagé	Gretchen Scheffler	Bruno Thost	Obergefreiter Lankes
Wigand Witting	Herbert Truczinski	Karl-Heinz Tittelbach	Felix
Käte Jaenicke	Mutter Truczinski	Emil F. Feist	Zirkusartist
Otto Sander	Musiker Meyn	Herbert Behrent	Zirkusartist
Charles Aznavour	Sigismund Markus	Helmut Brasch	Der alte Heilandt
Marek Walczewski	Schugger-Leo	Zygmunt Huebner	Dr. Michon
Wojciech Pszoniak	Fajngold	Mieczyslaw Czechowicz	Kobyella
Tina Engel	Anna Koljaiczek	u.v.a.	

Preise

Goldene Schale des Bundesfilmpreises 1979
Goldene Palme Cannes 1979
Oscar für den besten ausländischen Film des Jahres 1980

„Als meine arme Mama gezeugt werden sollte, saß meine Großmutter, Anna Bronski, eine junge Frau ohne Ahnung, in ihren vier Röcken am Rande eines Kartoffelackers."

„Halt, stehenbleiben!"

„Bitte!"

„Koljaiczek, Joseph, heiß ich."

„Nach diesem Sprung ins Wasser tauchte Koljaiczek nie wieder auf.''

„ . . . wo er es unter dem Namen Joe Colchic zum Millionär brachte. Er soll sein Vermögen im Holzhandel gemacht haben, sowie mit der Herstellung von Streichhölzern und der Beteiligung an Feuerversicherungen.''

„Meine Großmutter aber saß in ihren vier Röcken über die Jahre . . .

. . . so wurde sie älter.''

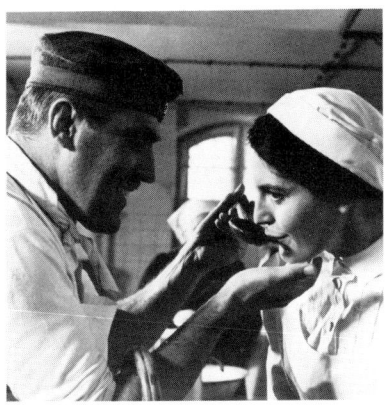

„Schwester Agnes, ist hier zuviel
Paprika oder fehlt noch was Nelke?"

„Die beiden so verschiedenen, doch
in Bezug auf Mama einmütigen Herren, fanden Gefallen aneinander."

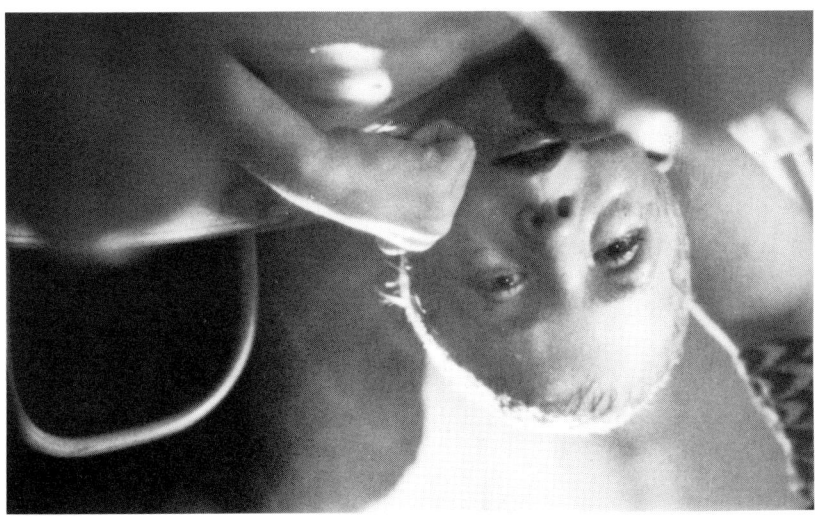

„Die Sonne stand im Zeichen der Jungfrau, Neptun bezog das 10. Haus der
Lebensmitte und verankerte Oskar zwischen Wunder und Täuschung."

„Wenn das kleine Oskarchen drei Jahre alt wird, . . .

. . . dann soll es eine Blechtrommel bekommen."

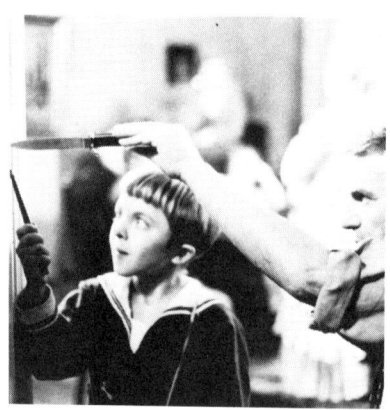 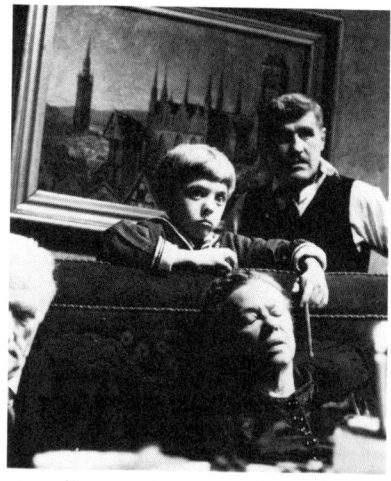

„Nächstes Jahr biste so groß, dann so, dann so, dann so . . ."

„An diesem Tage, an dem ich über die Welt der Erwachsenen nachdachte, beschloß ich, einen Punkt zu machen."

Filmstory

Der gerodete Kartoffelacker liegt im herbstlichen Dunst, der Rauch eines Kartoffelfeuers streicht darüber. Neben dem Feuer hockt Anna Bronski, verspeist genüßlich frisch gegarte Kartoffeln.

Stimme Oskars   Ich beginne weit vor mir. Denn niemand sollte sein Leben erzählen, ohne zumindest der Hälfte seiner Großeltern zu gedenken.

Als meine arme Mama gezeugt werden sollte, saß meine Großmutter Anna Bronski, eine junge Frau ohne Ahnung, in ihren vier Röcken am Rande eines Kartoffelackers.

Man schrieb das Jahr neunundneunzig, sie saß im Herzen der Kaschubei.

Zwei Gendarmen verfolgen einen kleinen Mann, der über den Acker flieht. Der Kleine, Joseph Koljaiczek, findet Unterschlupf unter Annas Röcken. Damit ist er den Gendarmen entwischt, die sich unverrichteter Dinge trollen. Joseph allerdings ist unter den Röcken nicht untätig, er zeugt dort Agnes, Oskars Mutter.

Anna und Joseph bleiben ein Jahr zusammen bei den Flößern an der Mottlau. Dann hat die Polizei die Spur Josephs — er wird wegen Brandstiftung gesucht — wiedergefunden. Joseph entkommt durch einen Sprung ins Wasser.

Stimme Oskars   Nach diesem Sprung ins Wasser tauchte Koljaiczek nie wieder auf. Die einen sagten, er sei ertrunken, die anderen, er sei nach Amerika entkommen, wo er es in Chicago unter dem Namen Joe Colchic zum Millionär brachte.

Auf dem Markt am Danziger Hafen sitzt Großmutter Anna und verkauft Gänse.

Stimme Oskars   Der erste Weltkrieg kam und statt Ganschen gab es nur noch Rüben.

Irisblende. Neben Anna steht nun Oskars Mutter Agnes, ein herangewachsenes Mädchen.

Stimme Oskars   Auch meine arme Mama wurde älter, und sie sorgte sich um ihren Cousin Jan. Jan sollte in den Krieg.

Die Musterungskommission stellt Jan aber zurück. (Jan: „Kein Arsch, kein Genick, ein Jahr zurück!") Agnes, die ihn abholt, umarmt ihn stürmisch.

Stimme Oskars   Da hielt meine arme Mama ihren Vetter Jan zum ersten Mal, und ich weiß nicht, ob sie ihn später jemals glücklicher gehalten hat.

In einem Militärlazarett arbeitet der Rheinländer Alfred Matzerath. Agnes, die ebenfalls dort tätig ist, kostet eine Suppe, die Matzerath gekocht hat.

Matzerath   Schwester Agnes, is hier zuviel Paprika, oder fehlt noch was Nelke?

Agnes   Sie sind ein geborener Koch, Herr Matzerath, Sie versteh'n, Gefühle in Suppen zu verwandeln.

Zu Bildern des Marktplatzes Oskars Stimme:
Endlich hatte sich der Krieg verausgabt. Danzig wurde zum Freien Staat erklärt. Die Polen erhielten in der Stadt eine eigene Post, wo Jan Bronski, der Briefmarkensammler, unterkam. Auch Alfred Matzerath blieb in Danzig.

Jan, Alfred und Agnes schlendern über den Markt, den einen hat sie eingehakt, dem anderen reicht sie hinterrücks die Hand.

Stimme Oskars   Die beiden so verschiedenen, doch in bezug auf Mama einmütigen Herren, fanden Gefallen aneinander, und in dieser Dreieinigkeit haben sie mich, Oskar, in die Welt gesetzt.

Oskar wird geboren. Man sieht ihn im Fruchtwasser schwimmen, erlebt seine Geburt aus subjektiver Sicht, die Eltern stehen Kopf, Matzerath kommt mit der Dezimalwaage.

Stimme Oskars   Ich erblickte das Licht dieser Welt in Gestalt einer Sechzig-Watt-Glühbirne.

    . . .

Agnes   Wenn der kleine Oskar dann drei Jahre alt wird, dann soll er eine Blechtrommel bekommen.

Überblendung. Der neugeborene Oskar sieht den dreijährigen Oskar schon im Treppenhaus trommeln. Oskar wird drei Jahre alt, Geburtstagsfeier, eine deutsche Feier. Und alle sind gekommen: der pfadfindernde Gemüsehändler Albrecht Greff, der seine Geschichten Gretchen Scheffler erzählt, während Alexander Scheffler, Bäckermeister, der seinen Laden gegenüber dem Kolonialwarenladen Alfred Matzeraths hat, seinerseits mit Lina Greff plaudert. Agnes sitzt am Klavier, singt gemeinsam mit Jan:
Wer uns getraut? Ei sprich: Sag du's.

Scheffler   Dann ich ich: Lina. . .

Alfred   So jung kommen wir nicht wieder zusammen.

Oskar entgeht nichts.

Als Matzerath Bier aus dem Keller holt, läßt er die Falltür offen. Greff schlägt mit dem Fahrtenmesser eine Kerbe in den Türrahmen, dicht über Oskars Kopf. Er setzt das Datum hinzu: 12.9.1927. Oskar sieht sich die Größenmarke an und schüttelt den Kopf. Die Feiernden spielen nun Karten.

Alfred   Passe.

Jan   Passe auch.

Agnes   Mal sehen, wie die Buben liegen.

Unter dem Tisch sitzend, sieht Oskar, wie Jans Fuß zwischen die Schenkel seiner Mutter fährt. Oskar, mit seiner rotweißen Blechtrommel, verläßt das Wohnzimmer.

Stimme Oskars   An diesem Tage, an dem ich über die Welt der Erwachsenen und meine eigene Zukunft nachdachte, beschloß ich, einen Punkt zu machen. Ich wollte von jetzt an keinen Finger breit mehr wachsen, für immer der Dreijährige, der Gnom, bleiben.

Oskar stürzt sich nach sorgfältigen Vorbereitungen die Kellertreppe hinab. Große Aufregung im Hause. Alfred Matzerath wird als der Schuldige erkannt, schließlich hat er die Falltür offen gelassen. Oskar kommt ins Bett, der Arzt untersucht ihn.

Stimme Oskars   Mein Kellersturz war ein voller Erfolg. Fortan hieß es: an seinem dritten Geburtstag stürzte unser kleiner Oskar die Kellertreppe runter, blieb zwar sonst beieinander, nur wachsen wollt' er nicht mehr. Kein Zentimeterchen.

Oskar, wieder genesen, geht trommelnd über den Labesweg in Danzig-Langfuhr und betrit die Matzerathsche Wohnung. (Agnes sitzt über Kassenbüchern, Jan steckt sorgfältig die erste polnische Briefmarke seit hundert Jahren in sein Album.) Matzerath kommt aus der Küche. Oskars Trommel ist kaputt. Alfred Matzerath will sie ihm abnehmen, schneidet sich daran, es entbrennt ein Kampf um die Trommel. Als Oskar zu verlieren droht, schreit er los — und die Glasscheibe vor dem Zifferblatt der Standuhr zerspringt.

Stimme Oskars   So entdeckte ich, daß meine Stimme mir ermöglichte, in derart hoher Lage zu schreien, daß niemand es wagte, mir meine Trommel wegzunehmen. . . — und wenn ich schrie, zersprang Kostbarstes.

Oskar, eine Schar singender Kinder hinter sich: „Ist die schwarze Köchin da?", zieht trommelnd über den Labesweg, zersingt eine Straßenlaterne, kreuzt den Marsch eines SA-Zuges, während der Trompeter Meyn oben am Fenster die Internationale bläst. Der Gemüsehändler Greff preist Kundinnen seine Kartoffeln an. Oskar will an seiner Preistafel schreiben lernen. Greff meint, das werde er nie schaffen.

Oskar wird eingeschult. Alfred macht am ersten Schultag ein Gruppenfoto. In der Schule soll Oskar seine Trommel abgeben. Er weigert sich, begleitet stattdessen die Verkündung des Stundenplans mit Trommelwirbeln. Die Lehrerin, Fräulein Spollenhauer, bedroht ihn mit einem Rohrstock, Oskar zersingt zur Strafe ihre Brillengläser.

Oskar beim Arzt. Auch hier soll er, um sich auszuziehen, vorübergehend die Trommel abgeben: Er zersingt die präparierten Ausstellungsstücke in der Arztpraxis. Trotz des Durcheinanders von eingelegten Molchen, Föten und Schlangen ist Dr. Hollartz fasziniert. Er schreibt über Oskars Stimmphänomen einen Artikel in einem Ärzteblatt. Agnes, den Artikel lesend, ist stolz auf ihren Sohn, obwohl Großmutter Anna feststellt, daß noch immer niemand weiß, weswegen der Junge nicht mehr wächst.

Die Kinder aus der Nachbarschaft, sie singen: „Ist die schwarze Köchin da?", bereiten ein Süppchen vor, Frösche und anderes Getier werden in den Topf getan, während ein alter Mann ein an einer Stalltür hängendes Karnikkel enthäutet. Oskar beobachtet die Szenerie. Um die Suppe zu vervollständigen, pinkeln die Kinder in den Sud. Anschließend zwingen sie Oskar, die Suppe zu kosten. Oskar unterliegt nach kurzem Kampf, er schluckt einige Löffel Suppe, er würgt, übergibt sich schließlich.

Agnes nimmt Oskar, der nach diesem Erlebnis aus der Enge des Labeswegs und seiner Höfe hinaus möchte, mit in die Stadt. Agnes und Oskar holen Jan von der polnischen Post ab, Jan verabschiedet sich an einer Straßenecke in der Nähe des Spielwarengeschäftes von Sigismund Markus. Oskar und seine Mutter betreten das Geschäft, Oskar braucht mal wieder eine neue Trommel. Agnes verläßt den Laden wie üblich wegen dringender Besorgungen, und Oskar soll bei Markus zurückbleiben. Diesmal aber verfolgt er seine Mutter und entdeckt, daß sie sich mit Jan Bronski in der Pension Flora, einem Stundenhotel, trifft. Erstmals benutzt Oskar nun seine Stimme, ohne daß ihm jemand seine Trommel nehmen will. Er klettert auf den Stockturm und zersingt die großen Scheiben der gegenüberliegenden Gebäude. Ein aufgeregter Menschenauflauf ist die Folge.

Wieder im Labesweg angelangt, tönt aus den Wohnungen der Nachbarn die Radioübertragung einer Hitlerrede. Matzerath, er schließt gerade das Geschäft, fragt seine mißmutig dreinschauende Frau besorgt:

Matzerath	Was is denn, Agnes?
Agnes	Überall spricht der Führer, nur bei uns nicht!

Die Eltern nehmen Oskar mit in den Circus. Als die Liliputaner auftreten, ist Oskar höchst interessiert. Den Eltern aber wird klar: so wird Oskar auch einmal aussehen.

In der Pause trifft Oskar auf Bebra, den Chef der Liliputanertruppe. Als Bebra fragt, ob Oskar auch ein Künstler sei, führt er seinen Stimmtrick vor und zersprengt drei Glühbirnen einer Lichterkette. Bebra ist begeistert.

Bebra	Bravo, bravissimo. Sie müssen zu uns kommen. . . unbedingt.
Oskar	Wissen Sie, ich rechne mich lieber zu den Zuschauern und lasse meine kleine Kunst im Verborgenen blühen.
Bebra	Bester Oskar, glauben Sie einem erfahrenen Kollegen: Unsereins darf nie zu den Zuschauern gehören. Unsereins muß vorspielen und die Handlung bestimmen, sonst tun es die anderen! Und die anderen werden kommen, sie werden die Festplätze besetzen. Sie werden Fackelzüge veranstalten! Sie werden Tribünen bauen, Tribünen bevölkern und von Tribünen herunter unseren Untergang predigen.

Das Gespräch wird unterbrochen, Alfred und Agnes haben Oskar gefunden. Bebra ruft Oskar zum Abschied nach:

Sie werden kommen!

Jan Bronski kommt die Matzeraths besuchen. Er klingelt. Vor der Tür schreien Kinder ‚Heil Hitler'. Jan grüßt mit ‚Guten Tag' zurück.

Alfred ist Agnes' Wünschen nachgekommen und hat einen Volksempfänger besorgt, mehr noch, er wechselt das Beethovenbild über dem Klavier gegen ein Hitlerbild aus und ist außerdem damit beschäftigt, die braune Kluft anzulegen, um an einer Kundgebung des Gauamtsleiters Löbsack auf den Maiwiesen teilzunehmen. Kurz bevor Alfred geht, bemerkt er, daß Jan Bronski eine polnische Zeitung in der Hand hat.

Matzerath	Du solltest den ‚Danziger Vorposten' lesen.

Oskar besucht ebenfalls die Kundgebung. Er sucht sich unter der Redner-tribüne ein kleines Versteck, von dem aus er durch ein Astloch die ganze Festgestaltung überblicken kann. Während Löbsack redet, richtet sich Oskar ein.

Löbsack	Denn was ist das für ein Freistaat, den man uns großzügig eingeräumt hat? Wie die Laus in den Pelz, hat man uns die Polen ins Hafengebiet, auf die Westerplatte gesetzt. Und mitten in unsere geliebte Altstadt hat man uns eine polnische Post beschert. Wir danken für diese Besche-rung.

Als schließlich der Parteigenosse aus dem Reich, Albert Forster, der zu-künftige Gauleiter, das Kundgebungsgelände betritt, intoniert das Orchester den Badenweiler Marsch.

Oskar ergreift die Gelegenheit, mit seiner Trommel den 3/4 Takt gegenzu-halten und gewinnt suksezzive das ganze Orchester für seinen Rhythmus, bis schließlich die versammelten Parteigenossen und -genossinnen zum Wiener Walzer ‚Donau so blau' heiter und gelöst tanzen. Als noch ein plötzliches Gewitter hereinbricht, eilen die Festteilnehmer auseinander, nur Gauamts-leiter Löbsack steht noch erhobenen Armes im Regen, dann bekommt er auf dem leeren Platz einen Wutausbruch.

Familie Matzerath und Jan Bronski machen einen Ausflug an die Ostsee. Matzerath bemerkt zwar die unzüchtigen Griffe Jans, geht aber darüber hinweg und macht trotz allem ein Gruppenfoto. Später beobachtet die Familie einen Fischer, der mit Hilfe eines Pferdekopfes Aale fängt. Alfred stürzt dem Fischer zu Hilfe, Agnes übergibt sich vor Ekel, Alfred ersteht ein paar Tiere, die er zu Hause liebevoll zubereitet. Agnes will sie nicht essen, es kommt zum Familienkrach. Agnes spielt Klavier, Alfred wirft sie vom Hocker, sie flieht weinend ins Schlafzimmer. Im Schrank versteckt, be-obachtet Oskar, wie Jan, der Agnes trösten will, Lust auf seine Mutter be-kommt und sie auf ihn. In einer Spiegeltür des Schrankes ist Alfred im Nebenzimmer zu sehen. Um sich ihre Gewissensbisse etwas zu erleichtern, ißt Agnes, als sie mit Jan wieder aus dem Schlafzimmer gekommen ist, die übriggebliebenen Aale, abgekühlt wie sie sind, auf.

Markus beschwört Agnes in seinem Spielwarengeschäft, sie möge von Bron-ski, der es mit den Polen hält, ablassen und sich auf die Deutschen verlas-sen oder auf ihn, Sigismund Markus. Das Gespräch wird unterbrochen, als Oskar hinzukommt.

Während Agnes Hochwürden Wiehnke in der Herz-Jesu-Kirche ihre donners-tägliche Untreue beichtet und ihm anvertraut, daß sie schwanger sei, ver-sucht Oskar, das Jesu-Kind am Altar zum Trommeln zu bewegen. Aber die Jesusfigur, wiewohl die rotweiße Trommel umgehängt, trommelt nicht. Stattdessen bekommt Oskar von Hochwürden Wiehnke eine Ohrfeige, tritt dafür aber mit dem Fuß zurück.

Von nun an zeigt Agnes eine besondere Vorliebe für Fisch. Sie ißt eine ganze Dose Ölsardinen auf einmal auf, dann Fisch und nochmal Fisch. Alfred holt Großmutter Anna zu Hilfe. Agnes ißt schließlich so viel Fisch, daß sie sich ständig davon übergeben muß. Anna nimmt ihr ein Stück Hering weg und wirft es den Katzen des Musikers Meyn vor, der sich gerade mit einigen Jungs unterhält. Bäcker Scheffler sieht ihm zu. Meyn trägt inzwischen SA-Uniform.

Meyn   Der Führer, Jungs, hat an einem einzigen Kommunisten mehr Spaß als an zehn Zentrumsbonzen, die nur aus Schiß in die Partei eintreten und nicht, weil sie gemerkt haben, daß die neue Zeit angefangen hat.

Bezüglich Agnes kommt Großmutter Anna zu folgendem Urteil:

Großmutter   Schwanger biste. Na und, als wenn hier nicht Platz genuch is.

Aber Agnes will das Kind nicht. Sie ißt weiter Fisch, bis sie schließlich auf der Toilette im Treppenhaus stirbt.

Matzerath, draußen vor der Toilettentür:

     Warum willst du das Kind denn nit, Agnes, sag doch mal, is ja gleich, von wem es is. . .

Agnes wird beerdigt. Musiker Meyn, er will den Zapfenstreich blasen, wird das Trompeten verboten („Nazischwein!"). Unter den Trauergästen steht auch Sigismund Markus. Als Meyn und Scheffler, dieser trägt inzwischen ebenfalls das Parteiabzeichen, ihn entdecken, vertreiben sie ihn („Oder sind Sie etwa kein Itzig?"). Markus verläßt den Friedhof. Oskar läuft ihm nach, kurz hinter dem Friedhofstor holt er ihn ein, zeigt auf seine kaputte Trommel.

Markus   .   Kommste zu mir und holst dir a neie Trommel.

Am Friedhofstor begegnet ihnen Schugger-Leo, ein ehemaliger Priesterseminarist, der inzwischen aber geisteskrank ist. Mit einem Panjewagen fährt die Trauergesellschaft zu einer Scheune, wo der Leichenschmaus abgehalten wird. Bronski und Matzerath trauern gemeinsam. Als es kühl wird, geht Oskar zur Großmutter, kauert sich unter ihre Röcke.

Stimme Oskars   Es war einmal ein leichtgläubiges Volk, das glaubte an den Weihnachtsmann. Aber der Weihnachtsmann war in Wirklichkeit der Gasmann.

Reichskristallnacht, 11. November 1939. Musiker Meyn hilft, eine Synagoge niederzubrennen. Am Geschäft von Sigismund Markus steht ,Jude'. Die Schaufenster und die Türscheibe werden eingetreten, als Oskar dort ankommt.

Stimme Oskars   Es war einmal ein Spielzeughändler, der hieß Sigismund Markus und verkaufte weißrote gelackte Trommeln.

Oskar betritt den zertrümmerten Laden. Einige Nazis stöbern in dem Spielzeug herum. Oskar findet Markus, den Kopf auf der Schreibtischplatte, tot. Er hat sich vergiftet. Oskar drückt Markus die Augen zu.

Stimme Oskars   Es war einmal ein Blechtrommler, der hieß Oskar.

                 Es war einmal ein Spielzeughändler, der hieß Markus und nahm mit sich alles Spielzeug dieser Welt.

Ein Sonnentag. Passanten gehen vorüber, Zeitungsverkäufer rufen Schlagzeilen aus.

Stimme Oskars	Am ersten September neununddreißig — ich setze voraus, Sie kennen das Datum — datiert sich meine zweite große Schuld: Ich selbst, Oskar, der Trommler, habe nicht nur meine arme Mama ins Grab getrommelt. Ich war es auch, der meinen armen Onkel und mutmaßlichen Vater Jan Bronski in die Polnische Post schleppte und so seinen Tod verschuldete.

Oskar wird Zeuge von der Verteidigung und vom Fall der polnischen Post in Danzig. Ein deutscher Überfall. Am Ende der Verteidigung wird Jan Bronski vor den Kameras der Wochenschau erschossen. Die Deutschen haben den Krieg gegen Polen eröffnet. Schugger-Leo zeigt Oskar an einer alten Friedhofsmauer eine leere Patronenhülse:

Schugger-Leo	Alle Patronenhülsen haben sie eingesammelt, alle, bis auf eine, eine wird immer vergessen.

Der Führer hält Einzug in Danzig. Alle Nachbarn aus dem Labesweg stehen mit Tausenden Spalier und jubeln ihm zu.

Großmutter Anna kommt in Matzeraths Laden. Sie bringt ein junges Mädchen mit, das Zöpfe trägt. Blond ist es.

Großmutter	Das ist die Maria, die mecht sich hier anstellen.

Marie wird angestellt. Sie bringt Oskar abends zu Bett und spielt ihm zur Nacht auf ihrer Mundharmonika ‚Maria zu lieben ist allzeit mein Sinn‘. Oskar singt den Text überzeugt mit.

Maria besucht mit Oskar das Strandbad Brösen. Am Strand entdeckt Oskar das Brausepulverspiel. Er schüttet Brausepulver in Marias Handflächen und gibt Speichel dazu: Es beginnt zu prickeln.

Stimme Oskars	Wenn ich von meinen anonymen Hinneigungen absehe, war Maria meine erste Liebe.

Zu Hause beobachtet Oskar Maria, sie ist 16 wie er, während sie, die Treppe schrubbend, ‚Kann denn Liebe Sünde sein‘, singt.

Oskar geht mit Maria abermals ins Strandbad.

Stimme Oskars	Maria roch nach Vanille. . . Wie kam das wohl? Oskar ging der Sache auf den Grund.

In der Umkleidekabine sieht Oskar, wie Maria sich entkleidet und verbeißt sich in ihrem Dreieck. Zunächst stößt ihn Maria zurück, Oskar weint, dann wendet sie sich ihm zärtlich zu.

Maria	Du best mir so ain Schlingelchen! Gehst da ran und weißt nich, was is. . .

Alfred geht Siege feiern, Oskar darf bei Maria schlafen.

Im Bett fordert Oskar Maria zum Brausepulverspiel auf. Er bezieht diesmal auch ihren Bauchnabel mit ein. In dieser Lage kommt es zu seiner ersten Liebe.

Oskar betritt die Matzerathsche Wohnung, swingt: „Kann denn Liebe Sünde sein?“, und entdeckt, daß auch Alfred Matzerath Maria liebt. Im entscheidenden Augenblick springt er Alfred samt Trommel auf den Rücken — da ist es zu spät. Alfred, entsetzt, schlägt auf Oskar ein, Maria beschützt ihn. Es kommt zum Krach. Als Maria sich wäscht, weint sie. Oskar dreht das

Radio an: ‚Kann denn Liebe Sünde sein?' Oskar will Maria mit Brausepulver trösten, aber sie schreit ihn nur an.

Maria   Du Jiftzwerg! Du übergeschnappter Gnom! Du jehörst in die Klappsmühle, du verfluchte Drecksau...

Oskar gibt vor, er weine. Maria lenkt ein.

Maria   Is man nicht so jemeint, Oskarchen.

Maria wird schwanger. Oskar überlegt, ob er Maria eine Schere in den Bauch stechen soll. Sie nimmt ihm die Schere weg.

Lina Greff wird von ihrem Mann vernachlässigt. Sie veranlaßt Oskar, der draußen in der Winterkälte spazierengeht, sich zu ihr zu legen.

Lina   Der Greff will sich abhärten. Er liebt das Straffe, aber er liebt die Jungens mehr als die Mädchen.

Draußen kommt im Schneetreiben in kurzen Hosen, zu Rade, Greff mit seinen Jungen zurück, das Lied der ‚blauen Dragoner' singend: „. . . hell zu den Hügeln empor. . ."

Im September 1941 findet das Taufessen für Kurtchen statt. Es gibt Gans. Gesprächsthema für Greff, Scheffler und Matzerath ist der Rußlandfeldzug. Oskar fährt Kurtchen aus dem Wohnzimmer und nimmt das schreiende Baby auf den Schoß:

Oskar   Kurtchen, mein Sohn, immerhin biste doch mein Sohn. Wenn du drei Jahre alt wirst, schenk ich dir eine Trommel. Und wenn du nicht wachsen willst, zeig ich dir, wie man das macht.

Aus einer großen Lazarettür treten Bebra und Roswitha Raguna, die große Somnambule. Sie verteilen Autogramme. Bebra entdeckt Oskar, Oskar schließt sich Bebras Fronttheater an, nachdem er im Café Vierjahreszeiten für Roswitha ein Herz in ein Glas gesungen hat.

Von nun an trägt auch Oskar Uniform, in Paris, an der Atlantikküste. Beruflich tritt Oskar im Matrosenanzug als Glastöter auf. Auf einem Bunker am Atlantikwall hält die Liliputanertruppe ein Picknick ab. Man übernachtet in einem Schloß, als die Amerikaner angreifen. Bei der Flucht wird Roswitha, in die sich Oskar inzwischen verliebt hat, erschossen. Oskar tritt den Heimweg an. Pünktlich zum dritten Geburtstag von Kurtchen kehrt er nach Danzig zurück. Er überreicht seinem Sohn die versprochene Blechtrommel.

Oskar   Auch ich habe zu meinem dritten Geburtstag meine erste Trommel bekommen.

Der Krieg nähert sich seinem Ende, die Flucht beginnt. Gretchen Scheffler will noch mit der ‚Gustloff' weg. Lina Greff kommt schreiend aus dem Haus: Ihr Mann hat sich im Keller erhängt. Oskar betrachtet das. Danzig wird angegriffen.

Alfred hat das Hitlerbild von der Wand genommen, Beethoven hängt wieder.

Matzerath   Beethoven! Das war ein Genie!

Matzerath, Maria, Kurtchen, Lina Greff, Oskar und andere Nachbarn warten im Keller auf die Ankunft der russischen Truppen. Als diese den Keller betreten, vergewaltigen sie als erstes Lina Greff, Oskar drückt seinem Vater das Parteiabzeichen, das dieser kurz zuvor weggeworfen hatte, wieder in die

Hand. Alfred weiß in seiner Angst nicht, wohin damit, auch soll er die Hände hochhalten, die Handflächen nach vorn, Alfred, in Panik, verschluckt das Abzeichen, aber die Anstecknadel verfängt sich in seinem Schlund. Alfred würgt, zappelt, da erschießt ihn ein russischer Soldat. Der Krieg ist zu Ende. Matzerath wird in einem Sarg aus Margarinekisten beerdigt. Oskar sieht zu. Am Grabe entschließt er sich:

Stimme Oskars   Soll ich oder soll ich nicht? Du bist im einundzwanzigsten Lebensjahr, Oskar. Sollst du oder sollst du nicht?
Ein Waisenkind bist du, Oskar.
Soll ich oder soll ich nicht?

Oskar tritt an Matzeraths Grab, wirft entschlossen seine Blechtrommel samt Stöcken hinein und beobachtet, wie Sand die Trommel bedeckt. Da trifft in ein Stein des spielenden Kurtchens. Oskar stürzt ins Grab. Er blutet. Plötzlich taucht Schugger-Leo auf. Er starrt Oskar an, betastet ihn.

Schugger-Leo   Er wächst! Er wächst!
Habt ihr den Herrn gesehen?
Er wächst!

Schugger-Leo läuft weg.

Oskar liegt in der ausgeräumten Matzerathschen Wohnung. Sein Kopf ist dick verbunden, Großmutter Anna ist bei ihm. Maria räumt aus, sie legt einen Karton zu Oskar, der nun in einem Kinderwagen zum Transport bereit liegt.

Die Großmutter erklärt Fajngold — ein Jude, der inzwischen das Matzerathsche Geschäft übernommen hat —:

Großmutter   Mit drei Jahren isser da in Keller gefallen un nich mehr gewachsen — jetzt isser ins Grab gefallen und mecht wieder wachsen.

Die Aussiedlung in den Westen beginnt. Die Großmutter begleitet Maria, Kurtchen und Oskar zum Bahnhof Langfuhr. Maria klettert in einen Waggon, die Großmutter reicht ihr das Gepäck, Kurtchen und den wachsenden Oskar. Oskar streckt noch einmal seine Arme zur Großmutter aus, der Zug rollt an, die alte Frau bleibt in der Heimat zurück. Der Zug rollt auf seinem Schienenstrang über einen gerodeten Kartoffelacker, auf dem ein Kartoffelfeuer qualmt, in dem eine alte Frau Kartoffeln röstet. Es ist diesig. Langsam verschwindet der Zug am Horizont.

„. . . und wenn ich schrie zersprang
Kostbarstes.''

„Außerordentlich, wirklich außerordentlich.''

„Ist die schwarze Köchin da?''

„Ich hab noch ein paar dringende Besorgungen zu machen."

„Jan!"

,,Sie werden kommen!''

,,Du solltest den ,Danziger Vorposten' lesen.''

,,Donau so blau, so blau, so blau. . .''

„So dick, so dick war'n die Lorbas-
se."

„Na los! Eins, zwei; eins zwei . . ."

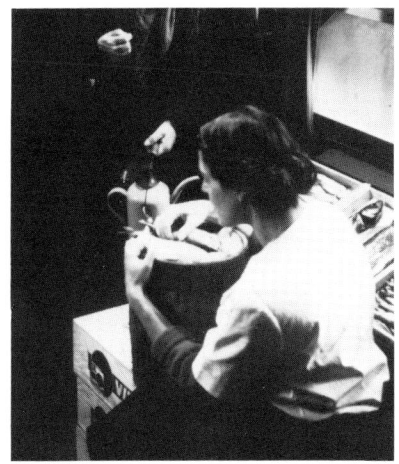

„Schwanger biste, na und?"

„Oder sind Sie etwa kein Itzig?"

„Es war einmal ein Spielzeughändler, der hieß Sigismund Markus und verkaufte weißrot gelackte Trommeln."

„Ich war es auch, der meinen armen
Onkel und mutmaßlichen Vater, Jan
Bronski, in die Polnische Post
schleppte und so seinen Tod ver-
schuldete."

„Alle Patronenhülsen haben sie einge-
sammelt, alle, bis auf eine, eine wird
immer vergessen."

,,Maria zu lieben ist allzeit mein Sinn."

,,Wenn ich von meinen anonymen Hinneigungen absehe, war Maria meine erste Liebe."

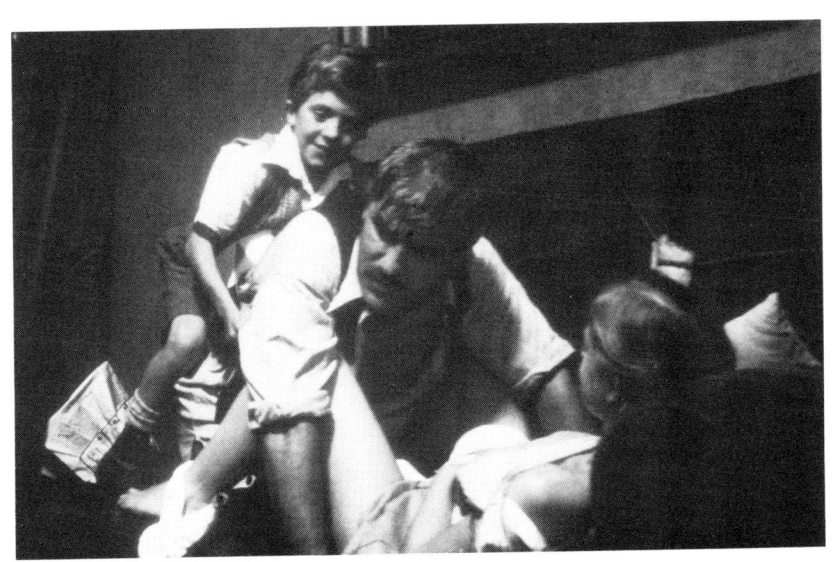

,,Du Satan! Du Biest!"

„Kurtchen, mein Sohn. Wenn Du drei Jahre alt bist, schenk ich Dir eine Trommel."

„Ach, mein lieber Oskar, wie freu ich mich, Sie wiederzusehen."

„Au ja! Picknicken im Freien!"

„Wie Maria ganz und gar nach Vanille roch, duftete meine Roswitha nach Zimmet..."

,,Ich hab Dir ein Geschenk mitgebracht.''

,,Beethoven! Dat war'n Genie!''

,,Babka!''

Kommentar

Dem Film ging viel voraus. Noch während der Dreharbeiten hatten nahezu alle überregionalen Zeitungen über das Projekt berichtet, der ‚Spiegel' sogar in einer Titelgeschichte. Zeitschriften, die Rundfunkanstalten und Buchverlage wollten da nicht nachstehen. Selbst das Jugendmagazin ‚Bravo' trommelte für den Trommler. Luchterhand verlegte das Dreh-Tagebuch des Regisseurs, Zweitausendeins zog mit einem Bild- und Materialienband nach. Das Zweite Deutsche Fernsehen sendete ein Porträt des Hauptdarstellers David Bennent. Schon im voraus erhielt der Film einen Bundesfilmpreis (Goldene Schale) und das Prädikat ‚besonders wertvoll' und wurde zum offiziellen Beitrag für die Filmfestspiele in Cannes ausgewählt. In Cannes wurde dem Film dann die Goldene Palme verliehen, und schließlich gelang im April 1980 etwas, was einem Deutschen (Emil Jannings) zuletzt 1927/28 zum ersten und letzten Mal gelungen war: Volker Schlöndorff wurde mit dem Oscar ausgezeichnet.
Zweifellos: in der Filmbranche gilt ‚Die Blechtrommel' als erfolgreichster Film der letzten Jahre.
Ein Erfolg also. Und dennoch: die Kritik hat den Film überwiegend abgelehnt, die Urteile reichen von „überflüssig. . . aber nicht schlecht", (Die Zeit) bis „Schlöndorffs Grass-Verfilmung ist gescheitert" (Deutsche Zeitung).
Günter Grass, der Autor der literarischen Vorlage, hatte ein Mitspracherecht bei der Vergabe der Filmrechte. Dieses Recht nutzte er, so daß trotz mancher Ansätze erst 20 Jahre nach Erscheinen seines Romans eine Verfilmung möglich wurde. Schlöndorff und der Produzent Franz Seitz gewannen Grass sogar für die Mitarbeit (zumindest an den Dialogen). Grass' Urteil über den Film ist sibyllinisch: „Ich habe für zwei Stunden meinen Roman vollkommen vergessen und nur noch diesen Film gesehen."
Schlöndorff und seine Mitautoren haben während der etwa zwei Jahre dauernden Vorarbeiten eine Drehvorlage erstellt, die filmischen Strukturprinzipien folgt, die — ganz im Gegensatz zu Grass' Roman, der allgemein als unverfilmbar galt (und gilt) — verfilmbar und mediengerecht ist. Dabei waren bestimmte Vorüberlegungen notwendig, denn dem erzählerisch überbordenden Material des Romans ein Ordnungsprinzip gaben. Die eine Grundidee war: Oskar ist kein Zwerg, sondern ein Kind, das sein Wachstum verweigert, das eine sehr persönliche, egozentrische Form des sozialen Protestes ausübt. Die Perspektive Oskars ist keine optische (Kamera in 1 m Höhe), sondern eine geistige. Die andere: Der Film arbeitet nicht mit Rückblenden, sondern erzählt chronologisch die Lebensgeschichte Oskars, bis zum Ende des 2. Weltkriegs. Der übrige Stoff des Romans, Oskar lebt und arbeitet nach 1945 in der Bundesrepublik, bis er dort schließlich in eine Nervenheilanstalt kommt, wird nicht mehr erzählt, vielleicht — so Schlöndorff — in einer Fortsetzung und mit einem anderen Oskar-Darsteller. Der Film sollte eine „Nummernrevue" werden, „zusammengehalten von dem winzigen Oskar" (Schlöndorff).

Ein Konzept, das praktikabel schien, das es umzusetzen galt. Die Voraussetzungen waren günstig. Mit dem Hauptdarsteller David Bennent hat Schlöndorff eine — wenn es das überhaupt geben sollte — Idealbesetzung gefunden. David Bennent, damals 12 Jahre alt, nur 1,17 m groß, leidet an Wachstumsstörungen. Er hat genau den erforderlichen Ausdruck an Reife, der die körperliche Erscheinung nicht entspricht. Die übrige Besetzung ist bis in kleinste Rollen hinein hervorragend, wenn auch bei den zwei französischen Schauspielern (Tribut an den französischen Koproduzenten) wenig glücklich, vor allem, wenn Charles Aznavour so völlig gegen den Typ synchronisiert wird. Ferner arbeitete Schlöndorff mit dem Maskenbildnern Fellinis, Rino Carboni und Alfredo Tiberi (die Personen werden älter, ohne daß man Schminke am Werk sieht), mit dem Drehbuchautor von Luis Buñuel, Jean-Claude Carrière, und der Cutterin Tatis, Suzanne Baron, die schon viele seiner Filme geschnitten hat.

Zunächst ist festzuhalten: der Film ist in der Tat eine Nummernrevue, zusammengestellt aus den verschiedensten Genres. Hans C. Blumenberg hat in seiner Besprechung die verschiedenen Elemente bestimmt: Horrorfilm (Oskars Geburt aus subjektiver Sicht; der verweste Pferdekopf, aus dem heraus sich Aale schlängeln), Heimatfilm (das weite Kaschubenland; der Danziger Markt), Slapstick (die Verfolgung Joseph Koljaiczeks; die Parteikundgebung, auf der man Walzer zu tanzen beginnt), heroisches Drama (die Verteidigung der Polnischen Post), Satyrspiel (Liliputaner-Picknick am Westwall, Kurtchens Zeugung auf dem Sofa), politische Satire (der kurzbehoste, heimlich schwule Pfadfinderführer und Gemüsehändler Greff; die kleinbürgerliche Kaufmanns-Nachbarschaft; der Trompeter Meyn) ein Italo-Western-Schluß (der Güterzug rollt zu anschwellender Musik und sich hebender Kamera auf den Horizont zu).

Nummernrevue also, aber nicht von Oskar zusammengehalten, zumindest nicht mehr als durch die anderen Darsteller auch, obwohl David Bennent die dazu notwendige innere und äußere Intensität mitbringt.

Es sind im wesentlichen zwei Momente, die den Zusammenhalt, wenn nicht verhindern, so doch wenigstens nicht herstellen. Der eine liegt in der Figur des Oskar, der andere in dem Respekt des Films vor der Aura des Romans. 1959 war das Grass-Buch nahezu ein Skandal, Jesus trommeln zu lassen, rief die Religionslehrer auf den Plan. Die sexuellen ,Exzesse' Oskars waren noch unmoralisch, heute sind sie nicht mehr schockierend, eher viel geübter Voyeurismus. Außerdem war die Grass'sche Beschreibung der kaschubisch-katholischen Lebensweise elementar und urwüchsig, heimatlich und gesellschaftlich fundiert, im Film ist sie jedoch hauptsächlich zum Dialekt geworden, zu einer folkloristischen Beigabe.

Schlöndorff beschränkt sich in seinem Film auf die Danziger Kindheit des Oskar Matzerath. Die ist aber nur ein Teil des Oskar. Auf der Fahrt in den Westen beginnt Oskar nämlich zu wachsen, immerhin 30 cm, genauer: zu verwachsen. Er wird ein „bucklig Männlein". Und dieser Oskar, der wahre Gnom, Insasse einer Heilanstalt, das ist der Erzähler des Buches, aus dieser Perspektive ist auch seine Kindheit erzählt, sein Entschluß, das Wachstum einzustellen. Schlöndorff umgeht die Figur des Erzählers, er läßt die kindlichen Oskar direkt berichten, nimmt der Figur so ihr notwendig Konstruiertes. Der Grass'sche Kunstgriff grotesker Erzählperspektive kommt im Film nicht vor, selbst optisch nur ganz selten. Dadurch werden nicht nur optische Erzählperspektiven ungenutzt gelassen, vor allem verhindert diese veränderte Konstruktion der Figur deutliche Motivierungen seines Handelns, insbesondere das Motiv der Verweigerung Oskars, eine vermeintlich aktuelle Haltung, wird kaum gefüllt: Nach Oskars Geburt springt der Film gleich auf den dritten Geburtstag, Oskar erhält seine ihm versprochene Trommel. Hier schon stürzt er in den Keller. Erschrecken ihn die kleinbürgerlichen Feiergewohnheiten derart, oder ist es der Fuß, den Jan Oskars Mutter zwischen die Schenkel schiebt?

Im Grunde flieht Oskar im Film vor dem Kleinbürgertum, dem er aber gerade durch diese Form der Flucht, die seine Abhängigkeit vergrößert, nicht entkommen kann. Was aber die politischen Zusammenhänge des Kleinbürgertums bedeuten, was die Liebe Agnes' zum polnischen Jan politisch bedeutet, was hinter der Wandlung des Trompeters Meyn vom Kommunisten zum Nationalsozialisten steht, weshalb Vater Matzerath sich den Nationalsozialisten anschließt, all das bleibt unklar, geschieht einfach. Das nimmt vielen Figuren ihre individuell-sozialen Widersprüche. Die Personen im Film müssen sich, da der allwissende Erzähler fehlt, aus sich selbst entwickeln. Zwischen den einzelnen bekannten ‚Stellen' des Romans, den Pausen der Nummernrevue, bleibt ihnen aber zu wenig Zeit zu eigener Entwicklung. So werden fast alle Figuren zu kabarettistischen Einlagen in den Zeitläufen der erzählten Geschichte. Nur einmal macht sich der Film ein wenig frei vom Zwang der Rhythmik der Nummernabfolge: in der Fronttheatersequenz. Hier läßt sich Schlöndorff ungehemmt auf die Bilder picknickender Liliputaner auf Atlantikwallbunkern ein. Allerdings ist gerade diese Sequenz am wenigsten geeignet, politisch konkret zu werden. Sie bleibt apart.

War es Schlöndorff in ‚Der junge Törleß' (der in der Anfangs- und Schlußsequenz große Ähnlichkeiten mit der ‚Blechtrommel' hat) gelungen, in all der Verknappung der Romanvorlage, ein politisches Modell, eine Parabel, neu zu konstruieren, aus dem Buch heraus zu entwickeln, der Vorlage von Musil etwas eigenes hinzuzufügen, bleibt bei der ‚Blechtrommel' die Wucht der skurrilen und grotesken Ereignisse des Romans dominierend. Und trotzdem: Ein schlechter Film ist ‚Die Blechtrommel' nicht, doch zu sehr dem Gedanken einer werkgetreuen Verfilmung verpflichtet. Diese Rücksichtnahme hat den Film stellenweise behindert.

Die FÄLSCHUNG

Ein Film von
Volker Schlöndorff

DIE FÄLSCHUNG (1981)

Daten

Drehzeit	Dezember 1980, Januar bis März 1981
Drehorte	Beirut, Hamburg, Damnatz
Uraufführung	14. Oktober 1981 (Bundesstart)
Verleih	United Artists
Länge	108 min.
Format	35 mm/Farbe

Stab

Buch	Volker Schlöndorff, Jean-Claude Carrière, Margarethe von Trotta
Regie	Volker Schlöndorff
Kamera	Igor Luther
Ton	Christian Moldt, Helmut Röttgen
Schnitt	Suzanne Baron
Aufnahmeleitung	Richard Bolz
Produktionsleitung	Herbert Kerz
Produktion	Bioskop-Film, Argos-Films-Paris, HR
Produzent	Eberhard Junkersdorf
Musik	Maurice Jarre
Kostüme	Dagmar Niefind, May Khoury, Salwa Mattar, Shereen Tannows
Bauten	Bernd Lepel, Jacques Bufnoir, Alexander Riachi, Tannows Zogeib
Maske	Alfredo Tiberi, Rino Carboni, Anni Nöbauer
Pyrotechnik	Paul Tirelli, André Tirelli, Yussef Raad, Nabie Raad, Sharif Baddradin

Darsteller	Rolle
Bruno Ganz	Georg Laschen
Gila von Weitershausen	Greta
Hanna Schygulla	Ariane
Jerzy Skolimowski	Hoffmann
Peter Urtel	Berger
John Munro	John
Salwa Chehwan	Aicha
Jean Carmet	Rudnik
F. Niem	Exzellenz Josef
Ghassan Matar	Ahmed
Hans Peter Korff	Leiter des Auslandsressorts
Hans Häckermann	Chefredakteur
u. v. a.	

(Plakatentwurf)

„Ich habe keine Angst, mein Leben zu fälschen, . . .

. . . aber Angst davor, daß ich es eines Tages nicht mehr bemerke."

„Ich muß morgen nach Hamburg."

Laschen, Berger und John in der
Hotelhalle.

„Ja, ich mache euch euren Realismus schon."

„Herzlich Willkommen im Libanon." „Ich habe Musik studiert in Hamburg."

„Eigentlich bin ich verloren für das, was wirklich geschieht."

,,Wollen wir auch runter?"

,,Happy birthday to you."

Filmstory

Bäume stehen im Wasser, die Elbe ist über ihre Ufer getreten, ein Auto fährt über die nicht sichtbare überschwemmte Landstraße, das Wasser hoch zur Seite spritzend. Der Wagen biegt in eine Gehöfteinfahrt ein, Georg Laschen bleibt noch am Steuer sitzen, stellt Motor und Scheibenwischer ab, der Regen rinnt die Scheibe hinunter, auf dem Armaturenbrett liegt ein Brief. Greta, Laschens Frau, sie haben zwei Kinder zusammen, steht am Deich, sie geht mit den Kindern spazieren.

Insert	In der Mitte des Lebens fand ich mich, verloren in einem finsteren Wald. (1. Gesang, Dante, Göttliche Komödie)
Laschen (im off)	Ich habe keine Angst, mein Leben zu fälschen, aber Angst davor, daß ich es eines Tages nicht mehr bemerke und weitermache, daß es so zu einem normalen Leben wird, zu einem langen, bedeutungslosen Stoffwechsel, angesichts dessen ich nicht mehr erschrecke.

Greta liegt im Bett, Laschen setzt sich zu ihr.

Greta	Wie lange bleibst du weg?
Laschen	Nur kurz. Vier, fünf Tage.
Greta	Glaubst du eigentlich, daß es Zufall ist, daß du immer gerade dorthin fährst, wo Krieg ist? ...
Laschen	Bleibst du hier?
Greta	Ich weiß noch nicht. Ich glaube nicht. Verena versteht sich sehr gut mit den Kindern.
Laschen	Das ist nicht dasselbe.
Greta	Karl verkraftet diese Trennungen immer schwerer.
Laschen (wütend)	Gut. Dann sage ich die Reise eben ab!
Greta	Ach, das tust du ja doch nie.

Laschen hat Greta von hinten umfaßt. Greta, erregt, zieht sich das Nachthemd aus, ein Kind, den Schulranzen schon auf dem Rücken, kommt hinzu, aber Verena, das Kindermädchen, ruft es zurück, um es zur Schule zu bringen. Greta und Laschen lieben sich leidenschaftlich.
Die Familie ist spazierengegangen, steht an einer zerstörten Brücke über die Elbe, Grenze zur DDR.
Greta ist mit dem Wagen nach Haus gekommen, sie war auf Arbeitssuche.

Laschen	Warum schaust du mich nicht an?
Greta	Weil ich auspacke.
Laschen	Du warst nicht allein?
Greta	Nein.
Laschen	Vielleicht geht's dir besser, wenn ich verschwinde.
Greta	Bist du denn schon da?

Greta sitzt in eine Decke gehüllt, an die Wand gelehnt. Laschen kniet vor ihr.

Laschen	Du bist so leblos, bist du auch so leblos mit anderen, woanders?
Greta	Stimmt. Da bin ich anders, ganz anders.

Laschen, eifersüchtig, ergreift Greta, es kommt zu einem Ringen zwischen ihnen.

Laschen reist ab. Greta reicht ihm die Reiseschreibmaschine, er wendet den Wagen vor der Bushaltestelle, an der die Kinder stehen, fährt über die Köhlbrandbrücke.

Laschen (im off) Liebe Greta, mein Entschluß steht fest. Ich werde dich nicht verlassen, aber laß uns getrennt leben. Möglich ist, daß wir dann mehr miteinander zu tun haben als jetzt. Wir müssen, sobald ich zurück bin, alles miteinander besprechen.

Laschen rafft in seinem Redaktionsbüro noch Unterlagen zusammen, vor dem Fenster leuchtet ein grüner Neonröhrenweihnachtsbaum, dann verläßt er das Büro. Im Flugzeug trifft er Hoffmann, den Fotografen, der ihn in den Libanon begleiten soll.

Laschen liest noch Berichte, arbeitet, da erinnert er sich plötzlich an eine Situation, in der er Greta beobachtete, wie sie sich telefonisch mit einem Liebhaber verabredete.

Greta Ich muß morgen nach Hamburg.

Laschen schreibt auf seinen Notizblock:

Liebe Greta, vergiß bitte rasch das ganze Theater von gestern. Die Schwierigkeiten mit dir sind in Wirklichkeit nur die Schwierigkeiten mit mir selbst.

Das Flugzeug fliegt in Beirut ein. Mit dem Wagen fahren Hoffmann und Laschen über die Strandpromenade, vorbei an einem stillstehenden Riesenrad, ins Hotel.

Laschen (im off) Hier ist alles ruhig bei unserer Ankunft, keine Schüsse, kein fernes Grollen. Aber ich spüre, daß alles jederzeit explodieren kann. Das hat auch mit dir zu tun, Greta.

Im Hotelzimmer schreibt Laschen seiner Frau einen Brief:

Warum können wir nicht auf unsere Hinterhalte verzichten? Haben wir Angst voreinander? Ertragen wir den Frieden zu Hause nur deshalb nicht, weil er ein Frieden ist?

Laschen stellt den fertigen Brief an den breiten Sockel der Schreibtischlampe, versteckt sein Messer über einer Tür und tritt auf den Balkon. Unten brandet das Meer.

In der Hotelhalle ist das Presse-Informationszentrum. Hier stehen die Fernschreiber und Schreibmaschinen, hier trifft Laschen seinen amerikanischen Kollegen John und den deutschen Kollegen Berger. John erläutert Laschen und Berger kurz die derzeitige politische Lage, die Todeslinie verlaufe gerade vor der Eingangstür. In der Hotelbar wird gegessen, getrunken, ein Mädchen tanzt, vor dem Hotel ist eine Barriere aus Sandsäcken errichtet, eine plötzliche Explosion unterbricht die Szene.

In seinem Zimmer tippt Laschen mit zwei Fingern seinen ersten Bericht. Greta zeigt indessen, so stellt Laschen es sich vor, zu Hause ihren Kindern den Vater mit der Lupe auf Fotokontakten.

Greta   Schau mal, wer da ist.
Ein Muezzin ruft zum Gebet, Soldaten in Tarnkleidung werfen sich auf die
Knie, beten, ein Krüppel ohne Beine hebt seinen Oberkörper die Straße
entlang, vorbei an angeschossenen Hotelfronten und umgestürzten, brennenden Autos.
Laschen (im off)   Die arabische Welt. Nie habe ich eine Welt kennenge-
                lernt. Ich besuche sie nur für ein paar Tage.
Vorbei führt die Kamerafahrt an Bazaren, Lokalen, in denen Wasserpfeife
geraucht, mit Kronkorken ein Brettspiel gespielt wird, Karren von fliegen-
den Händlern werden vorbeigezogen. Laschen wechselt Geld. Da ertönt ein
Schuß: sofort fallen die Rolladen vor den Geschäften herab, der Geldwech-
ler geht in Deckung, Passanten fliehen, ein alter Straßenhändler sinkt tot zusammen, jemand stiehlt ihm im Vorübereilen rasch die wenige Ware, Laschen sucht, rennend, selbst Deckung, Kinder ziehen an einem Seil eine auf
eine Kiste gestellte Schaufensterpuppe als Köder für die Scharfschützen über
die Straße, ein über eine Kreuzung rasendes Auto wird beschossen.
In der deutschen Botschaft trifft Laschen nur noch Ariane an, das übrige
Personal, außer dem Botschafter, hat die Dienststelle bereits verlassen. An
den Wänden hängen Plakate mit Motiven von Fachwerkromantik und eines
mit der Aufschrift: ‚Rhein-Romantik: Bonn'.
Laschen erkundigt sich nach Arianes Kind.
Ariane   Immer noch nichts. Jetzt habe ich wieder mal resigniert.
Ariane möchte ein Kind adoptieren, aber da ihr Mann, ein Araber, tot ist,
wird eine Adoption immer schwieriger.
Laschen versucht, nach Deutschland zu telefonieren. Während er wählt, er-
zählt er Ariane die Geschichte mit dem erschossenen Straßenhändler.
Ariane   Die Scharfschützen suchen sich meistens unbewegliche
                Ziele, weil sie so ungeschickt sind. In Beirut darf man nie
                lange stehenbleiben.
Laschen hat Verbindung nach Deutschland:
                Ist der Chef da? Du, sag ihm, daß sich hier eine ganz
                sensationelle Entwicklung anbahnt. Die Syrer sind dabei,
                sich gegen die Palästinenser zu stellen. . .
                Ja, ich mache euch euren Realismus schon.
Ariane verabredet sich mit Laschen für den Abend.
Ariane   Sie müssen kommen, bevor es dunkel wird und können
                vor morgen früh nicht weg.
Auf der Straße brennt ein Autoreifen. Eine Frau schreit aufgeregt auf La-
schen ein, da kommen Soldaten, stellen ihn und Hoffmann an die Wand,
reißen die Pässe an sich, Laschen hat eine Maschinenpistole im Genick.
Soldat   Sie sind Deutsche? Herzlich Willkommen im Libanon.
Der Soldat hat in Deutschland Musik studiert.
Laschen (im off)   Was soll ich notieren? Was ist das Wichtige? Die Fakten
                oder die Angst, die ich erlebt habe?
Hoffmann will fotografieren, wie ein Scharfschütze irgendeinen Passanten,
nach Wahl, erschießt. Laschen verhindert das. Im Quartier steht ein Flügel.

Hoffmann dekoriert darauf eine Maschinenpistole und fotografiert darüber hinweg einen Maskierten beim Klavierspielen.

Laschen (im off) Eigentlich bin ich verloren für das, was wirklich passiert. Trotzdem versuche ich, genau zu beobachten. Deshalb bin ich ja hier. Zum Hinsehen verpflichtet.

Bilder von Kindern, die mit Holzgewehren Krieg spielen. Ein kleines Mädchen mit einer Puppe auf dem Arm ist ihr Angriffsziel. Hoffmann fotografiert alles.

Laschen und Hoffmann spielen auf einer leeren Straße zwischen brennenden Trümmern Fußball. Sie geraten in einen Schußwechsel, suchen Deckung, werfen sich nach einer stärkeren Detonation auf den Boden, Schutt fällt auf sie, da erinnert sich Laschen an zu Hause, als er Fußball spielte und Greta ihn dabei fotografierte.

Laschen und Hoffmann fliehen weiter, verlieren sich, Laschen schlägt sich durch zu Ariane, die ihm die Tür öffnet und ihn zur Begrüßung küßt. Ariane hat ein Essen vorbereitet. Aicha, die Schwester ihres verstorbenen Mannes, wohnt bei ihr. Sie setzt sich auf den Balkon, um nichts von dem „Feuerwerk" zu versäumen. Ariane und Laschen essen.

Laschen Einen Bruder von ihr kann ich mir schwer als Ihren Mann vorstellen...

Ariane Alles, was von ihm übriggeblieben ist, ist Aicha und mein Wunsch nach einem Kind.

Laschen Warum wollen Sie denn das Kind jetzt immer noch?

Ariane Vielleicht, um nicht allein zu sein. Außerdem: das Kind gibt es ja schon, das weiß ich. Allerdings bin ich für niemand die richtige Mutter. Die Maroniten wollen es mir nicht geben, weil meine Ehe eine Mischehe war, und für die Moslems bin ich eine Ungläubige.

Laschen Und die vielen Kinder in den Lagern?

Ariane In den Lagern? Da gibt es keine Waisen. Die Palästinenser würden nie ein Kind hergeben. Ein Kind ist ein zukünftiger Kämpfer. Immerhin habe ich jetzt ein paar Nonnen an der Hand, die kriege ich schon noch 'rum.

Eine nahe Detonation veranlaßt Aicha, sich in den Keller zurückzuziehen. Die beiden bleiben in der Wohnung, trinken weißen Kaffee aus Orangenblüten, während draußen weiter geschossen wird. Ariane küßt Laschen, die beiden begeben sich langsam ins Schlafzimmer.

Am nächsten Morgen ruft wieder der Muezzin. Laschen liegt in seinem Hotelbett, von nebenan erklingt plötzlich Beat-Musik. Hoffmann klopft und präsentiert Laschen sein Mädchen dieser Nacht.

Berger, Hoffmann und Laschen fahren zu Exzellenz Josef, einem Führer der kämpfenden Christen. Bei der Kontrolle schnallt Laschen sein Messer von der Wade. Exzellenz Josef gibt ein Interview, während seine Familie unten am Swimming-pool eine Geburtstagsfeier für eines der Kinder vorbereitet. Rudnik wird als Freund der Familie vorgestellt, er hat Waffen dabei. Laschen ist von dem Interview enttäuscht.

Laschen	Das gibt nicht mal ein Kästchen.

In der Bar von Madame Flora offeriert Rudnik Laschen Fotos von einem Massaker. Laschen bietet einen Preis, aber ein anderer Kollege bietet mehr. Laschen verliert die Versteigerung.

Laschen sitzt im Pressezentrum des Hotels an der Schreibmaschine. Berger und John, der Amerikaner, arbeiten dort ebenfalls.

Laschen (im off)	Ich füttere die aktuellen Ereignisse, damit denen in Hamburg der andauernde Krieg nicht langweilig wird.

John und Laschen unterhalten sich über die politische Lage und Formen des Berichtens, Berger aber fühlt sich gestört und schickt beide in die Bar.

Ein Taxifahrer zeigt Laschen und Hoffmann am Strand noch schwelende verkohlte Leichen. Hoffmann lehnt ab, das zu fotografieren, das sei ein zu totes Motiv. Kinder halten ihm stattdessen einen toten Vogel vor das Objektiv, andere spielen auf einer Müllkippe.

Laschen (im off)	Mein Entsetzen ist das Entsetzen des Herrn aus Deutschland.

Laschen trifft unterwegs an einem Tankwagen, von dem Einwohner Beiruts Wasser holen, Aicha. Er hilft ihr, einen Wasserbehälter nach Hause zu tragen. Dort findet er Ariane, die im Garten sitzt.

Ariane	Wann fährst du weg?
Laschen	Morgen.
Ariane	Bleib doch hier und werd Araber, so wie ich.

Ariane fragt ihn, ob er mitkommen wolle, ein Kind abholen. Obwohl er ein Interview mit Arafat machen müßte, begleitet er Ariane, weil er sie liebt.

In einem Kloster wird Ariane ein kleines Kind angeboten. Sie zahlt dafür als Spende 2000, kann es aber weder umtauschen noch zurückgeben.

Ariane	Ein billiges Kind.

Laschen und sie lassen das Kind in einem Hospital untersuchen: Das Kind ist nicht seinem Alter entsprechend entwickelt.

Auf der Rückfahrt bittet Ariane Laschen, die nächsten Tage mit dem Kind allein sein zu dürfen. Laschen verabschiedet sich, entdeckt zum ersten Mal bewußt die Narbe auf Arianes Wange.

Im Pressezentrum im Hotel trifft Laschen auf Hoffmann, der sehr verärgert ist, da er den ganzen Tag an Laschens Stelle am Fernschreiber sitzen mußte. Ein Kollege führt Fernsehbilder einer Erschießung durch die Christen vor. Die Bilder sind abgefilmt, in aller Unschärfe und Grobkörnigkeit.

Während Laschen auf seinem Zimmer seinen Bericht tippt, erinnert er diese Fernsehbilder noch einmal.

Hoffmann und Laschen auf Motivsuche. Hoffmann feuert eine Gruppe Soldaten an, die er in dem Augenblick, wo sie ihm zujubeln, fotografiert. Ein Ehepaar liegt, Hand in Hand, erschossen vor einem Haus, ein Junge führt die beiden in eine Wohnung, in der eine niedergeschossene Familie liegt, und bietet Polaroidfotos von der Weihnachtsfeier dieser Familie zum Kauf an. Hoffmann fotografiert aber selbst.

Soldaten bedrängen Hoffmann, reißen ihm den Film aus der Kamera, aber

ein Offizier geht schlichtend dazwischen und arrangiert sogar eine Erschie-
ßungsszene für Hoffmann und Laschen, die er als eine Vergeltung für schlim-
mere Übergriffe der Gegner deklariert. Laschen kann die Erschießung nicht
verhindern. Eine Frau, die zur Familie der Hingerichteten gehört, wird, ihr
blutendes Baby auf dem Arm, in einem Krankenwagen abtransportiert.
Laschen merkt sich den Namen dieser Familie. Tote, die auf der Straße liegen, werden mit Benzin übergossen und angezündet. Laschen schlägt sich
entgegen ihrer Vereinbarung durch Straßenkämpfe zu Ariane durch.

Ariane   Warum nimmst du mich nicht ernst?

Laschen   Kann ich das Kind sehen?

Ariane zeigt ihm das Kind, das sie inzwischen schon erkenne und lächele.

Laschen   Du kannst mir ruhig die Wahrheit sagen, wenn du mich
                    nicht mehr sehen willst.

Ariane   Wieso denn? . ... Bist nur kurz da, beruflich, soll ich mich
                    denn auf ein paar Tage einstellen, als wär's mein Leben?
                    Schau mal, ich hab noch 'n Freund, der mir lieb ist wie
                    du, und der reist ab.

Ariane und Laschen liegen auf dem Bett, aus dem Radio ertönt orientali-
sche Musik, sie knöpft sein Hemd auf, streicht ihm über die Brust.
Die Presseleute reisen ab. Laschen fährt nicht mit. Hoffmann ist wütend.
Was soll aus seinen Bildern werden ohne Laschens Bericht?
Laschen geht wieder auf sein Zimmer im Hotel, legt sich aufs Bett.

Laschen   Liebe Greta, trennen wir uns, das schlag ich dir in aller
                    Liebe vor. Was soll aus den Kindern werden, wenn wir
                    ihnen weiter ein falsches Leben vorspielen? Besser ist,
                    wir zeigen ihnen, daß man einen Zustand beenden kann,
                   ˙bevor er zur Gewohnheit wird, bevor er zur gewissenlo-
                    sen Gewohnheit wird.

Während er das sagt, betrachtet er sein an die Wade geschnalltes Messer.
Laschen verläßt das Hotel, geht durch die verwüstete, brennende, qualmende
Stadt, kurz vor Arianes Wohnungstür kehrt er aber wieder um. Da öffnet
sich die Tür, Laschen versteckt sich hinter einem Auto, Ariane kommt mit
ihrem anderen Freund, Ahmed, heraus, umarmt und küßt ihn. Ahmed fährt
mit dem Wagen, hinter dem sich Laschen versteckt, weg, Laschen springt
eine Mauer hinab, läuft durch die Stadt, in der noch immer gekämpft wird,
lacht und schreit:

Laschen   — du bist ein Idiot! Araber. Todesgeilheit.
                    Nutte. Nutte!

Als die Bevölkerung des Viertels in einen Bunker getrieben wird, gerät
Laschen unter sie. In der Enge des Raumes bricht Panik unter den Menschen
aus, die sich noch verstärkt, als Geschosse in den Keller einschlagen. Laschen
kriecht zur Wand hinüber, setzt sich neben einen alten Mann. Er fühlt sich
bedrängt, als der Mann ihm ins Gesicht greift, zieht plötzlich sein Messer
und sticht auf den Alten ein, kriecht unter dem über ihn Gefallenen hervor,
rennt mit blutverschmierter Kleidung durch die zerschossene Stadt ins Hotel. Dort steigt er in seinen Sachen unter die Dusche, wäscht sie und sich.

Brandung schlägt auf die Küste vor dem Hotel: Zeitlupe.
Im Bademantel schreibt er an Greta. Der erste Brief lehnt noch immer am Lampenfuß.

Post scriptum:
Es geht mich vieles nichts mehr an, auch deshalb kann ich dir schreiben, in einer luftigen, verbindungslosen Stimmung. Arbeiten will ich schwer, wie, weiß ich noch nicht. Vielleicht bin ich auch nur krank geworden. Ich versuche immer, mir vorzustellen, was ihr gerade macht, wie ihr euch wärmt aneinander, daß ihr im Schnee spukt oder auf dem Eis wie Flämmchen hin- und herwischt.

Redaktionssitzung in Hamburg, auf dem Tisch die Bilder Hoffmanns. Der Leiter des Auslandsressorts möchte 20 Seiten für den Bericht über das Massaker in Damur, das Thema sei „längst abgefeiert" ist die Gegenmeinung eines Kollegen. Der Chefredakteur betrachtet die Fotos und fragt Laschen, wie viele Seiten er benötige. Während der Sitzung hat Laschen jedoch seine Kündigung auf einen Spiralblock geschrieben, reißt das Blatt ab, reicht es dem Chefredakteur und verläßt den Raum, während er verschiedene Seitenzahlen vorschlägt.

Bilder vom Anfang. Laschen fährt über die überschwemmte Landstraße, das Wasser hoch zur Seite spritzend, vor dem Haus stellt er Motor und Scheibenwischer ab, der Regen rinnt die Scheibe hinunter, auf dem Armaturenbrett liegt der Brief an Greta.

,,4000!''

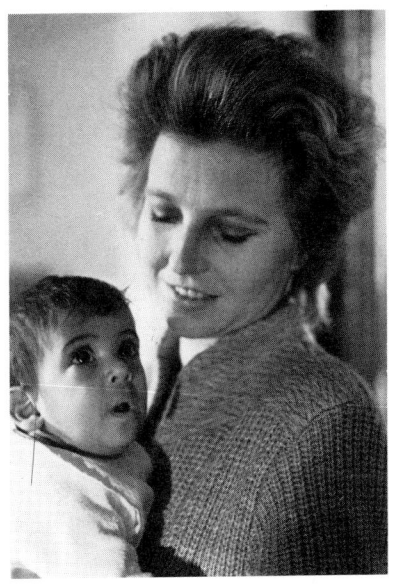

„Ein billiges Kind."   „Du brauchst mich."

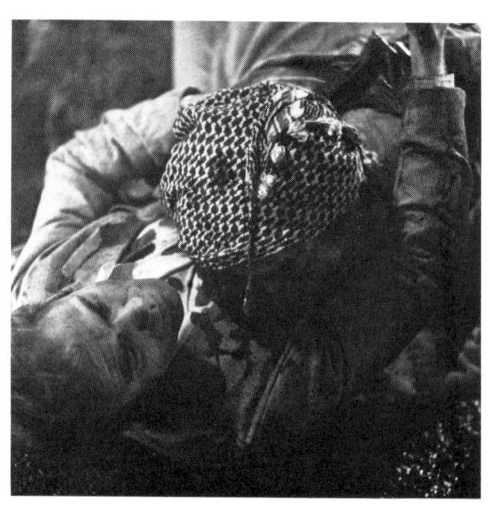

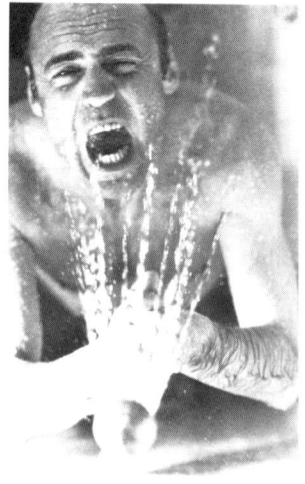

„...13...36...98...8...''

Kommentar

Volker Schlöndorffs neuester Film ist wieder eine Literaturverfilmung (zur Interessenlage zu Beginn der Dreharbeiten s. Interview): ‚Die Fälschung' von Nicolas Born, ein Roman über die existentiellen Ängste eines Mannes, des Journalisten Georg Laschen, dem seine Ehe, aus der zwei Kinder hervorgegangen sind, fragwürdig geworden ist, der, in eine extreme, lebensbedrohende Situation versetzt, als Berichterstatter über den Bürgerkrieg im Libanon, auch an seinem Beruf zu zweifeln beginnt, an seiner journalistischen Aufbereitung der Wirklichkeit, die Sensation mit Realität verwechselt. In dieser Krise findet er, wie er glaubt, in Beirut einen Anker, einen festen Halt in einer Angestellten der deutschen Botschaft, Ariane, die mit einem Araber verheiratet war, jetzt allein lebt und ein Kind, eine Aufgabe, adoptieren möchte. Fern von seiner Frau Greta schmiedet Laschen Pläne, wie er sich Greta gegenüber verhalten will, schreibt Briefe, die er nicht abschickt, zeigt Entschlußkraft, die er nicht hat, ist hin- und hergerissen zwischen Wunsch und Wirklichkeit, zwischen Entsetzen und Todesangst im kriegerischen Beirut. Der Ausnahmezustand dieser Stadt katalysiert den inneren Laschens.
Einen Zustand der Fälschung hebt Laschen schließlich auf: er kündigt bei der Illustrierten. Den zweiten Zustand des Fälschens, seine Beziehung zu Greta, schafft er nicht aufzuheben. Der Roman endet:
„Er fuhr über Nebenstraßen nach Hause, schlich, ohne Licht zu machen, zu seinem Bett und hörte sie tief atmen und fühlte auch ihren Atem in seinem Gesicht. Von selbst, ohne es zu bedenken, hatte er sich zu ihr gelegt, die ruhig weiterschlief." (Nicolas Born, Die Fälschung, Reinbek 1979, S. 317)
Schlöndorff hat sich bei der Verfilmung dieses Romans, auch wenn er Umstellungen der Handlung und Veränderungen der Personen vorgenommen hat, ziemlich eng an die Vorgabe der Ereignisse in der Buchvorlage gehalten. Den Typ des kolonialistischen Weltenbummlers hat er bei der – veränderten – Figur von Rudnik belassen, die journalistische Seite aber durch neu hinzuerfundene Personen wie John und Berger verstärkt. Jedoch ist die journalistische Fälschung der Wirklichkeit, die Realität als Bilder des Grauens vermarktet, als Sensation zu gutem Preis, einmalig und wiederverkäuflich, nicht das Hauptthema Schlöndorffs. Es wird immer wieder gestreift und an Beispielen demonstriert, ohne jedoch eine zentrale Stellung einzunehmen. Die nimmt allerdings ebensowenig die Krise Laschens in seiner Beziehung zu Greta ein, die teilweise sogar in den Hintergrund gerät gegenüber Laschens Erlebnissen und Eindrücken im kriegszerrütteten Beirut. Immer wieder schiebt sich dieser Kriegszustand Beiruts in den Vordergrund des Films, er ist der Zweig der Handlung, in der Bewegung, Ereignis steckt, aber ohne jedoch selbst zum dominierenden Thema zu werden. Zwar wird viel geschossen, geflohen, geknallt, massakriert und gestorben, jedoch ist für den Zuschauer nicht immer erkennbar, wer hier wen warum gerade erschießt.

Alles sind Vergeltungsaktionen: mal von den Christen, mal von den Moslems, mal von den Palästinensern. (Sehr eindrucksvoll, für mich am eindringlichsten von allen Erschießungsszenen, sind die auf die Filmleinwand übertragenen Videoaufnahmen eines Massakers, die in ihrer Unschärfe, Farbverzerrung, Grobkörnigkeit der Ästhetik des inszenierten Krieges entgegenstehen, die nicht mit dem Schrecken spekulieren, die Ausdruck desselben bleiben.) Die Analyse der Zustände im Libanon, in Beirut, ist nicht das Thema Schlöndorffs, er bleibt bei der Anschauung, beim Abbild, gerade auch, wenn man bedenkt, daß man auch in der Realität wohl nicht immer die kämpfenden Parteien identifizieren kann. In diesem Punkt wird Realismus gedoppelt, bleibt Abbild, in diesem Punkt muß Schlöndorff, wie Laschen, ‚Realität' inszenieren, wenn er es auch mit einem anderen Impetus tut als Laschen beruflich. Was, so fragt man sich, was ist eigentlich das Thema Schlöndorffs, um dessentwillen er den Film gedreht hat? Und in diesem Zusammenhang zeitigen Umstellungen der Ereignisse und Umgewichtungen von Personen gegenüber der literarischen Komposition Borns Folgen.

Born läßt ein Geflecht entstehen zwischen der Ausnahmesituation Laschens und der Ausnahmesituation Beiruts: Laschen in Beirut, Laschens Verhältnis zu Greta, zu Ariane, zu Ariane und Greta, zu seinem Beruf. Dieses dichte Geflecht von inneren Querverbindungen ist der Stoff des Buches, macht seine ästhetische Qualität aus.

Dieses Geflecht nun ist im Film nicht so dicht, kann nicht so dicht sein, da der Film der optischen Übermacht seiner Bilder erliegen muß. Er lebt nicht nur vom Wort des inneren Monologs. Durch diese mediale Struktur kommt es zu unvermeidlichen thematischen Verschiebungen. Diese werden aber noch dadurch verstärkt, daß Greta als Kristallisationspunkt für die Beziehung Laschens zu Ariane zurücktritt, wodurch sich auch die Verbindung Laschens zu Greta und wiederum die zu Ariane verändert. Hinzu kommt noch die auf Rudimente verkürzte Reduktion der Figur des Ahmed, des arabischen Freundes Arianes, zu dem Laschen im Buch in ein ausgesprochenes Konkurrenzverhältnis tritt, was wiederum auf seine Beziehung zu Greta rückwirkt. Alle diese inneren Beweggründe Laschens, Beweggründe durchaus im Wortsinn, Gründe für sein ständiges Fliehen, auch in Beirut, setzen Laschen im Film nicht in Bewegung. Hier dominiert die Äußerlichkeit des Krieges, die ständig gegenwärtige Todesgefahr. Borns Roman als eine Verdichtung innerer Vorgänge, katalysiert durch äußere, unterliegt hier dem anderen Medium: Beirut, Krieg, Schießerei, Tod und Flucht dominieren über Vorgänge in einer krisenhaften Seele.

Das scheint der immanente Kern, an dem sich Borns Roman offenbar einer Verfilmung sperrt. Sein inneres Thema, Laschens differenzierte Beziehung zu Greta, vermittelt über Ariane, enthält keine filmische Stoffülle, die in Bildsituationen konkrete Gestalt annehmen könnte. Schlöndorff hat solche Szenen zwar gedreht, aber sie sind dem Schnitt, d.h. der Komposition des Films, zum Opfer gefallen. Dadurch gewinnen die lärmenden Kriegsereignisse Beiruts, die verkohlten Leichen, die zerschossenen Fassaden, die Oberhand, auch wenn das nicht beabsichtigt war. Auf diese Weise entfernt sich der Film Stück für Stück vom zentralen Thema der literarischen Vorlage.

Bibliografie

DER JUNGE TÖRLESS

Große Kunst, in: Der Spiegel, 23.5.1966
Dörrlamm, Rolf, Die Qualen des Zöglings, in: Christ und Welt, 6.5.1966
Jenny, Urs, Literatur und Film, in: Süddeutsche Zeitung, 11.5.1966
Korn, Karl, Deutsche Pubertät, in: Frankfurter Allgemeine Zeitung, 23. 5. 1966
Linder, Herbert, Der junge Törleß, in: Filmkritik 6/1966
Nettelbeck, Uwe, Terror im Internat, in: Die Zeit, 19.5.1966
Vogel, Wolfgang, Auf des Messers Schneide, in: Frankfurter Rundschau, 24.5.1966
Wendt, Ernst, Ein Jugendbildnis, in: film, Velber, 5/1966

MORD UND TOTSCHLAG

Haas, Helmuth de, Vom Gleichmut einer Generation, in: Die Welt, 21. 4. 1967
Herzberg, Georg, Mord und Totschlag, in: Film-echo, 20.4.1967
Lehner, Thomas, Aus dem Lebensgefühl der jungen Generation, Ein Gespräch mit Regisseur Volker Schlöndorff, in: Saarbrücker Landeszeitung, 24. 12. 1966
Mudrich, Heinz, Leben und sich treiben lassen, in: Saarbrücker Zeitung, 21. 4. 1967
Nettelbeck, Uwe, Die Beseitigung einer Leiche, in: Die Zeit, 21.4.1967
Soldat, Hans-Georg, Halbstarke Gefühle, in: Der Tagesspiegel, 27.4.1967
Weber, J., Landpartie mit Leiche, in: Stuttgarter Zeitung, 18.11.1966
Zschacke, Günter, Brillanter Film ohne Verantwortung, in: Lübecker Nachrichten, 21.4.1967

MICHAEL KOHLHAAS — DER REBELL

Patalas, Enno, Michael Kohlhaas — der Rebell, in: Filmkritik, 5/1969
Prokop, Dieter, Michael Kohlhaas und sein Management, in: Prokop, Dieter, Materialien zur Theorie des Films, München 1971, S. 494 ff. (s. auch Filmkritik 7/69)
Ramseger, Georg, Von Gewalt, die Gewalt zeugt, in: National-Zeitung, Basel, 28.6.1969
Steinbeck, Rudolf, Kleist fürs Action-Kino, in: Der Tagesspiegel, 14. 12. 1969
Recht und Unrecht, in: Wiesbadener Kurier, 26.4.1969

BAAL

Luft, Friedrich, Ein Kraftmeier nimmt Maß, in: Die Welt, 23.4.1970
Weber, Ingeborg, Aus der Sicht der Gegenwart — Schlöndorff inszenierte
Brechts ‚Baal' für das Fernsehen, in: Der Tagesspiegel, 18.1.1970
Weber, Ingeborg, Die gewöhnliche Geschichte eines Mannes, in: Stuttgarter
Zeitung, 13.4.1970

DER PLÖTZLICHE REICHTUM DER ARMEN LEUTE VON KOMBACH

Brustellin, Alf, Die andere Tradition, in: Süddeutsche Zeitung, 8.2.1971
Brustellin, Alf, Der plötzliche Reichtum der armen Leute von Kombach, in:
Filmkritik 3/1971
Donner, Wolf, Wenig Lärm um viel, in: Die Zeit, 28.1.1971
Reichtum in Kombach, in: Frankfurter Rundschau, 7.2.1975
Jeremias, Brigitte, Eine neue Art von Heimatfilm, in: Frankfurter Allge-
meine Zeitung, 27.1.1971
Ulrich, Jörg, Wer in Kombach bar bezahlt, kommt vor Gericht, in: Münch-
ner Merkur, 6.2.1971
Schmitz, Helmut, Neue Art von Heimatfilm, in: Frankfurter Rundschau,
26.1.1971
Verfilmte Chronik, in: Der Tagesspiegel, 24.4.1971

DIE MORAL DER RUTH HALBFASS

Donner, Wolf, Himbeerwasser mit Schuß, in: Die Zeit, 21.4.1972
Goelz, Else, Ironie als gymnastische Übung, in: Stuttgarter Zeitung, 12. 5.
1972
Merlig, Otto, Der Zeitvertreib der Frau Direktor, in: Münchner Merkur,
4.6.1974 (Fernsehausstrahlung)
Müller, Andreas, Plötzlich liegt ein Mensch tot da, in: Abendzeitung Mün-
chen, 10.2.1972
Köhler, Wolfgang R., Leben und Kitsch, in: Frankfurter Rundschau, 17. 4.
1972
Ponkie, Massiver Luxus — Volker Schlöndorff drehte Film über Minouche,
in: Abendzeitung München, 18.4.1972
Ruf, Wolfgang, Aus der Welt der Regenbogenpresse, in: Süddeutsche Zei-
tung, 4.6.1974
Langweilige Schönheit, Frankfurter Neue Presse, 7.6.1974
Die Moral des Volker Schlöndorff, in: Die Welt 4.5.1972
Volkskultur, in: Frankfurter Allgemeine Zeitung, 17.4.1972
Moral und Mord, in: Frankfurter Rundschau, 4.6.1974

STROHFEUER

Bronnen, Barbara, Die schöne Heldin kann nur heiraten, in: Abendzeitung München, 10.7.1972

Donner, Wolf, Frau Schlöndorff emanzipiert sich, in: Die Zeit, 3.11.1972

Grafe, Frieda, Wenn ich groß bin, lieber Vater, in: Süddeutsche Zeitung, 2.11.1972

Paul, Wolfgang, Mißglückte Emanzipation, in: Der Tagesspiegel, 4.11.1972

Alles über Margarethe, in: Frankfurter Rundschau, 2.11.1972

Schmidt, Eckhart, Der Filmemacher Volker Schlöndorff, in: medium 6/1973

Bronnen, Barbara/Brocher, Corinna, Die Filmemacher, München, Gütersloh, Wien 1973 (Interview S. 73 ff.)

ÜBERNACHTUNG IN TIROL

Bronnen, Barbara, Gruseln in Tirol, in: Abendzeitung München, 30.11.1973

Ein Gruselfilm ohne Gespenster, in: Der Tagesspiegel, 6.8.1975

GEORGINAS GRÜNDE

Blumenberg, Hans C., Kollision, in: Die Zeit, 2.5.1975

Ebmeyer, Klaus-U., Verschwiegene Liebe, in: Deutsche Zeitung, 2.5.1975

Frise, Maria, Georginas Abgründe, in: Frankfurter Allgemeine Zeitung, 29.4.1975

Thieringer, Thomas, Eine Frau, die gute Gründe hat, in: Frankfurter Rundschau, 26.4.1975

Die Beschreibung einer Neurose, in: Der Tagesspiegel, 27.4.1975

DIE VERLORENE EHRE DER KATHARINA BLUM

Baumgart, Reinhard, Glanz und Armut einer Politballade, in: Süddeutsche Zeitung, 12.10.1975

Donner, Wolf, Der lüsterne Meinungsterror / Sieben Fragen an Volker Schlöndorff und Margarethe von Trotta, in: Die Zeit, 10.10.1975

Loewenstein, Enno von, Die liebste Heldin Heinrich Bölls, in: Die Welt, 29.5.1978

Niehoff, Karena, Die schöne Seele Katharina Blum, in: Der Tagesspiegel, 10.10.1975

Rühle, Günther, Die vier schrecklichen Tage der Katharina Blum, in: Frankfurter Allgemeine Zeitung, 12.10.1975

Schmidt, Eckhart, Katharina Blums Ehrenrettung, in: Deutsche Zeitung, 3.10.1975

Schmitt, Sigrid, Beschreibung eines Menschen, in: Der Tagesspiegel, 9. 3.
1975
Schoeck, Helmuth, Nein, die Terroristen sind nicht die Kinder Hitlers, in:
Welt am Sonntag, 25.9.1977
Schütte, Wolfram, Der Durchbruch, in: Frankfurter Rundschau, 13.9.1975
Seidel, Hans-Dieter, Chronik einer Zerstörung, in: Stuttgarter Zeitung,
10.10.1975
Seybold, Eberhard, Schlöndorff schrieb Böll ins reine, in: Frankfurter Neue
Presse, 10.10.1975
Thieringer, Thomas, Ein Kinotraum von Menschlichkeit, Ein Gespräch, in:
Frankfurter Rundschau, 7.2.1975

DER FANGSCHUSS

Baer, Volker, Zeit im Zwiespalt, in: Der Tagesspiegel, 12.11.1976
Blumenberg, Hans C., Trotzköpfchen als Terroristin, in: Die Zeit, 22. 10.
1976
Deschner, Günter, Das Baltikum im groben Raster, in: Die Welt, 4.11.1976
Feldmann, Sebastian, Eine Revolution von oben gesehen, in: Rheinische
Post, 30.10.1976
Müller, Andreas, Warum die Gräfin rot wird, in: Abendzeitung München,
13.1.1976
Pflaum, Hans Günther, Jagdfest bis zum Ende, in: Süddeutsche Zeitung,
21.11.1976
Schütte, Wolfram, Vor-Schau (III) — Schlöndorffs ,Fangschuß' spielt im Bal-
tikum, in: Frankfurter Rundschau, 27.8.1976
Seidel, Hans-Dieter, Politische Macht der Liebe? in: Stuttgarter Zeitung,
26.11.1976
Ulrich, Jörg, Fangschuß oder Gnadenstoß?, in: Münchner Merkur, 19. 11.
1976
Die nicht erstürmte Festung, in: Frankfurter Neue Presse, 23.10.1976

DEUTSCHLAND IM HERBST

Bechert, Michael, Damals, nach Mogadischu, in: Saarbrücker Zeitung,
24.3.1978
Berndt, Christian, Die Außenwelt als Unterwelt, in: Rheinischer Merkur,
31.3.1978
Blumenberg, Hans C., Lage der Nation, in: Die Zeit, 24.3.1978
Feldmann, Sebastian, Bewußtseins-Wochenschau, in: Rheinische Post,
25.3.1978
Jeremias, Brigitte, Deutschland im Herbst, in: Frankfurter Allgemeine
Zeitung, 4.4.1978
Langkammer, Claus, ,Mist im Kopf verbrennen', in: Stuttgarter Zeitung,
7.4.1978

Limmer, Wolfgang, Bilder aus der Wirklichkeit, in: Der Spiegel, 6.3.1978
Schmidt, Eckhart, Demagogie im Frühjahr, in: Deutsche Zeitung, 7.4.1978
Schirmer, Arndt F., Rückblick in die Gegenwart, in: Der Tagesspiegel, 18.3.1978
Seybold, Eberhard, Selbstbedienung im Kino, in: Frankfurter Neue Presse, 1.4.1978

DER KANDIDAT

Argens, R., ‚Der Kandidat' ließ die Staatsanwälte kalt, in: Frankfurter Rundschau, 21.4.1980
Blumenberg, Hans C., Deutsche Ängste, deutsche Bilder, in: Die Zeit, 25.4.1980
Fründt, B., Die Karriere des Kandidaten, in: stern 18/24.4.1980
Gundlach, Jens, Der Wolf leckt wohlig seine Schnauze, in: Hannoversche Allgemeine Zeitung, 21.4.1980
Leicht, R., Der Mythos eines deutschen Wesens, in: Süddeutsche Zeitung, 21.4.1980
Nagel, Ivan, Triumph der Angst, in: Der Spiegel 17/21.4.1980
Wiegand, Wilfried, Deutschland im Frühjahr, in: Frankfurter Allgemeine Zeitung, 21.4.1980

DIE BLECHTROMMEL

Blumenberg, Hans C., Das war der wilde Osten, in: Die Zeit, 4.5.1979
Buchka, Peter, Ein Monstrum wird Gestalt, in: Süddeutsche Zeitung, 4.5. 1979
Fischer, Michael, Die Danziger Moritatensänger, in: Deutsches Allgemeines Sonntagsblatt, 13.5.1979
Greiner, Ulrich, Verspätetes Familienfoto mit Oskar, in: Frankfurter Allgemeine Zeitung, 28.4.1979
Greiner, Ulrich, Wo das Glas zersprang, in: Frankfurter Allgemeine Zeitung, 21.10.1978
Ignée, Wolfgang, Abschied von der Blechtrommel, in: Stuttgarter Zeitung, 4.5.1978
Jeremias, Brigitte, Schneisen geschlagen, in: Frankfurter Allgemeine Zeitung, 4.5.1979
Reize, P.F., Handgemenge mit Günter Grass, in: Rheinischer Merkur, 11.5.1979
Rühl, Arnd, Der Verweigerungszwerg trommelt nichts zusammen, in: Münchner Merkur, 4.5.1979
Scherer, Marie-Luise, Ein Kuckucksküken in der Kaschubei, in: Der Spiegel 45/6.11.1978
Schlöndorff, Volker, ‚Die Blechtrommel' — Tagebuch einer Verfilmung, Darmstadt und Neuwied 1979

292

Schlöndorff, Volker/Grass, Günter, Die Blechtrommel als Film, Frankfurt 1979

Schmidt, Eckhart, Oskar trommelt nur Effekte — Volker Schlöndorffs Verfilmung verjuxt die Qualitäten der Vorlage, in: Deutsche Zeitung, 4.5. 1979

Seybold, Eberhard, Auskunft über deutsche Geschichte, in: Frankfurter Neue Presse, 4.5.1979

Steinborn, Bion, „Volker Schlöndorff: „Wir sind jetzt die deutsche Filmindustrie", Interview mit Volker Schlöndorff, in: filmfaust 14, Juni/Juli 1979

„Das Kind kopiert eigentlich nur die Erwachsenen", Interview mit Volker Schlöndorff, in: Rheinische Post, 11.5.1979

DIE FÄLSCHUNG

Lahann, Birgit, Beirut brennt noch einmal, in: stern 10/3.2.1981

Rummler, Fritz, Die wollen den Rückstoß spüren, in: Der Spiegel 13/ 23.3.1981

Bachmann, Gideon, Die Fälschung (Bericht über die Dreharbeiten) 10.6. 1981, 23.20 Uhr (ARD)

Im gleichen Verlag erschien:

Rainer Lewandowski, Die Filme von Alexander Kluge

Hildesheim 1980. 359 Seiten. 204 Abb.   DM 38,−

Dieses Buch zeigt die filmische Entwicklung des Autors und Filmemachers, stellt seine Spielfilme und − erstmals vollständig − seine Kurzfilme in Text und Bild vor und enthält neben kritischen Kommentaren zu den Filmen eine Einführung in das filmtheoretische Programm Kluges.